上海财经大学"211工程"三期重点学科建设项目资助

ZHONGGUO
ZHENGFU CAIGOU
ZHENGCE YANJIU

中国政府采购政策研究

政策研究

刘小川 唐东会 著

人民出版社

策　　划:张小平
责任编辑:吴焙东
封面设计:肖　辉

图书在版编目(CIP)数据

中国政府采购政策研究/刘小川　唐东会　著. -北京:人民出版社,2009.4
ISBN 978－7－01－007636－2

Ⅰ. 中…　Ⅱ. ①刘…②唐…　Ⅲ. 政府采购-财政制度-研究-中国
Ⅳ. F812. 45

中国版本图书馆 CIP 数据核字(2009)第 006741 号

中国政府采购政策研究

ZHONGGUO ZHENGFU CAIGOU ZHENGCE YANJIU

刘小川　唐东会　著

人民出版社 出版发行
(100706　北京朝阳门内大街 166 号)

北京龙之冉印务有限公司印刷　新华书店经销

2009 年 4 月第 1 版　2009 年 4 月北京第 1 次印刷
开本:710 毫米×1000 毫米 1/16　印张:18. 25
字数:290 千字　印数:0, 001－3, 000 册

ISBN 978－7－01－007636－2　定价:38. 00 元

邮购地址 100706　北京朝阳门内大街 166 号
人民东方图书销售中心　电话 (010)65250042　65289539

目　录

第一章　中国政府采购的实践及其总结

与国外 200 多年的政府采购历史相比,中国政府采购的实践自 2000 年全国推行以来,迄今仅短短 8 年时间。虽然我国的政府采购工作起步较晚,但发展势头十分迅猛,成效十分明显。

第一节　政府采购的制度及法规建设

1995 年我国开始政府采购的试行工作,经过约 7 年的试点,2002 年 6 月 29 日全国人民代表大会通过了《中华人民共和国政府采购法》,政府采购基本法的确立,为我国政府采购的发展奠定了坚实的法制基础。

一、政府采购的制度建设

1995 年上海尝试用国际通行的规则来规范政府采购活动,1998 年试点范围逐步扩大,2000 年试点工作在全国铺开。

我国最早的政府采购案例发生在上海。1994 年上海利用世行贷款引进了一批计算机设备,根据世行的规定,由世行提供援助购买设备时,必须进行公开招标采购,采购贷款实行直接支付制度,即由世行直接将货款支付给供货商。上海市政府由此得到启示,发现采购招标具有省钱的特点。同年上海市财政局提出了试行政府采购的想法,并明确以"抓住重点、各个突破、以点带面、取得实效"为指导原则,以此来加强和优化财政资金支出的管理,提高资金的使用效果。1995 年上海市财政局在卫生系统率先进行了政府采购的试点,规定对于卫生医疗单位经政府批准的立项项目,预计价格在 500 万元以上的,必须要实行公开招标采购,规定竞标的供货方不能少于 3 家;100 万元以上的采购项目,财政也要参与立项、价款支付、验收使用、效益评估等管理过程。在第一次市胸科医院购买项目时,6家公司参加了竞标,其中报价最高的是65万美元,最低的报价为40万美元,最后成交价为43.5万美元,比医院的预算低13%。

随后,中国的其他一些省市如河北、深圳、重庆等地陆续开始了政府采购的实践。河北省最初在行政部门开展试点工作,通过公开招标,从30多家竞标单位中选出了13家定点单位,省直机关事业单位开会或接待等工作,都必须到定点单位进行采购,之后又逐步扩大采购范围,涉及公务用车、定点维修、加油、保费等多个领域。深圳市财政部门对行政事业单位公用物资的采购实行了公开招标的方式,凡用财政性资金(预算内、预算外、单位事业收入等)购置单台设备超过10万元的,除特殊物资外,一律通过公开招标的方式进行。它们先后对汽车投保、政府公务用车、城市绿化、国土信息管理以及图书馆管理系统等进行了招标,取得了较好效果。1997年1月,通过邀请招标及谈判竞争等方式,选择了两家保险公司,为政府用车提供保险服务,企业的售后服务质量大大提高,政府财政保费节省了20%,金额达400万元。1997年11月,深圳第一次采取招标的方式购买公务用车,实际中标价与市场价格相比节约了7.1%。1998年2月,深圳开始对公用设施实行招标采购,在首次城市绿化工程招标中,300万元的绿化工程,有34家专业公司投标,结果有两家公司以低于底价52%的价格中标,节约财政支出155万元。1997年11月,重庆市首次对市级行政事业单位65辆公务用车采取公开招标的方式,结果成交价比财政预算价低350多万元,节约财政资金20%左右。1999年中央国家机关的政府采购工作也逐步展开,民政部、卫生部、国务院机关事务管理局、国家测绘局、国家税务总局、海关总署等部门开展了政府采购的尝试,国务院机关事务管理局等部门还制定了具体办法。政府采购工作的全面开展,一方面强化了财政支出管理,提高了财政资金使用效益,节减了财政支出;另一方面有效地抑制了腐败,加强了廉政建设,同时初步营造了一个公平交易的市场环境。

根据财政部调查表明,从1995年至1998年年底,全国文教行政财务部门有23个省(区、市)共373个地市(县)开展了政府采购工作。据不完全统计,截至1999年年底,各地共签订采购合同13000多份(1998年为2000份),采购规模约为110.35亿元(1998年约为31亿元),共节约资金14.37亿元,平均资金节约率为 13.02%。① 2004 年全国有 36 个省、自治区、直辖市和计划单列市开展了政府采购工作，加上中央部门的政府采购，其总规模达到 1659.4 亿元，采购规模比上年同期增长 64.4%，分别占当年财政支出和 GDP 的 6.7% 和 1.4%，比上年同期分别增长 2 个百分点和 0.4 个百分点，节约预算资金 196.6 亿元，资金节约率为 10.6%。在 36 个地方单位中，有 30 个地区在政府部门内建立了政府采购专门机构，23 个地区颁布了政府采购地方性法规。2003 年地方政府共实现采购规模 1396.6 亿元，占同年地方财政支出的 8.1%，比上年同期增长 77.2%。2003 年中央政府共实现采购规模为 262.8 亿元，占同年中央财政支出的 3.5%，比上年同期增长 18.6%。②

二、政府采购的法规建设

我国政府采购活动的顺利发展是和相关法律法规的建设分不开的。有关政府采购法规建设基本与我国政府采购的试点过程相对应，即由地方政府先行立法或立规。在地方立法方面，上海市于 1995 年制定了我国第一个《政府采购试行办法》。1999 年 4 月，几经修改正式制定了《上海市政府采购管理办法》、《上海市政府采购管理办法实施细则》、《上海市政府采购招标中介业务资格认定暂行办法》、《上海市政府采购招标投标暂行办法》以及《上海市政府采购合同履约和验收暂行规定》等 5 个相关法规。1998 年深圳市出台了我国第一个政府采购的地方性法规《深圳经济特区政府采购条例》。在各地立法实践的基础上，1999 年我国财政部颁布了《政府采购管理暂行办法》，对政府采购定义、原则、招标程序、管理监督等作了原则性的规定，从而标志着我国政府采购开始走向规范化、普遍化和制度化，大大促进了我国政府采购的立法工作。在财政部《暂行办法》规定的框架内，各地根据自身的特点，开展了较为系统的立法工作。随后，全国有近 30 个地区制定了政府采购的规章和制度，例如，江苏省制定颁布了《江苏省政府采购预算管理办法》等 5 个办法，深圳市颁布了《深圳市政府采购评标委员会评标细则》等 4 个办法。

---

① 楼继伟:《2000 年全国政府采购工作会议上的讲话》。
② 财政部国库司:《2003 年全国政府采购工作统计分析报告》。

　　各地根据财政部颁布的《政府采购管理暂行办法》、《政府采购招标投标管理暂行办法》以及《政府采购合同监督暂行办法》等有关规定，普遍加大了建设政府采购制度的力度。2000年年初，财政部有关部门对此进行了调查、统计，其结果说明，政府采购工作已在全国较大规模地开展起来。

　　各地方已颁布的法规大致可分为5类：一是对政府采购原则框架的规范。主要是各地区以政府令形式发布的政府采购管理条例或办法及其实施细则，对政府采购的范围、方式、管理等方面做出原则性规定。二是对采购主体的规范。如上海、深圳、云南等地区颁布的对招标中介机构资格认定等办法。三是对采购资金的规范。如江苏、上海、深圳、安徽等地制定的政府采购预算管理、政府采购资金财务管理等办法。四是对某些具体采购品目的规范。如深圳市关于政府办公用印刷品进行定点印刷的规定等。五是对政府采购有关工作的规范。如上海市颁布的《政府采购咨询专家管理办法》、《政府采购招标投标暂行办法》，辽宁省关于省直政府采购的《财政厅内部处(室)职责分工暂行规定》等。

　　与此同时，全国性的政府采购立法工作也在紧锣密鼓地进行，1998年11月九届全国人大常委会第五次会议将制定《政府采购法》列入立法规划。1999年4月依据《中华人民共和国预算法》立法原则，财政部颁布了《政府采购管理暂行办法》。同年7月颁布了《政府采购合同监督暂行办法》、《政府采购招标投标管理暂行办法》和《政府采购资金财政直接拨付管理暂行办法》。监察部、财政部、审计署联合发文提出了《关于2000年执行政府采购制度工作的意见》。2002年6月29日全国人民代表大会常务委员会第28次会议正式通过了《中华人民共和国政府采购法》，并于2003年1月1日起实行。

　　为了保证《中华人民共和国政府采购法》中规定的政府采购政策功能在政府采购实践中顺利执行，2004年财政部和国家发改委印发了《节能产品政府采购实施意见》，并发布了政府采购节能产品清单，规定在技术、服务等指标同等条件下，应当优先采购节能清单所列的节能产品。在政府采购活动中，采购人应当在政府采购招标文件(含谈判文件、询价文件)中载明对产品的节能要求、合格产品的条件和节能产品优先采购的评审标准。2006年财政部发布了《关于实施促进自主创新政府采购政策的若干意见》,要求构建政府采购自主创新制度体系,重点研究制定了《自主创新产品预算管理办法》、《自主创新产品评标细则》和《自主创新产品政府采购合同管理办法》等,同时对重大建设项目、装备和产品项目采购、政府采购的首购及订购、国货认定标准和采购进口产品等方面的管理办法进行研究。2006 年财政部、国家环保总局还联合印发了《关于环境标志产品政府采购实施的意见》,发布了《环境标志产品政府采购清单》,规定采购人采购的产品属于清单中品目的,在性能、技术、服务等指标同等条件下,应当优先采购清单中的产品。在政府采购活动中,采购人或其委托的采购代理机构应当在政府采购招标文件(含谈判文件、询价文件)中载明对产品(含建材)的环保要求、合格供应商和产品的条件,以及优先采购的评审标准,并要求 2007 年 1 月 1 日起在中央和省级(含计划单列市)预算单位实行,2008 年 1 月 1 日起全面实行。2007 年 4 月,财政部发布了《自主创新的政府采购预算管理办法》、《关于自主创新的政府采购评审办法》和《自主创新的政府采购合同管理办法》3 个文件,力图使政府采购促进自主创新的政策功能发挥落实到实处。

第二节 政府采购的组织建设

按照政府采购的管理和操作两个层面角度分析,我国政府采购的组织结构可以划分为两个系统,即管理组织系统和操作组织系统。

一、政府采购的管理组织系统

政府采购管理组织的基本职能包括:拟定和执行政府采购政策、制定政府采购相关法规以及政府采购计划、行使对政府采购活动的管理和监督。《中华人民共和国政府采购法》第十三条规定:"各级人民政府财政部门是负责政府采购监督管理的部门,依法履行对政府采购活动的监督管理职责。各级人民政府及其他有关部门依法履行与政府采购活动有关的监督管理职责。"所以,行使我国政府采购管理,是以财政部门为主,辅以其他政府部门协助的管理组织体系(见图1—1)。

财政部具体负责政府采购管理的机构是国库司,其主要管理职能有:

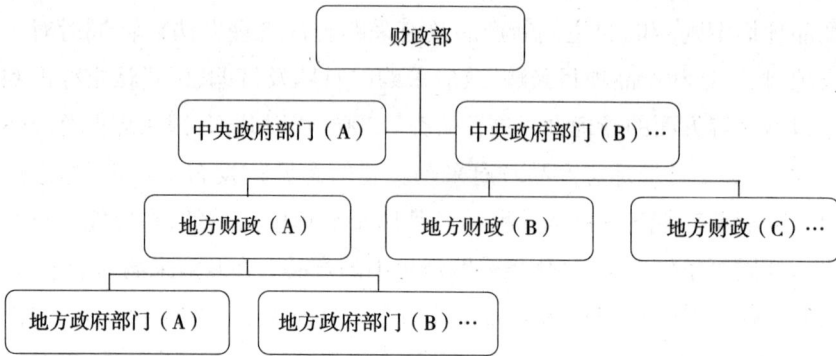

图1—1　政府采购管理组织结构

（1）拟定政府采购法律、法规草案,制定政府采购政策和规章;

（2）研究确定政府采购的中长期规划;

（3）管理和监督政府采购活动;

（4）收集、发布和统计政府采购信息;

（5）组织政府采购人员的培训;

（6）审批进入中央政府采购市场的供应商资格;

（7）审批社会中介机构取得中央政府采购业务的代理资格;

（8）确定并调整中央政府集中采购目录和公开招标采购业务的代理资格;

（9）编制中央采购机关年度政府采购预算;

（10）处理中央政府采购中的投诉事项;

（11）办理其他有关政府采购的事务。

地方财政部门具体负责政府采购管理的机构是政府采购处,其主要管理职能有:

（1）拟定地方政府采购法规、政策;

（2）研究拟定地方政府采购的中长期计划;

（3）管理和监督地方政府采购活动;

（4）搜集、统计、发布地方政府采购信息;

（5）组织地方政府采购人员的培训；

（6）确定并调整地方政府集中采购目录和公开招标范围的限额标准；

（7）编制地方政府采购机关年度政府采购预算；

（8）处理地方政府采购中的投诉事宜；

（9）负责控制地方社会集团购买力的有关工作。

二、政府采购的操作组织系统

我国政府采购的最高管理层是财政部和国防部，省一级财政部门则主要负责制定地方性采购条例。执行层是各级政府部门及其下属的财政部门，具体事务则由政府采购机关操作。我国政府采购活动主体是由三方当事人形成，根据《中华人民共和国政府采购法》第十四条规定："政府采购当事人是指在政府采购活动中享有权利和承担义务的各类主体，包括采购人、供应商和采购代理机构等。"围绕政府采购活动的各当事人组织之间的关系构成了政府采购操作的组织系统（见图1—2）。在政府采购的组织系统中，采购人是指依

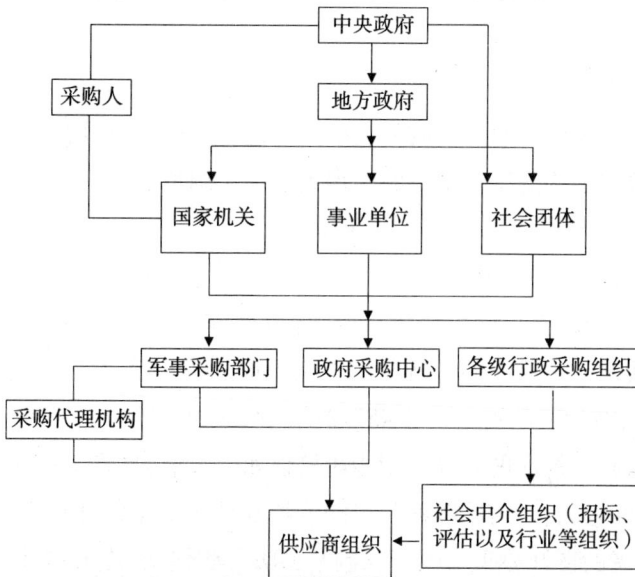

图1—2　政府采购操作组织结构

法进行政府采购的国家机关、事业单位、团体组织,采购代理机构是指根据采购人的委托办理具体采购事宜的组织,供应商是指向采购人提供货物、工程或者服务的法人、其他组织或者自然人。

政府采购操作的核心组织是采购代理机构,各级政府采购中心是我国最主要的政府采购代理机构。除了国防采购和部门的分散采购,绝大部分的政府采购均由各级政府的采购中心负责。根据《中华人民共和国政府采购法》的解释,各级政府采购中心独立于政府部门之外,其性质属于非营利性事业法人,由政府授权,从事各级政府及所属单位交办的大中型工程、货物和服务的集中采购事务。考虑到政府采购有关技术因素的限制,政府采购中心可以委托中介机构从事采购事宜,这种中介机构是具有独立行使政府采购资格的各种采购事务所或有能力从事该业务并经政府采购中心审查认可的其他机构。中介机构必须接受政府采购中心的委托和监督,通过招、投标或其他有效的竞争方式选择合格的供应商推荐给用户。

第三节　政府采购实践的业绩

自 1999 年全国实行基本统一的政府采购制度以来,时间虽然很短,但是发展速度很快,无论是政府采购的规模还是社会经济效益,均有很大的增长和提高,同时政府采购的结构也不断地得到了优化调整。

一、政府采购的规模

虽然我国的政府采购起步比较晚,但发展速度很快。1999 年至 2003 年的五年间,我国政府采购的总额从 131 亿元增加到 1659 亿元,年均增长速度高达88.6%,节约财政资金共计457.27 亿元,政府采购额占 GDP 与财政支出的比重提高很快,提高的幅度分别为 3 倍强和近 7 倍(见表 1—1)。我国政府采购规模不断增大,政府采购额与采购节约额呈同步并高速增长,标志着我国政府采购发展的良好势头。政府采购与 GDP 及财政支出的占比指标水平虽然较低,但增长幅度很大,预示着政府采购将在我国政治经济以及社会生活中发挥越来越大的作用(见图 1—3、图 1—4、图 1—5)。

表1—1　1999～2005年政府采购基本数据表

项目\年份	采购额（亿元）	增长速度（%）	节约额（亿元）	增长额（亿元）	采购额的GDP占比（%）	采购额的财政支出占比（%）
1999	131.0	—	14.4	—	0.16	1.00
2000	328.0	150.4	42.5	28.1	0.37	2.06
2001	653.0	99.1	78.0	35.5	0.68	3.45
2002	1009.6	54.6	125.8	47.8	0.99	4.59
2003	1659.4	64.1	196.6	70.8	1.42	6.74
2004	2135.7	29.0	271.2	74.6	2.00	8.00
2005	2927.6	37.1	380.2	109.0	1.60	9.00
合计	8844.3	—	1108.7	—	—	—

资料来源：根据《2005年全国政府采购工作统计分析报告》、《2004年全国政府采购工作统计分析报告》、《2003年全国政府采购工作统计分析报告》、《2002年全国政府采购工作情况统计分析》、《肖捷副部长在全国政府采购工作会议上的讲话》以及历年的《中国统计年鉴》数据整理。

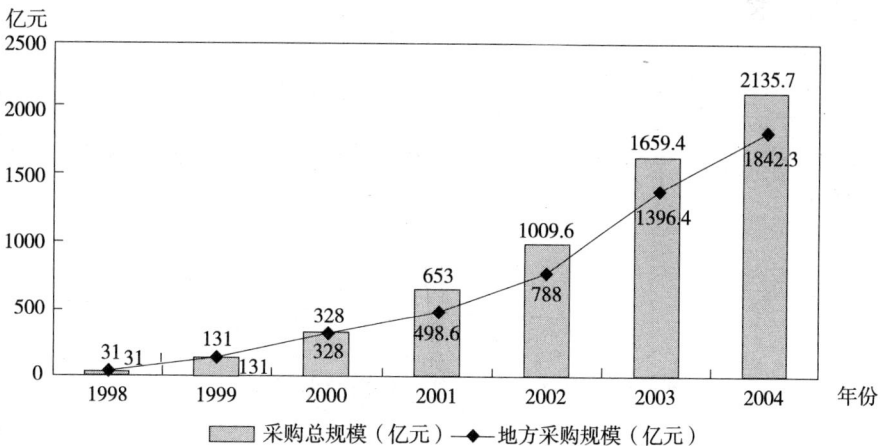

图1—3　全国政府采购总规模和地方政府采购总规模

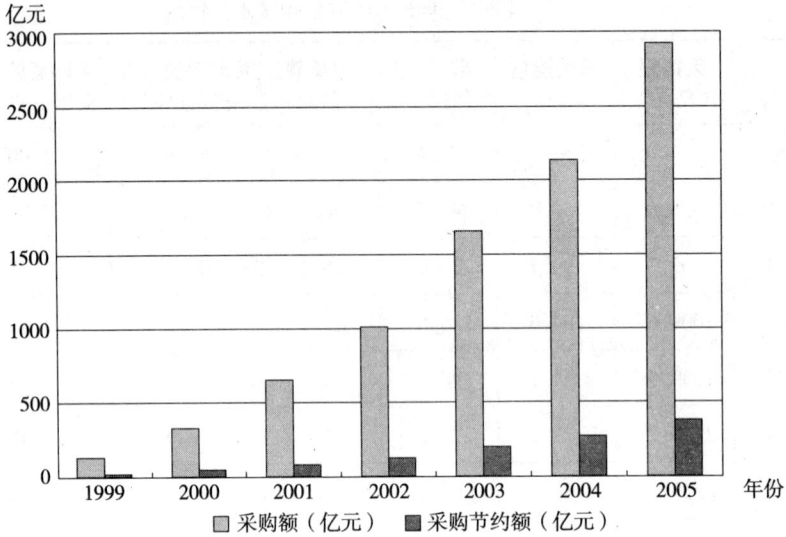

图1—4　政府采购额度与节约额规模

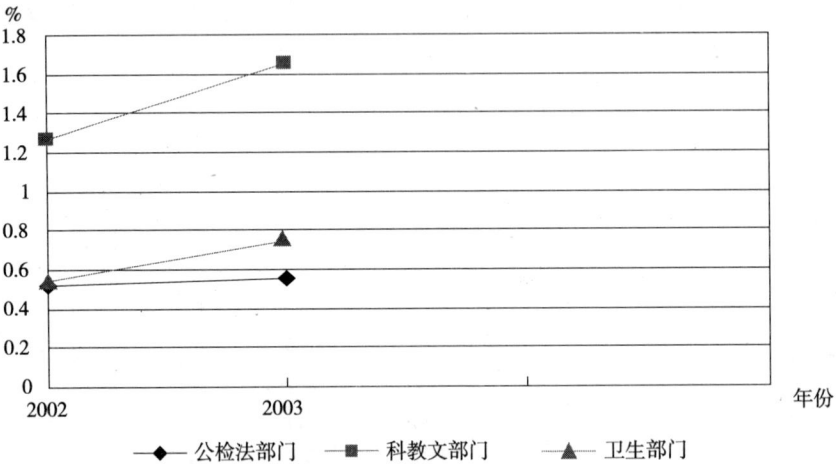

图1—5　2002年与2003年的宏观政府采购比重

二、政府采购结构

政府采购结构是指不同采购主体、采购形式以及采购机构的采购数量组合,主要有政府采购区划结构、政府采购方式结构、政府采购类型结构和政府采购行业结构等。无论我们是将政府采购作为财政支出的手段还是执行国家宏观经济政策的工具看待,除了需要一定的数量规模为支撑,而且还要求形成不同层次的政府采购合理结构。近年来,随着政府采购规模的大幅度增长,我国政府采购结构也逐渐趋向合理与有效。表1—2是2002年和2003年的政府采购结构简况,从中可以得到下述几点结论:

表1—2　政府采购的结构及其比较

年份	项目 指标	采购区划结构		采购方式结构		采购类型结构			采购行业结构		
		中央	地方	集中	分散	货物	工程	服务	公检法	科教文	卫生
2002	规模(亿元)	221.6	788.0	735.3	274.3	626.2	306.2	77.3	116.7	280.0	113.2
	增长(%)	43.4	58.0	70.8	23.2	51.6	62.8	48.1	—	—	—
	比重(%)	21.9	78.1	73.0	27.0	62.0	30.3	7.7	11.6	27.7	11.2
2003	规模(亿元)	262.8	1396.6	1308.2	351.2	897.3	658.3	103.8	138.9	407.1	185.1
	增长(%)	18.6	77.2	77.9	28.0	43.3	115.0	34.3	19.0	45.4	63.5
	比重(%)	15.8	84.2	78.8	21.2	54.4	39.3	6.3	8.4	24.5	11.2
2004	规模(亿元)	293.0	1842.3	1727.5	408.2	1048.7	948.3	138.4	—	—	—
	增长(%)	11.1	31.9	32.1	16.2	16.9	44.1	33.3	—	—	—
	比重(%)	13.7	86.3	81.0	19.0	49.0	44.0	7.0	—	—	—

资料来源:根据中国财政部发布的《2002年全国政府采购工作情况统计分析》、《2003年全国政府采购工作统计分析报告》和《2004年全国政府采购工作统计分析报告》有关数据资料整理。

1. 行政级次规模比结构

中央与地方政府采购的规模比结构日趋合理。比较而言,地方政府采购的发展要快于中央政府采购。从两级政府的采购规模看,虽然均呈两位数的增长,标志着政府采购发展的势头,但地方政府采购的增长明显快于中央的政府采购。尤其在2003年,与上年的同比增幅,中央政府采购下降了约3个百分点,而地方政府采购增长了19个百分点。所以,中央与地方的政府采购比重也出现同趋势的变化,即中央政府采购比重下降(降幅6个百分点)、地方政府采购比重上升(升幅6个百分点)。以上分析表明,中央政府采购的发展速度慢于地方政府采购的现象,与中央财政支出比的下降基本是呈一致性的。

2. 采购组织方式结构

政府采购的组织方式大体上分为集中采购和分散采购,集中采购呈现为政府采购的主导方式。近年来,从集中采购和分散采购的增量比来看,集中采购大约要比分散采购的增幅高出近 50 个百分点(2002 年的增幅高出 47.6%,2003 年的增幅高出约 50%),很明显以集中采购方式的政府采购规模的快速增加,必将会对形成一个规范性较强的政府采购运行机制起到强力的推动作用。再从静态角度观察,集中与分散方式的政府采购比例结构,显然是以集中采购方式为主导,并且呈现集中水平上升的现象,与上年水平相比,2002 年提升了 7 个百分点,2003 年又提升了近 6 个百分点。

3. 采购对象类型结构

一般意义上说,政府采购的类型结构主要是根据财政支出的方向确定的,但是,由于各政府采购类型的技术及管理的客观要求不同,所以现实中的政府采购合同授予计划必须加以综合考虑,即按照货物、工程和劳务采购三类安排。当然政府采购类型结构的合理性标准,除了由采购活动本身的特征要求所致以外,而且还应与对应的采购支出规模相适应。根据政府采购的便利性特征,由高至低的各政府采购类别的规模,应当是按货物、工程、劳务排序。2001 年至 2003 年,我国政府采购类型结构平均为 60:33:7,基本遵循了这一规律。从政府采购各类项目的增长情况而言,虽然增长幅度不同,[①]但其规模结构的基本格局没有变化,表明了我国政府采购在高速发展的同时,仍然注重其结构的稳定性。

政府采购的类型结构与财政支出结构相匹配是其合理性的另一个标准,因此需要在估计出财政购买性支出基础上,划分出货物、劳务以及工程的支出,然后将分别求出的比例指标作为政府采购结构的合理参照标准。由于我国财政支出与政府采购的分类标准不一致,我们只能大致推测出年度的财政购买性支出和财政用于工程类的支出。2002 年我国财政的总支出为 22053.15 亿元,购买性支付大约是 12941.72 亿元[②],其中工程类的财政支出为 4111.36 亿元[③]。财政性的工程支出占购买性支出的比重为 31.8%,此值

---

① 2002 年至 2003 年的平均增长速度为:货物采购 47.3%,工程采购 85%,劳务采购 40.6%。

② 此数据由财政总支出扣除社会保障补助、政策性补贴、国内外债务付息、社会保障基金等转移性支出以及国防支出后的余额构成。

③ 此数据由财政的基本建设支出与挖潜改造支出构成。

可称为财政性工程支付比,该指标大体可视为本年度工程类政府采购的理论结构,显然这与2002年工程类采购30.3%的比例基本匹配。当然财政性工程支付比指标应当剔除转移支付因素,而在我国现行预算指标体系中,很难将行政支出、科教文卫支出中的人员经费等因素剔除,所以上述指标是不真实的。据初步估计(另考虑历史因素),财政性工程支付比的较真实的指标值在40%~50%之间,2003年的工程政府采购结构比是39.3%,看来基本符合这个规律。政府采购类型结构的合理配置与调整,除了要以财政性工程支付比为参照系,而且还应计算出财政性货物与劳务的支付比,形成一个政府采购类型结构的参照指标体系。

4. 采购主体结构

按照政府采购主体的行业划分,近几年来,政府采购规模排在前列的一直是公检法、科教文以及卫生三部门,其采购规模占到50%左右,这种状况表明遵循先简后繁、先易后难的政府采购政策是符合我国实际的,因为这些部门的行为特征是以货物采购为主,所以政府采购的操作难度较小。2003年,此三部门的政府采购比重有所下降,由2002年的50.5%降至44.1%,其影响因素主要是公检法部门(下降了3.2个百分点)和文化教育部门(下降了3.2个百分点)。由于2003年扩大了行政部门的政府采购范围,特别是农林水气象、工业交通、抚恤社保等部门采购规模的增长,三部门的政府采购占到全国采购规模的53%,比上年增长了近3个百分点,所以政府采购的主体结构并没有太大的波动。如果我们从宏观经济角度看,各部门的政府采购比重①不降反升(见图1—5),这说明我国政府采购结构与国民经济的发展是相适应的,是符合政府采购事业的运行规律的。

第四节　政府采购实践中的问题及分析

中国的政府采购实践在很短的时间里取得了很大的成绩,但是存在的问题也很多,通过分析我们发现:一方面,系统解决政府采购中的诸多问题,需要有一套明确的政策指导;另一方面,制定目标清晰且有效的政府采购政策,将

---

① 该指标可称宏观政府采购比重,表示为:同年部门政府采购规模/同年财政支出。

会有助于把握政府采购的运行方向。

一、主要问题

目前我国政府采购实践中的主要问题,归纳起来有三大类。

1. 法规不甚健全

我国的《政府采购法》正式实施已逾6年,但是,时至今日《政府采购法实施细则》仍不见出台。基本法的配套法规滞后,与日益快速发展的政府采购事业严重不适应,不仅会造成大量政府采购行为的法律依据不足以及出现法律解释的过大差异等,而且不利于与政府采购相关法律体系的建设。在尽快完善政府采购基本法体系的基础上,重点要研究制定政府采购非公开招标采购方式管理办法、供应商资格管理办法、政府采购管理与执行协调工作机制、政府采购基本程序规定、招标代理机构登记备案管理办法以及保护国货制度等。

2. 管理体制有待健全

各地政府采购管理大多数由地方政府协调有关部门参加组成的政府采购委员会负责,其执行机构是财政部门的政府采购中心。这两个机构在实践中既可以审查采购主体资格,又可以在供货合同由采购单位和供应商商定的情况下,以监督方身份承担见证职责。这实际上就等于承担可能出现的经济纠纷的责任,因而这两个机构实质上既是政府采购组织者,又是政府采购管理者,在市场经济中既扮演“运动员”又兼“裁判员”,这种身份上的双重性,必然导致职责上的混淆。由于政府采购管理体制不统一,政府采购活动在一定程度也明显受到财政活动范围的限制,突出表现在人为封锁政府采购市场,歧视、排挤外地供应商,造成新的“画地为牢”。这种有悖于“公开、公平、公正”原则的现象,显然不利于政府采购事业的纵深发展。因此,这样的组织形式在法律和行政体制方面如何定位、职责如何衡量,都是需进一步解决的问题。

3. 采购结构需要优化

虽然中央与地方的政府采购的发展结构是正常的,但是从理论上说,各级政府采购的比重应当与其本级财政支出的比重相适应,以体现不同级次政府采购比重结构的均衡。我国中央与地方的财政支出比的水平通常为30:70[①],

---

① 2002年和2003年的该比值实际水平分别是30.7:69.3和30.2:69.8。

2002年我国中央与地方的政府采购比大约为22∶78,2003年该比值为16∶84,显然中央的政府采购力度偏弱,并且存在继续弱化的倾向。

集中采购又可分为政府集中采购和部门集中采购两类。2003年,政府集中采购占78.3%,而部门集中采购仅占21.7%;在政府集中采购中,政府机构自行组织的采购占64.1%,委托中介机构组织的采购只占到35.9%。由此可见,一方面我国政府采购的集聚程度相当高,另一方面大部分集中采购的权限又高度集中于政府性质的专业组织。然而,由于我国集中采购专业机构的管理水平尚低,与政府采购基本法配套的组织及行为法规又不甚完善,随着政府采购的规模与范围扩大,按照现有的采购组织模式,显然不能满足我国政府采购政策功能的充分发挥以及国际化战略的有效实现。

二、政策立规与指导

我国政府采购实践中所暴露出的问题,分开来看仅仅是一些独立的问题,但是从系统的角度观察又是一个相互有着密切关联的问题。如果我们本着"头痛医头、脚痛医脚"的思维去解决政府采购的问题,必然不可能保证政府采购工作的长期有效发展。所以我们应当站在宏观与战略的高度,通过设计一套符合我国情况的政府采购政策体系,以正确指导我国的政府采购实践。

我国目前的政府采购法规之所以可操作性不强,主要原因在于政策不清晰。由于各地方、各部门之间的利益博弈,不仅因各地利益的不均衡,造成法规的统一性打折扣;而且又因担心地区的政府采购市场分割,导致立法权高度集中。在政府采购管理体制问题上,由于各部门的出发点不同,各自站在本位角度,单纯强调为了本部门目标而实施管理与监督。例如,地方政府为维护本地经济发展,希望政府采购这块"肥水"不要流入"外人之田";财政部门为有效完成财政支出计划,必然单纯重点强调提高政府采购的节约指标;党的纪检机关考虑廉政建设,则会更多地关注对政府采购过程的监督,而忽视对采购结构有效性的管理。所以,在制定政府采购管理体制的过程中,必须要树立正确的政策思路,这样才可以保证政府采购实践中的统一与分散目标的完美结合。政府采购结构优化是政府采购的经常性工作。我国政府采购的数量比重结构和行政级次结构的偏差,暴露出政府采购结构政策的缺失;我国政府采购模式结构的问题,也反映出我们对政府采购方式及组织政策的漠视或不重视。实践说明,如果没有明确的政策目标,政府采购运行轨道就会出现偏差;如果没有正确的政策手段,政府采购的效果就会大打折扣。

　　总而言之,我国政府采购实践中的种种问题,究其根本原因,可以归结于政府采购政策的缺失与不系统。因此,随着政府采购事业的不断发展,迫切需要制定一套行之有效的政府采购政策。近年来,由于我国政府采购市场在中央和地方各级部门的通力合作下,发展的势头既快且稳定,为政府采购政策的执行打下了较为坚实的基础,具体体现在:政府采购的数量上升很快,逐步达到相当的规模水平;政府采购的法规建设日趋完善,其制度配套已初显体系;政府采购的组织分工与组织结构也日趋合理与成熟。所以说,完善和修正我国政府采购政策,不仅是政府采购实践的客观要求,而且也是现实可行的。

第二章　政府采购在经济政治
生活中的地位与作用

　　政府采购是由政府部门主导的财政支出行为,其产生的客观作用,必然要对现实的和未来的经济与政治行为产生影响。从宏观角度来研究政府采购与经济增长的关系,揭示两者之间的相关关系,探讨在促进经济合理增长的前提下,政府采购所起到的不可或缺的重要作用。由于政府采购是行政行为与经济行为的结合体,政府采购中的寻租与腐败问题必然与市场经济的发展相伴随,所以,需要从经济学的角度对政府采购过程中的腐败形成机理(制度与非制度腐败机理)进行了较为系统的分析。

第一节　资源配置的政府采购效应分析

　　从概念范畴的角度看,政府采购属于购买性支出的范畴。按照财政支出的经济性质,按照是否能在经济上直接得到等价的补偿这一原则进行分类,通常将财政支出分为购买性支出和转移性支出。购买性支出能够得到等价补偿,转移性支出则是无偿转移,所以政府采购无论是在经济增长还是经济结构等方面,均可以产生出相应的作用。

一、政府采购的资源总量配置效应

　　我们将政府采购纳入整个国民经济资源配置体系之中,就其资源配置的总量进行效应分析。一国的经济运行可能是扩张性的,也可能是平稳性的,抑或是收缩性的。在不同的经济运行状态下,一国的政府采购规模也可以在不同的经济背景环境下,相应表现为扩大、不变或缩小。因此,我们将研究范围设定为两种情况:一种是在封闭经济条件下,政府采购规模的变化对资源配置数量的影响;另一种是在开放经济条件下,政府采购规模的变化对资源配置数量的影响。

1. 封闭经济条件下的资源配置效应

在封闭经济条件下,政府采购对国内资源总量的影响可以从两个方面进行探讨:一是分散采购模式下的政府采购对国内资源总量的影响;二是集中采购模式下的政府采购对国内资源总量的影响。

封闭经济暗含着不存在国际贸易这一前提,一国的资源完全是在本国范围内流动,影响国内资源配置的部门有消费者、厂商和政府三大部门,为国内资源流动提供舞台的市场有生产要素市场、资本市场和消费品三大市场。

(1)分散政府采购模式下的情形

在分散政府采购模式下,政府采购主体被视同为一般的消费者,甚至比一般消费者的地位还要低,这是因为政府采购所使用的资金为政府性资金,由于政府性资金的公共性特点决定了政府采购主体在采购谈判中处于劣势,换句话说,在非完全竞争市场条件下,无论是卖方还是买方,均认为政府采购反正花的是政府的钱,只要能够讨政府(甚至是采购具体经办人)满意,价格高一些无关紧要。

假定市场是一种出清的市场,但由于上述情况的存在,就会导致市场不能完全出清,因为政府性资金并没有购买到等值的货物、服务或工程,一部分货物、服务或工程就会因为购买不足而不能出清。我们假设有两种商品 A 和 B,A 商品不存在政府采购,B 商品则存在政府采购,由于市场竞争的结果导致 A 商品完全出清(如图 2—1),而 B 商品则存在一定的剩余,其剩余为 Q_0Q_1(如图 2—2),由于政府采购是按照 P_0 价格采购的,结果造成 $P_0P_1E_1F$ 阴影面积的社会净损失。推而广之,会造成整个社会有效需求不足,导致国内资源总量利用不足,部分资源甚至处于闲置状态。

从政府采购本身的效率来看,在分散采购模式下,由于政府采购支出的零星、分散等特点,采购量难以对市场价格造成有效影响,政府部门只是一个市场价格的接受者,只能接受既定的均衡价格。如果考虑到采购过程的一些其他费用,如采购过程中为寻求合适商品和合理价格而付出的时间费用,采购周期长或供应商延迟交货而造成的资金占用费以及采购人员的劳务费、差旅费等支出,分散采购的实际平均成本还有可能大于 P_0,其社会净损失可能还要

大于 $P_0P_1E_1F$。

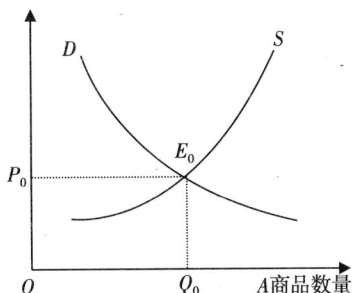

图2—1　无政府采购的市场均衡　　　　图2—2　有政府采购的市场均衡

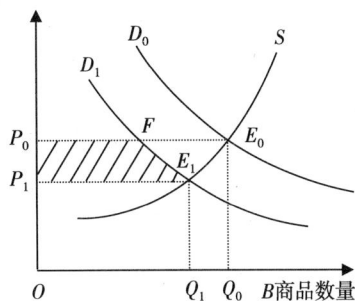

（2）集中政府采购模式下的情形

实行统一集中的政府采购后,采购单位的市场地位发生了变化,由分散购买中的竞争性购买者转化为相对垄断性的购买者。此时,市场的供给曲线仍为一条向右上倾斜的曲线,但集中采购单位面临的供应商的供应曲线,由水平变为向下倾斜,如图2—3中的 S_1。在供应量一定的情况下,供应商一般以两种价格供应其商品或劳务。第一种供应价格为 P_1,是对集中采购部分（OQ_1）而言的价格;第二种供应价格仍为 P_0,是对其他分散采购部分（Q_1Q_0）而言的价格。曲线 S_1 的倾斜程度取决于政府采购量占市场份额的大小和供应商对政府采购市场的依赖程度。一般来说,政府采购量占市场的份额越大,供应商对政府采购市场的依赖程度越高,政府采购对市场价格的影响就越大,采购单位就越有可能获得低价格的商品供应;反之,政府采购量占市场的份额越小,供应商对政府采购市场的依赖程度越低,政府采购对市场价格的影响就不太明显,政府采购价格就越接近市场价格。由图2—3可以看出,在采购数量同样为 Q_0 的条件下,分散采购的平均成本为 P_0,而在完全集中的政府采购条件下,采购的平均成本却下降为 P_1。由此可见,实施政府采购后,节约了 $P_0P_1E_1E_0$ 单位的财政资金。而且,随着采购量的增加,政府采购成本还有可能进一步降低。

在市场出清的情况下,因政府集中采购而节约的资金会被用于其他用途（或采购或转移支付）,在其他条件不变的情况下,无论是 A 商品还是 B 商品均能够达到市场出清状态。

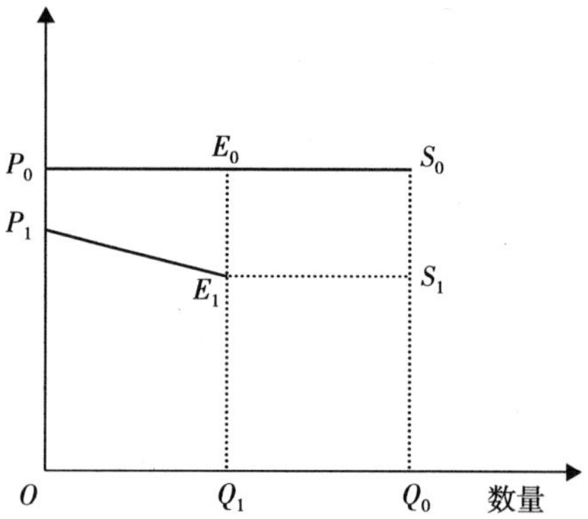

图2—3　集中采购与市场均衡

2. 开放经济条件下的资源配置效应

在开放经济条件下,由于存在进出口,如果本国产品在国际贸易中具有竞争优势,就可能出现出口大于进口的情况,国内产品、服务或工程就会出现供给缺口,引发物价上涨。根据上述分析,在进口替代困难的情况下,分散模式的政府采购则会导致这一缺口相对缩小,但并不能稳定物价;而集中模式的政府采购则会由于其采购垄断导致这一缺口相对扩大,进而引发物价的进一步上涨。在进口替代比较容易的情况下,分散的政府采购对国内资源配置影响较小;而集中的政府采购则可能倾向于国际采购,由于政府性资金流向国际市场,国内供给缺口得到较大程度的弥补,进而有利于国内的物价稳定,这种弥补与稳定程度取决于政府采购规模大小和拟采购物品的替代程度。

如果本国产品在国际贸易中不具备竞争优势,甚至处于劣势,则可能出现进口大于出口的情况,国内产品、服务或工程就会出现供给过剩,引发物价下跌,此时,根据上述分析,在进口替代困难的情况下,分散式的政府采购则会由于其谈判劣势而导致供给过剩进一步扩大,国内资源配置总量进一步趋于失衡,导致物价进一步下跌;而集中式的政府采购则会由于其批量采购促进供给过剩相对缩小,有利于改进国内资源配置和物价稳定。在进口替代比较容易的情况下,由于国外产品处于竞争优势,分散式的政府采购则倾向于国际采购,进而引发国内供给进一步过剩。此时,集中式的政府采购又可分为两种情况:一是无购买本国产品限制的采购,则会出现大批量国际采购倾向,由于政府性资金流向国际市场,国内供给过剩情况将大幅度扩大,导致国内市场疲软进一步加剧;二是有购买本国产品限制的采购,大批量保护性的政府采购则有利于扩大国内有效需求和减少国内供给过剩,促进国内资源配置改善和物价稳定。当然,这种弥补与稳定程度也取决于政府采购规模大小和拟采购物品的替代程度。

二、政府采购的部门资源数量影响

从理论上说,政府采购是社会财富再分配的工具,因此对政府以及民间两部门的资源数量及其变化均会产生一定的影响。

1. 影响政府部门的资源数量

政府性资金在一定时期内是有限的,由于受法律或制度约束,其规模不易扩大,因为靠征税方式扩大收入会遭到纳税人的强烈反对,其大规模增加的难度较大,而其他的政府筹资方式又很难得到足额的资金。因此,在既定的可支配资金规模情况下,只有加强支出管理、提高资金使用效率,方能保证政府部门占有资源数量的相对增加,进而保证政府部门履行其职能的需要。根据我国历年的财政统计资料显示,政府购买性支出占总支出的比例一般都在50%以上,改变其购买方式无疑会提高政府部门对资源的占有水平。近几年来,由于政府采购制度的改革,各地政府采购的实践均表明,平均节约资金近20%,这就意味着,在不增加任何收入的情况下,政府能够支配的社会资源总量将提高3%。

2. 影响民间部门的资源数量

继续沿用上述假设,同时假定资源没有被充分利用,进一步讨论不同模式的政府采购在封闭经济与开放经济条件下对民间部门资源数量的影响。

(1)封闭经济条件下的影响

在封闭经济条件下,由于不存在资源的国际间流动,所以一国的资源只能在政府与民间之间进行流动。当一国资源没有被充分利用时,政府对资源的支配数量对民间可支配资源数量影响与政府采购规模呈正相关关系。我们这里将焦点集中在不同模式的政府采购对民间资源数量的影响上。

　　①分散模式下的政府采购对民间部门资源数量的影响

　　正如上述已经分析的,分散模式下的政府采购类似于民间采购,甚至还不如民间采购,往往在采购中,由于受利益驱动导致政府受损。因此,此时的政府采购数量对民间可支配资源数量影响相对较小,因为在政府采购规模不变或变小的情况下,不影响民间可支配资源总量。如图2—4所示,Q_0点为充分就业水平的资源配置,在没有达到充分就业水平前,社会资源没有得到充分利用,民间与政府均以P_1价格购买可支配的资源数量分别为OQ_g和OQ_p,社会仍然存在资源闲置量(Q_1Q_0),民间可支配资源量没有受到影响。如果政府采购规模扩大,则会产生扩张性的乘数效应,有可能达到甚至会超过充分就业水平,此时就会出现民间可支配资源总量减少而发生挤出效应。如图2—5所示,由于政府采购规模的扩大和乘数作用,社会资源可以得到充分利用,在充分就业这一点(Q_0),民间与政府均以P_0价格购买可支配的资源数量分别为OQ_g和OQ_p,社会不存在资源闲置量,民间可支配资源总量不变;而当支出乘数作用继续下去时,社会资源会出现不足(Q_1Q_0),民间与政府均以P_1价格购买可支配的资源数量分别为OQ_g'和OQ_p',发生了挤出效应,民间可支配资源减少,被挤出的民间资源数量($Q_p'Q_p$)正好与政府采购数量(Q_gQ_g')相等。

　　②集中模式下的政府采购对民间可支配资源数量的影响

　　在政府采购总规模不变的情况下,由于实行集中采购制度,如图2—4所示,对民间可支配资源总量没有影响,Q_0点为充分就业水平的资源配置,在没有达到充分就业水平前,社会资源没有得到充分利用。与政府分散采购的区别是:民间与政府分别以P_1和P_g的价格购买可支配的资源数量分别为OQ_g和OQ_p,社会仍然存在资源闲置量(Q_1Q_0)。如果政府采购规模扩大,则会产生扩张性的乘数效应,有可能达到甚至会超过充分就业水平,此时就会出现民间可支配资源总量减少而发生挤出效应,如图2—5所示。由于政府采购规模的扩大和乘数作用,社会资源可以得到充分利用,在充分就业这一点(Q_0),与政府分散采购的区别是:民间与政府均分别以P_0和P_g的价格购买可支配的资源数量分别为OQ_g和OQ_p,社会不存在资源闲置量,民间可支配资源总量不变;而当支出乘数继续作用时,社会资源会出现不足(Q_1Q_0),民间与政府均以P_1价格购买可支配的资源数量分别为OQ_g'和OQ_p'时,发生了挤出效应,民间可支配资源减少,被挤出的民间资源数量($Q_p'Q_p$)大于政府采购数量

(Q_gQ_g')；当民间与政府均分别以 P_g 和 P_1 的价格购买可支配的资源数量分别为 OQ_g' 和 OQ_p' 时，虽然会发生挤出效应，但其大小难以确定，被挤出的民间资源数量可能与政府采购数量相等，也可能小于政府采购数量，这主要取决于厂商交易成本的大小、政府采购合约期限的长短以及其赚取利润的大小比较。

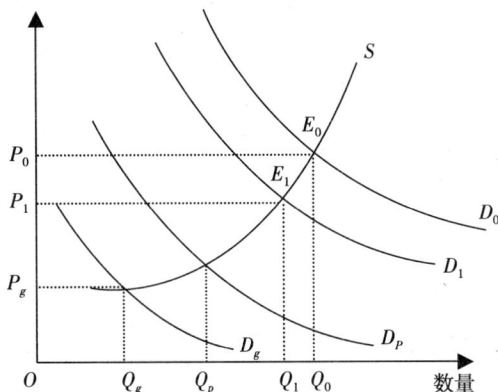

图2—4　封闭经济条件下政府采购对民间可支配资源数量的影响（1）

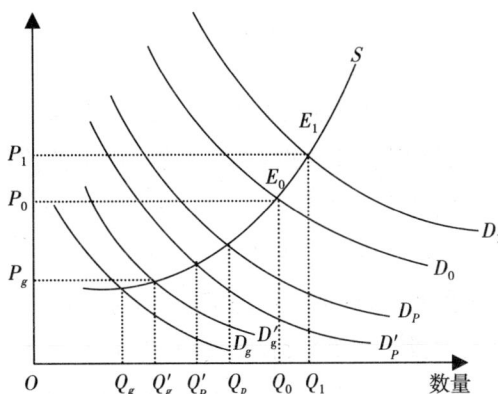

图2—5　封闭经济条件下政府采购对民间可支配资源数量的影响（2）

（2）开放经济条件下的影响

在开放经济条件下，由于存在资源的国际间自由流动，在本国产品具有国际竞争优势的情况下,政府采购规模的扩大会加大国内供给缺口,尤其是集中性的政府采购,因其具有采购中的谈判优势,将导致民间可支配的国内资源减少;根据供求规律和价值规律,国内资源的价格将上升,在民间可支配货币一定的情况下,民间可支配的国内资源将进一步减少。因而,民间资金只有从国际市场上获得相对劣势的资源,显然不利于民间资源的有效配置。反之,如果本国产品不具有国际竞争优势,政府采购则倾向于采购国外有竞争力的产品,将导致国内需求缺口扩大,尤其是集中性政府采购,在没有购买本国产品限制条件下,将进一步扩大国内需求缺口,这样民间资源不能得到充分利用,甚至会出现大量厂商倒闭情况,严重时期表现为整个国内市场的大面积疲软。

三、政府采购在政府宏观调控中的作用

通过与政府一般性支出乘数和税收乘数的比较可以得到这样一个结论,即在政府宏观调控中,政府采购的作用是不容忽视的。

1. 政府采购效率产生的条件

如果欲通过政府采购而实现资源配置的效率,其预期效益超过成本是必要条件,但还有两个充分条件:其一是生产要素没有被充分利用,其二是资源利用的结果产值最高。如果现有的生产要素没有被充分利用,通过注入新的采购,则资源配置会因政府采购而得到改进;即使全部原有资源已被充分利用了,也存在有增加效率变革的可能,因为投入政府采购新资源所"实际"产生的商品与劳务的价值,只要小于这些资源"可能"产生的价值,那么这种资源的利用就会存在一定的效率空间。

2. 政府采购的"乘数效应"与"挤出效应"分析

根据凯恩斯学派的观点,政府采购的增加将直接导致社会总需求的扩大,进而带动资本与劳动力投入的增加,在短期内,由于社会总产出主要由资本与劳动力投入所决定,所以,最终会导致社会总产出的增加,并且这种刺激效应是放大的。

假定政府采购支出增加为 ΔG,社会边际消费倾向为 $c_q(0 < c_q < 1)$,则由 ΔG 引致的社会总产出的增加为 $\Delta G/(1 - c_q)$,这就是所谓的政府支出的"乘数效应"。

古典经济学派的经济学家则持与之相反的观点,他们认为,社会资金的拥

有者不外乎政府、企业和个人,在其总额保持大致稳定的情况下,如果政府占有的份额上升,则企业与个人所拥有的数量就可能下降。也就是说,政府采购的增加将会挤出企业与个人的投资或消费,从而抵消其乘数效应,而且由于政府采购大多是非生产性的,因此反而可能使社会总产出减少,即产生所谓“挤出效应”。如图2—6所示,纵轴表示利率水平,横轴表示私人投资水平,在没有公共开支的情况下,利率为 i_1,私人投资为 I_1;如果增加公共开支,即对货币的需求增大,短期内货币供应量不变或只有很少增加,利率由 i_1 上升到 i_2,这样私人投资将由 I_1 减少到 I_2,$I_1 - I_2$ 就是排挤掉的私人投资。

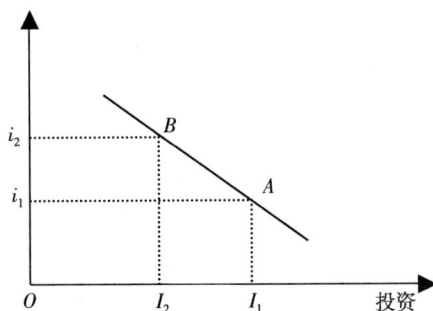

图2—6　投资与利率的关系

挤出效应一般发生在筹资阶段。如果政府采购所需资金是通过税收的方式来筹集的,假定个人收入为 R,政府就 R 征收税率为 t 的所得税,则个人可支配收入与无税时相比减少了,根据跨时期预算约束模型,其消费与储蓄都会减少,而消费减少的幅度则更大,这表明挤出效应是存在的,但是乘数效应却并未因此而完全消失。

假定个人边际消费倾向为 c,则税收使个人消费减少了 ctR,而同时政府可用于采购的资金增加了 tR,由于 c 总小于1,因此 tR 大于 ctR,可见政府采购的扩张效应依然存在,但乘数由无税时的 $1/(1-c)$ 缩小为 $1/(1-c)(1-t)$。由于乘数的减少,会使得政府为实现同样的政策目标所要进行采购的绝对数量大大增加,相应地意味着征税的范围或力度要加大。

根据巴罗—李嘉图等价原理,如果政府采用发行公债的方式来筹集采购所需的资金,由于其最终的还本付息要通过在未来增加税收实现,理性的个人意识到这一点,就会减少当前消费而增加储蓄以备未来之需,所以发行公债与增加税收对乘数的影响是等价的,因此公债的还本付息只能靠增税。

然而,在政府干预市场经济的情况下,如果政府利用发行公债筹集刺激经济所需的资金,只要在使用上是有效率的,能够带来社会总产出与国民收入的增加,那么税基也将会随之而扩大,政府无须增税或提高税率即可完成还本付息的任务。对公债持有者来说,这意味着其未来净财富的增加,因此,为了保证消费水平的稳定,他很可能增加当前消费。另一方面,李嘉图与巴罗将政府债务人与一般债务人等同起来,认为债务到期时政府必须像一般债务人那样用自有资金偿还债务,但实际上由于政府的特殊地位,可以采用发新债还旧债的办法,只要公债的利息率低于国民经济增长率,这个办法就可以一直沿用下去。可见,当前增发公债并不意味着未来税负的必然增加,也就不一定会减少当前消费而产生挤出效应。

因此,我国应加快构建政府采购体系的步伐,这不仅是加强财政支出管理的需要,也是利用政府采购进行宏观调控的需要。

第二节　经济结构配置的政府采购效应分析

政府采购对经济规模所产生的效应,很大程度上取决于政府采购须具备足够大的规模,然而对于经济结构配置的政府采购功能而言,对其规模的要求则无须苛求。

一、政府采购对产业结构的影响

通过政府有目的的、导向性的采购,可以在一定程度上成为引导生产和消费的"指挥棒",实现对社会生产及消费的宏观调控和示范作用。可以通过政府采购公开招标范围与层次的选择,以体现国家的产业政策的要求,进而促进产业结构的优化调整,使资源配置达到帕累托最佳状态,实现社会福利水平的最大化,还可以通过适当扩大或缩小、提前或推后政府采购计划,以调节社会需求结构。

政府可以通过对所需购买的产品品种、质量进行选择性的政府采购战略,引导产业发展方向。但限于政府采购本身规模与职能,政府采购对产业结构的引导,应该将重点放在"市场失效"的领域内,如高新技术产业、中小企业等领域。

对于幼稚产业来说,国家产业政策除了通过货币政策、税收优惠和财政直接投入予以扶持之外,政府还可以通过政府采购直接予以支持。一般来说,幼稚产业尤其是高科技产业,在初创阶段,其产品的需求量有限,处于微利或亏损状态,因此其发展受到很大限制。此时,政府仅仅通过一般性的政策扶持是远远不够的,国外和我国高科技产业的发展历史已经充分证明,通过政府采购予以扶持是一种效果较好的选择。假定国家鼓励发展的产业供给规模是恒定的,并且供给大于需求(如图 2—7 所示),在没有政府采购支持的情况下,其

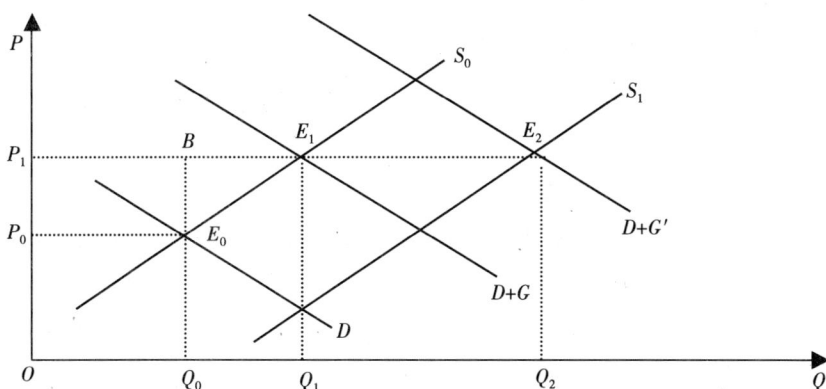

图 2—7　政府采购对幼稚产业的支持

市场均衡点为 E_0 点,均衡价格为 P_0,此时存在亏损 $P_0P_1BE_0$,照此发展下去,该产业必然趋于萎缩;如果通过政府采购,将需求曲线右移至 $D+G$ 线,市场总需求量扩大至 OQ_1,在其他条件不变的情况下,均衡点为 E_1 点,均衡价格为 P_1,此时正好达到盈亏平衡,则有利于该产业的生存与发展。如果政府继续扩大采购支出到 $D+G'$,在价格不变的情况下,将会出现供给曲线右移现象(由 S 右移至 S_1),此时的均衡产量为将由 OQ_1 增至 OQ_2,均衡点为 E_2。由于政府采购的乘数作用,受扶持产业将得到长足发展,其增量为 Q_1Q_2。同时,由于政府采购一般是通过采购合同方式实现,具有很强的针对性既可以针对某一产业的所有产品,也可以是某产业的某一类产品或某一种产品,并且可以根

据需要分期分批予以采购。因此,这种支持灵活度很高,反之亦然。

众所周知,高新技术产业化的过程,是一个充满风险同时又有着较大的"外部效应"的过程。一项技术创新,一般要经过应用研究—技术发展—中间试验—市场化初期—产品改进和成熟—技术扩散等主要环节。其中中间试验与初期市场化阶段是承上启下的关键环节,这个阶段投资多、风险大而且又不易引起政府和市场的关注。中试环节薄弱是我国技术创新领域一大难题。美国公司发展高新技术,其研究成果经过中试进入市场的约占55%,因为政府采购能解决中试与初期市场化中的资金需求问题,并可降低个别企业的风险水平,这正是政府采购在该领域大显身手的机遇。

二、政府采购对地区结构的影响

政府采购对地区结构的影响可以通过全国性的采购和地区性的采购体现出来。

1. 全国性政府采购视角

从全国性的政府采购来看,各地区的资源优势因政府采购而得到充分体现。由于政府采购强调公开、公平和公正原则,为谋求纳税人利益最大化,做到物有所值,全国性的政府采购一般是通过公开招投标确定供应商。因此,具有资源优势地区的供应商,往往因其能提供价廉物美的货物、服务或工程而一举中标。对地方而言,地区经济也会因中标商的发展壮大而增强,或因此而出现一些特色经济或地区性产业群,如地方高科技园区的不断发展壮大、地方工业品产业的发展壮大等。不过,值得注意的是,由于地区性产业群一般因地缘优势而具有规模经济特征,为了保护这种优势,在政府采购中应注意避免恶意竞争所带来的不必要的损失和浪费,如一味追求最低价而导致采购质量下降等现象。

2. 地区性政府采购视角

从地区性政府采购来看,在一定时期内,可以通过保护性政府采购的政策以扶持本地产业的发展。在社会主义市场经济体制下,公共财政模式决定了地方政府负有调控本地经济的义务,因此,地方政府可以运用政府采购这一有效手段对本地经济适当地进行干预。一般来说,地方政府可以根据本地经济发展需要,对于需要支持的重点行业或产品,在地方政府采购过程中,通过规定采购比例、定点采购或给予价格优惠等办法予以支持。然而,这里反复强调的"一定时期",主要是表达地方政府通过政府采购对地方产业的保护也是有限度的,否则,将会因地方间的恶性竞争而产生的区域发展不平衡,不利于地方福利的改进,也不利于本地供应商参与全国性的竞争,集中性的政府采购最终也会趋于萎缩。

第三节 经济增长过程中的政府采购效应分析

通过建立经济增长与政府采购的相关性模型,我们可以进一步的、深入的了解政府采购对经济增长的贡献。根据经济增长的关键内生变量与政府采购的关联特征,分析经济增长要素的政府采购的效应,并结合中国的经济发展实际,进行政府采购效应的实证分析。

一、基于经济增长的政府采购模型

为分析方便起见,将财政购买性支出定义为政府采购与非政府采购支出之和,非政府采购假设为常数,这样,在下面的模型中将以政府购买性支出为自变量,政府购买性支出的变化可视为政府采购的变化。上述假设一般不会影响分析结论,因为政府购买性支出与政府采购对经济增长的方向性影响是一致的,只是在数量上有所差异。用政府采购来替代政府购买可以部分消除负面影响,比如对原模型进行修正,增加一些效率系数等,得到一个新的有效的经济增长模型。

根据 Barro 的 AK 模型,假设在一个连续时间环境下,某一代表性家庭保持生存状态不变,在各个阶段内追求生活效用最大化,用等效用函数表示如下:

$$U = \int_0^x \frac{c(t)^{1-\delta} - 1}{1 - \delta} e^{-\rho t} \mathrm{d}t \tag{2.1}$$

其中,$C(t)$ 是时间段 t 的人均消费量,ρ 是主观时间偏好率,$\delta > 0$ 是消费边际效用弹性。

用 G 表示人均政府购买量,R 表示家庭接受的人均转移支付量。假设政府在进行财政支出时保持预算平衡,税收以稳定的边际税率 τ 征集,则政府面临着如下预算约束：

$$G + R = T = \tau Y \text{ 或 } G/Y = \tau - R/Y = \tau - \theta \tag{2.2}$$

其中，θ 表示政府转移性支付占 GDP 的比率。

假设政府采购可以直接增加产出量，则人均产出量就取决于人均资本存量和人均政府采购量。这里，用 Cobb-Douglas 的生产函数表示人均产出函数：

$$Y = K\varphi(G/K) = AK^{1-\alpha}G^{\alpha} \tag{2.3}$$

其中，Y、K、G 分别代表人均产出量、资本存量和政府采购量；$\varphi(G/K)$ 表示一个凸函数，α 是产出对政府采购的弹性。可见，政府采购率 G/Y 以两种方式影响经济增长：首先，如果通过提高税率进行融资，则增长了的政府采购率，将导致降低税后资本收益率，影响到经济的增长；其次，从方程(2.3)中可知，G 的增加会直接提高税前资本边际收益率，在其他情况不变下，就会促进经济增长。

一般而言，人们的收入与消费水平是衡量有效经济增长的基本因素。根据 Barro 的研究，用 γ 表示人均消费和收入的稳定增长率，其表达式如下：

$$\gamma = \frac{1}{\delta}\big[(1-\delta)\cdot\varphi(G/K)\cdot(1-\alpha)-\rho\big] \tag{2.4}$$

在方程(2.4)中，分别对 θ 和 τ 求导得出：

$$\frac{\partial\gamma}{\partial\theta}\bigg|_{d\tau=0} = \frac{-\varphi'\varphi(1-\tau)}{\delta} = \frac{-(1-\tau)}{\delta}\alpha A^2\Big(\frac{G}{K}\Big)^{2\alpha-1} < 0 \tag{2.5}$$

$$\frac{\partial\gamma}{\partial\tau}\bigg|_{d\theta=0} = \frac{\varphi}{\delta}[\varphi'-1] = \frac{1}{\delta}A\Big(\frac{G}{K}\Big)^{\alpha}\Big[A\alpha\Big(\frac{G}{K}\Big)^{\alpha-1}-1\Big] \neq 0 \tag{2.6}$$

由于 τ 是财政支出对总产出的比率，θ 是转移支付对总产出的比率，故政府购买率则为 $\tau-\theta$。由(2.5)式可知，τ 不变则增加 θ 会较低增长率。当 θ 增加而 τ 不变时，就只能减少 G/K，在边际税率相应较低的情况下就会产生较低的边际私人资本收益率，从而出现较低的经济增长率。方程(2.6)表明：政府转移支付率 θ 若保持不变，则 $\frac{\partial\gamma}{\partial\tau}$ 的符号取决于 $\varphi'-1$ 的符号，当 G/K 上升时，$\varphi'(G/K)$ 下降，所以当政府购买与私人资本的比值较小时，增加政府购买会提高经济增长率。然而，随着这一比值的上升，政府购买增加所引起的经济增长的比率将逐步减少，最终可能变为负值。

二、基于经济增长贡献要素的政府采购结构分析

经济增长的推动力来自于总量与规模因素,在政府采购中,结构因素的贡献要素首推政府的研发性采购,而总量因素的贡献要素自然是基础性采购。

1. 研发性采购的经济增长贡献

古典经济学家认为,生产力要素只包括土地、资本和劳动,熊彼特在其1912 年出版的《经济发展理论》著作中创造性提出,随着经济学的发展,生产力要素不仅是资本和劳动力,技术创新才是资本主义经济增长的源泉。那么如何促进技术创新呢? 根据国内外的实践经验,政府采购无疑是最容易实施,也是最直接有效的方法。

政府采购是社会总需求的一部分,随着社会的发展,政府提供公共物品和劳务的增加,政府采购的市场总量不断扩大。通过政府有目的的采购、增加对欲扶持产业的需求,提高其产品的价格水平,使得企业可以弥补其初期的高成本,降低成长初期的高风险,使得政府采购对技术进步和技术创新起到激励效应。

研发性政府采购的经济推动作用可通过图 2—8 得以表达。当没有政府

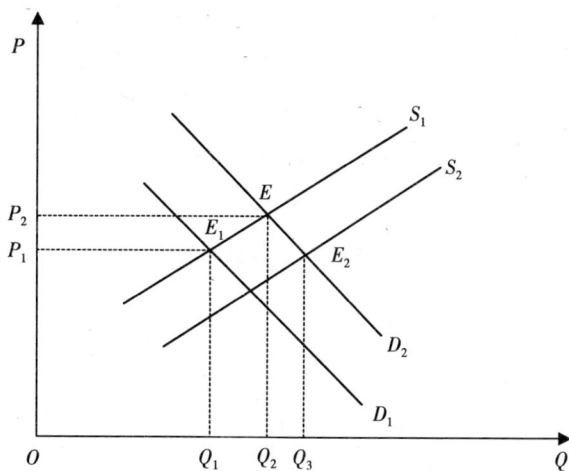

图 2—8　研发性政府采购的经济总量影响

采购时,市场上供给曲线 S_1 和需求曲线 D_1 决定的均衡点是 E_1 ,此时均衡的价格水平为 P_1 ,均衡供给量为 Q_1 。当政府有目的地增加对技术创新产品的购买时,市场上对技术创新产品的需求增加,使 D_1 移动至 D_2 。在短期内,会在 E 点与原供给曲线 S_1 达到均衡,新的均衡价格为 P_2 ,均衡数量为 Q_2 。由于 P_2 大于 P_1 ,在技术创新初期阶段的企业的利润就会额外增加,可将利润投入到产品技术的完善、产品市场的开拓和产品规模的扩大上,以扩大销售量、降低成本,随着进一步发展,总供给曲线会由 S_1 移动到 S_2 ,与 D_2 相交与 E_2 点,均衡价格为 P_1 ,均衡数量为 Q_3 ,整个社会福利的增加为 $E_1Q_1Q_3E_2$ 的面积。

由于政府采购在一定程度上会影响商品价格,而价格作为市场机制的信号又会影响着整个社会资源的配置。假定只有资本和劳动两种生产要素,如图2—9所示,社会只生产两种产品,即 A 产品和 B 产品,政府采购资金在 A

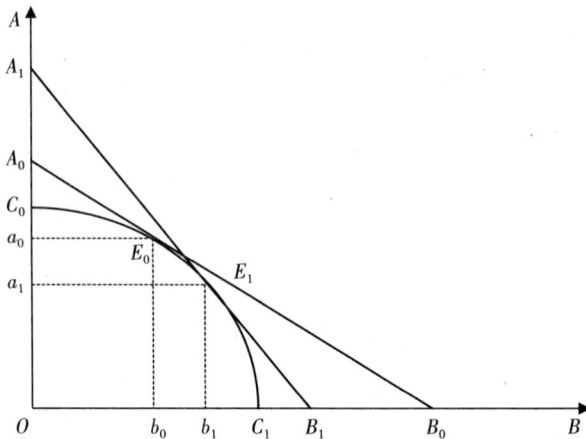

图2—9　研发性政府采购的经济结构影响

产品和 B 产品之间分配, A 表示劳动密集型产品, B 表示技术密集型产品。 C_0C_1 表示生产可能性曲线,若全部资源都生产 A 产品,可产出 OC_0 ,若全部资源都生产 B 产品,可产出 OC_1 。 A_0B_0 、 A_1B_1 表示 A 、 B 两种产品的价格之比。 A_0B_0 与 A_1B_1 相切与 E_0 点,这时社会资源得到最大效率利用,全社会生产 a_0 数量 A 商品, b_0 数量 B 商品,也消费 a_0 数量 A 商品, b_0 数量 B 商品。若政府增加对 B 商品采购,对 B 商品的需求就会上升, B 商品的价格也会升高,生产

B 产品的企业利润上升,生产规模扩大,引起生产要素的重新配置。均衡点由 E_0 转移到 E_1,相应的 A 商品生产,消费量由 a_0 下降到 a_1,B 商品的生产,消费量由 b_0 上升 b_1,可见,通过政府有意识地加强对技术密集型商品的采购,可推动技术密集型企业的发展。

2. 以研发性政府采购为基础的总产出模型

在以下的分析中,我们仍沿用方程(2.1)和方程(2.2)分别表示家庭偏好和政府预算约束,假定在关于资本和劳动规模报酬不变的前提下,设计出一个新古典生产函数:

$$Y = F(K, AL) \tag{2.7}$$

其中,Y 是产出,K 是资本,L 是劳动,A 表示技术和人力资本。单位有效劳动产出 Y/AL 取决于单位有效劳动资本,即 $k \equiv K/AL$:

$$y \equiv K/AL = F(K/AL, 1) = F(k, 1) = f(k) \tag{2.8}$$

这里,政府购买用于研发项目、改善技术与教育,从而提高人力资本,使得 A 值变大。

根据 Grossman 和 Helpman 的假设,新技术/人力资本生产函数为:

$$\frac{dA}{dt} = G = (\tau - \theta)Y = (\tau - \theta)F(K, AL) = (\tau - \theta)ALF(k)$$

所以有:

$$\gamma = \frac{1}{A}\frac{dA}{dt} = (\tau - \theta)Lf(k) \tag{2.9}$$

在此模型中,决定人均消费量增长的方程(2.4)可变为:

$$\gamma = \frac{1}{\delta}\big[(1 - \tau)f'(k) - \rho\big] \tag{2.10}$$

对方程(2.9)和方程(2.10)关于 τ 和 θ 分别求偏导,得出:

$$\frac{\partial\gamma}{\partial\theta}\bigg|_{d\tau=0} = \frac{-(1-\tau)Lf(k)f''(k)}{(1-\tau)f''(k) - \delta(\tau-\theta)Lf'(k)} < 0 \tag{2.11}$$

$$\frac{\partial\gamma}{\partial\tau}\bigg|_{d\theta=0} = \frac{(\tau-\theta)Lf'(k)^2 + (1-\tau)Lf(k)f''(k)}{(1-\tau)f''(k) - \delta(\tau-\theta)Lf'(k)} \neq 0 \tag{2.12}$$

结合考虑方程(2.5),方程(2.11)告诉我们,若 τ 保持不变,θ 增加,则长期经济增长率会降低。同样,转移性支付只能靠减少 G/K 融资,从而不利于技术进步和人力资本的积累,同时又没有降低边际税率来补偿,最终会导致增长率降低。

方程(2.12)拓宽了 Grossman 和 Helpman 的研究成果:转移性支出保持不变时，$\frac{\partial \gamma}{\partial \tau}$ 的符号是不确定的。从方程(2.9)可知，τ 的增加会促进技术进步和人力资本的积累，从而促进增长率。然而从方程(2.10)可以看出，增加 τ 会降低税后边际收益率，从而阻碍增长。方程(2.12)说明，在关于经济增长和政府采购关系的经验分析中，应保持转移性支出不变。

3. 基础性采购的经济增长贡献

政府采购的对象可分为政府消费品(公共消费)和政府投资品(公共投资)，前者又称经常性支出，包括国防开支、行政事业费用、科教文卫开支等；后者又称资本性支出，主要包括基础设施建设和公共工程。许多研究认为，长期的经济增长率和政府用于交通、通讯等公共投资为正相关，而非生产性的公共消费则和经济增长呈负相关。我国 1998 年以来的国债投资也主要体现为加强基础设施建设，如青藏铁路、农村电网改造、西电东送、西气东输、南水北调等。

三、中国政府采购与经济增长的实证分析

财政支出可分为购买性支出和转移性支出，政府采购是购买性支出中最重要的组成部分，下面将利用有关数据，就我国购买性支出和政府采购支出对经济增长的影响进行实证分析。

1. 购买性支出与经济增长的实证分析

根据凯恩斯宏观经济理论，政府购买性支出应该对 GDP 增长有正向贡献，刚猛等(2003)利用时间序列自回归动态模型，对我国 1978~2000 年的政府购买支出对 GDP 增长的贡献大小进行了实证分析，得出如下的回归方程：

$$DLNGDP = 0.6395 + 3.810DLNGC + 1.5912DLNGI - 0.7749DLNTE$$
$$- 0.7076DLNGDP_{t-1} - 0.4861DLNGC_{t-1} + 1.7361DLNGI_{t-1}$$
$$- 3.8826DLNTE_{t-1} + 2.8695DLNGDP_{t-2} - 0.6997DLNGC_{t-2}$$
$$+ 1.8307DLNGI_{t-2} - 2.9689DLNTE_{t-2} - 2.294DLNGDP_{t-3}$$

其中，DLNGDP 为国内生产总值自然对数值的一阶差分，即 GDP 增长率的自然对数值；DLNGC 为政府消费自然对数值的一阶差分；DLNGI 为政府投资自

然对数值的一阶差分;DLNTE 为政府转移支付自然对数值的一阶差分。

根据以上回归方程,可以看出我国政府购买支出相关项目对 GDP 增长的贡献为:

(1)当期影响

当期政府消费增长率对当期的 GDP 增长率有较强的正向贡献,弹性为 3.81;当期政府投资增长率对当期 GDP 增长率有正向贡献,弹性为 1.59;当期政府转移支付增长率对当期 GDP 增长率有负向贡献,弹性为 -0.77。

(2)滞后期影响

滞后一期的政府消费增长率对当期 GDP 增长率有负向贡献,弹性为 -0.49;滞后一期的政府投资增长率对当期 GDP 增长率仍为正向贡献,弹性为 1.74,比当期影响略有增加;滞后一期的转移支付增长率对当期 GDP 增长率仍为负向贡献,弹性为 -3.88;滞后二期的政府消费增长率对当期 GDP 增长率有负向贡献,弹性为 -0.7;滞后二期的政府投资增长率对当期 GDP 增长率仍为正向贡献,弹性为 1.83;转移支付增长率仍为负向贡献,弹性为 -2.97。

上述结果表明:在当期,政府消费对 GDP 增长的贡献明显大于政府投资;在滞后一期、二期,政府消费对 GDP 增长已没有贡献,而政府投资对 GDP 增长仍有较强的贡献,且滞后二期的贡献大于滞后一期。

2. 政府采购与经济增长的回归分析

以 1998 年到 2003 年政府采购规模和 GDP 为样本,对政府采购与经济增长进行一个简单的相关分析。1998 年到 2003 年,我国政府采购的规模分别为 31 亿元、131 亿元、328 亿元、653 亿元、1009 亿元和 1659 亿元,同期我国 GDP 的规模分别为 78345 亿元、82067 亿元、89442 亿元、95933 亿元、102398 亿元和 111101 亿元。以 Y 代表 GDP,X 代表政府采购数量,则回归方程为 $Y = \alpha + \beta X + \varepsilon$,其中 ε 为误差项。

计量分析的结果见表 2—1,由此可以看出,即使没有政府采购,自发性的 GDP 为 80671 亿元,斜率为 19.7,说明政府采购增加 1 亿元,GDP 会增加 19.7 亿元。$R^2 = 0.96$ 说明回归方程解释了因变量总变差的 96%,政府采购规模与 GDP 高度相关。F 统计量为 100.24 说明我们可以拒绝 GDP 与政府采购无关的原假设(在 5% 的水平下)。

表2—1　政府采购与经济增长

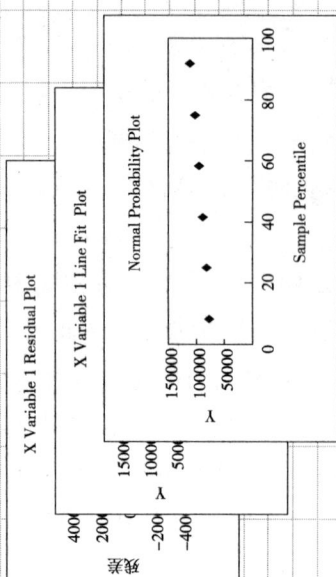

SUMMARY OUTPUT

回归统计	
Multiple	0.980625836
R Square	0.961627031
Adjusted	0.952033788
标准误差	2720.079003
观测值	6

方差分析

	df	SS	MS	F	Significance F
回归分析	1	7.42E+08	7.42E+08	100.24	0.000559
残差	4	29595319	7398830		
总计	5	7.71E+08			

	Coefficients	标准误差	t Stat	P-value	Lower 95%	Upper 95%	下限 95.0%	上限 95.0%
Intercept	80671.34757	1674.107	48.18768	1.11E-06	76023.28	85319.41	76023.28	85319.41
X Variable 1	19.7475504	1.972389	10.01199	0.000559	14.27132	25.22378	14.27132	25.22378

RESIDUAL OUTPUT　　　　　　　　　　**PROBABILITY OUTPUT**

观测值	预测 Y	残差	标准残差	百分比排位	Y
1	81283.52163	-2938.52	-1.20782	8.333333	78345
2	83258.27667	-1191.28	-0.48965	25	82067
3	87148.5441	2293.456	0.942679	41.66667	89442
4	93566.49798	2366.502	0.972703	58.33333	95933
5	100596.6259	1801.374	0.740419	75	102398
6	113432.5337	-2331.53	-0.95833	91.66667	111101

Y^U =80671+19.7X　　R^2=0.96　　F=100.24
　　（48）（10）

通过政府采购与经济增长的回归分析,在实证方面研究了政府采购与经济增长的相关关系,我们可以得出以下结论:政府采购与经济增长高度相关,政府采购对经济增长有很大的促进作用。所以,应当以政府采购来取代行政性购买,适当提高政府采购在政府购买性支出中的比重,优化政府支出结构,可以充分发挥政府采购对国民经济的拉动作用。

第四节　保护环境的政府采购效应分析

Donald B. Marron(1997)利用数理方法分析了完全替代竞争市场和不完全替代竞争市场政府采购绿色产品对环境及资源的影响,他发现,不完全替代的竞争市场这种情况分析起来更为复杂,但其结论在实质上与完全替代竞争市场是一致的。所以我们在假定绿色产品和一般产品完全同质的前提下,进行政府采购的效应分析。

绿色产品和一般产品市场的竞争、垄断关系存在以下四种组合:

表2—2　两种产品的竞争—垄断关系

一般产品＼绿色产品	竞争	垄断
竞争	√	√
垄断	/	√

一般产品市场为垄断而绿色产品市场为竞争的组合,在现实中很少出现。为分析的方便,先假定:

P_1——初始时绿色产品均衡价格;

Q_1——初始时绿色产品的均衡产量;

P_1'——政府增加绿色采购后绿色产品均衡价格;

Q_1'——政府增加绿色采购后绿色产品均衡产量;

e_{s1}——初始时绿色产品的供给弹性,为分析方便,需求弹性和供给弹性都取正值;

ΔQ_1——政府增加绿色采购后绿色产品均衡产量变化值,为分析方便,产量和价格变化值均取正值;

ΔP_1——政府增加绿色采购后绿色产品均衡价格变化值；

P_0——初始时一般产品均衡价格；

Q_0——初始时一般产品均衡产量；

$P_0^{'}$——政府增加绿色采购后一般产品均衡价格；

$Q_0^{'}$——政府增加绿色采购后一般产品均衡产量；

ΔQ_0——政府增加绿色采购后一般产品均衡产量变化值；

ΔP_0——政府增加绿色采购后一般产品均衡价格变化值；

P_{D0}——一般产品需求价格；

Q_{D0}——一般产品需求量；

e_{D0}——一般产品的需求弹性；

P_{S0}——一般产品供给价格；

Q_{S0}——一般产品供给量；

e_{S0}——一般产品的供给弹性；

B——政府增加绿色采购获得的总收益；

C——政府增加绿色采购引起的总成本；

b——减少消费一单位一般产品而减少的环境负外部性,假定是一不变的常数；

λ——财政资金的影子成本,$\lambda > 0$；

Q_{G0}——初始时政府对一般产品采购量。

一、完全竞争市场下的影响分析

在完全竞争市场条件下,单个厂商对市场的影响可忽略不计,所以只分析整个产品行业的情况。在分析时,可分为短期和长期两种情况,这里的短期和长期概念与微观经济学中的概念是一致的,即短期是指厂商有些生产要素不能调整的时间周期,长期是指厂商的所有生产要素都能调整的时间周期。

1. 短期影响

在短期,绿色产品和一般产品的供给曲线均向右上倾斜；一般产品的需求曲线向右下倾斜；政府对绿色产品的需求曲线为竖线,因为当政府采购预算一定时,既定的预算下,我国政府采购实践中都存在资金节余,所以可以认为政府采购量固定,需求价格无弹性。

当绿色产品行业供给曲线固定时,绿色产品的均衡产量与价格存在对应关系,所以政府采购一定量绿色产品的政策与给予绿色产品一定价格优惠的政策是相对应的,因此,下面的分析中将视方便程度仅分析增加的采购量或优惠价格。

初始阶段,绿色产品的均衡价格高于一般产品的均衡价格,即 $P_1 > P_0$,政府对某绿色产品采购量增加 ΔQ_1,并减少相同量的一般产品采购,市场均衡时绿色产品市场价格升高,一般产品市场价格降低,如图 2—10 所示。

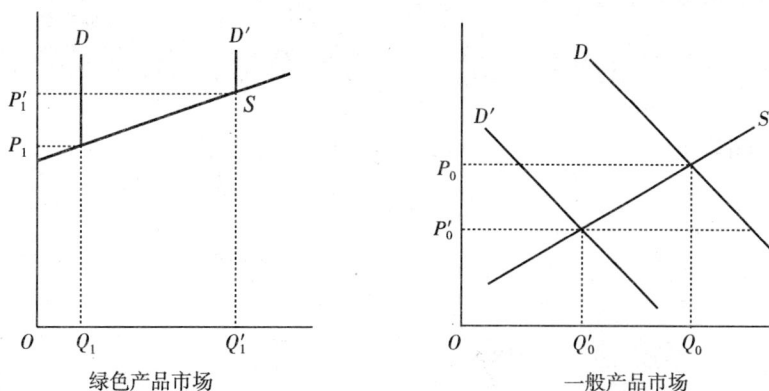

图2—10　短期市场下的两种产品市场

假定政府采购绿色产品的目标是追求净收益最大,即 $Max(B - C)$。

政府增加绿色产品引起的成本主要有三部分:一是政府增加绿色产品采购而减少相同量的一般产品时所增加的成本;二是一般产品市场价格下降,政府采购一般产品相应减少的成本,这部分负成本实际上是收益;三是私人采购一般产品相应减少的成本,同样也为收益。所以,有:

$$C = (1 + \lambda) \cdot \Delta Q_1 \cdot (P_1' - P_0) - (1 + \lambda)(Q_{G0} - \Delta Q_1) \cdot \Delta P_0$$
$$- [Q_0' - (Q_{G0} - \Delta Q_1)] \cdot \Delta P_0 \tag{2.13}$$

从图2—10中可见:

$$P_1' = P_1 + \Delta P_1 \tag{2.14}$$

$$Q_0' = Q_0 - \Delta Q_0 \tag{2.15}$$

$$\Delta P_1 = \Delta Q_1 \cdot \frac{\Delta P_{S1}}{\Delta Q_{S1}} = \frac{\Delta Q_1 \cdot P_1}{e_{S1} \cdot Q_1} \tag{2.16}$$

从 Q_1 到 Q_1' 的供给弹性 $e_{S1} = \dfrac{\Delta Q_{S1}}{Q_{S1}} \bigg/ \dfrac{\Delta P_{S1}}{P_{S1}}$

从 Q_0 到 Q_0' 的供给弹性 $e_{S0} = \dfrac{\Delta Q_{S0}}{Q_{S0}} \bigg/ \dfrac{\Delta P_{S0}}{P_{S0}}$

从供给方面来看:

$$\Delta P_0 = \Delta Q_0 \cdot \frac{\Delta P_{S0}}{\Delta Q_{S0}} = \frac{\Delta Q_0 \cdot P_0}{e_{S0} \cdot Q_0} \tag{2.17}$$

从需求方面来看:

$$\Delta P_0 = (\Delta Q_1 - \Delta Q_0) \cdot \frac{\Delta P_{D0}}{\Delta Q_{D0}} = (\Delta Q_1 - \Delta Q_0) \cdot \frac{P_0}{e_{D0} \cdot Q_0} \tag{2.18}$$

市场均衡时,有 $\dfrac{\Delta Q_0 \cdot P_0}{e_{S0} \cdot Q_0} = (\Delta Q_1 - \Delta Q_0) \dfrac{P_0}{e_{D0} \cdot Q_0}$

即:

$$\Delta Q_0 = \frac{\Delta Q_1 \cdot e_{S0}}{e_{S0} + e_{D0}} \tag{2.19}$$

$$\Delta P_0 = \frac{\Delta Q_0 \cdot P_0}{e_{S0} \cdot Q_0} = \frac{\Delta Q_1 \cdot P_0}{Q_0(e_{S0} + e_{D0})} \tag{2.20}$$

把上面各式代入(2.13)式,整理后可得:

$$C = \left[\frac{P_1 \cdot (1 + \lambda)}{e_{S1} \cdot Q_1} + \frac{\lambda \cdot p_0}{Q_0(e_{S0} + e_{D0})} + \frac{e_{S0} \cdot P_0}{Q_0(e_{S0} + e_{D0})^2} \right] \Delta Q_1^2$$

$$+ \left[(1 + \lambda)(P_1 - P_0) - \frac{\lambda \cdot Q_{\omega} \cdot P_0 + Q_0 \cdot P_0}{Q_0(e_{S0} + e_{D0})} \right] \Delta Q_1 \tag{2.21}$$

政府增加绿色产品带来的环境效益 B 为:

$$B = \Delta Q_0 \cdot b = \frac{e_{S0} \cdot b}{e_{S0} + e_{D0}} \Delta Q_1 \tag{2.22}$$

可分为两种情况来讨论:

第一,如果 $(1 + \lambda)(P_1 - P_0) - \dfrac{\lambda \cdot Q_{\omega} \cdot P_0 + Q_0 \cdot P_0}{Q_0(e_{S0} + e_{D0})} \geqslant 0$,则成本和效益的比较可见图2—11。

第二,如果 $(1 + \lambda)(P_1 - P_0) - \dfrac{\lambda \cdot Q_{\omega} \cdot P_0 + Q_0 \cdot P_0}{Q_0(e_{S0} + e_{D0})} < 0$,则成本和效益的比较可见图2—12。

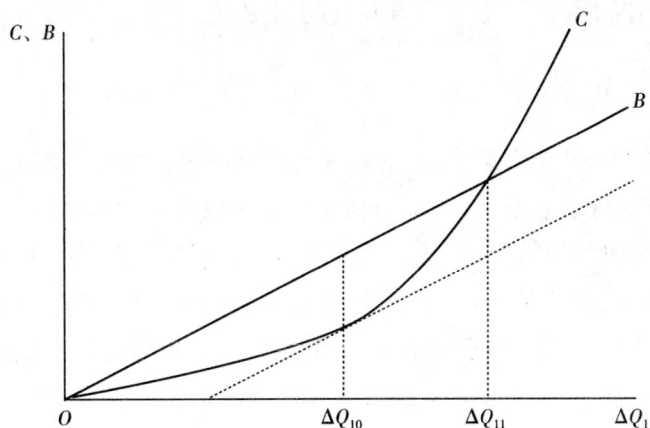

图2—11　成本—效益示意图(1)

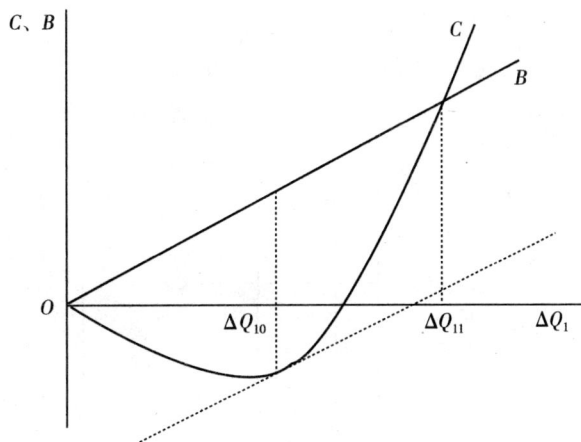

图2—12　成本—效益示意图(2)

两种情况下由 $B = C$ 可求出 ΔQ_{11}，即：

$$\Delta Q_{11} = \dfrac{\dfrac{\lambda \cdot Q_{C0} \cdot P_0 + Q_0 \cdot P_0 + Q_0 \cdot e_{S0} \cdot b}{Q_0(e_{S0} + e_{D0})} - (1 + \lambda)(P_1 - P_0)}{\dfrac{P_1 \cdot (1 + \lambda)}{e_{S1} \cdot Q_1} + \dfrac{\lambda \cdot P_0}{Q_0(e_{S0} + e_{D0})} + \dfrac{e_{S0} \cdot P_0}{Q_0(e_{S0} + e_{D0})^2}}$$

$$(2.23)$$

两种情况下,令 $\dfrac{\mathrm{d}(B-C)}{\mathrm{d}\Delta Q_1}=0$,可求出 ΔQ_{10},即:

$$\Delta Q_{10}=\frac{1}{2}\cdot\Delta Q_{11} \tag{2.24}$$

上面分析的政策含义为:政府对绿色产品的最优增加采购量为 ΔQ_{10},此时政府获得的净收益最大,ΔQ_{10} 与初始状态一般产品和绿色产品的价格、采购量、供需弹性以及消费一单位一般产品带来的环境负外部性,财政资金的影子成本,初始时政府对一般产品采购量等多个因素有关。如果政府增加绿色产品采购量超过 ΔQ_{10},则政府获得的净收益会减少,当政府增加的绿色产品采购量达到 ΔQ_{11} 时,政府获得的净收益减为 0,这也是政府对绿色产品增加采购的最大量,继续增加收益将为负。

2. 长期影响

长期而言,企业的生产要素投入都可调整,企业的生产规模将达到最优,产品的规模报酬可能出现递减、不变和递增三种情况。

(1)绿色产品市场

不同规模报酬下绿色产品市场如图 2—13 所示。

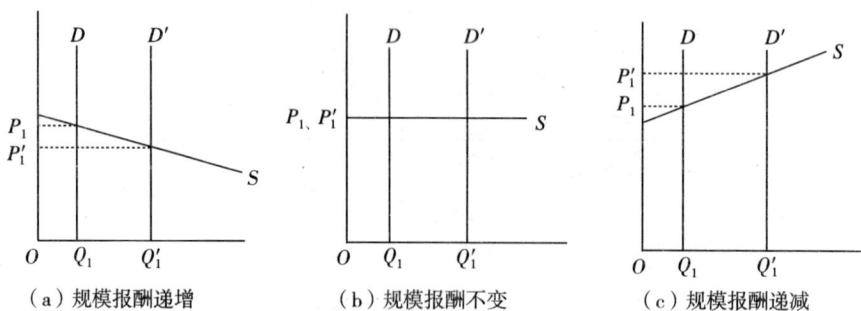

（a）规模报酬递增　　（b）规模报酬不变　　（c）规模报酬递减

图 2—13　绿色产品市场

①绿色产品规模报酬递增市场:政府绿色产品采购量增加 $\Delta Q_1=Q_1'-Q_1$,市场均衡时价格下降 $\Delta P_1=P_1-P_1'$,从 Q_1 到 Q_1' 的供给弹性为:$e_{S1}=\dfrac{\Delta Q_{S1}}{Q_{S1}}\bigg/\dfrac{\Delta P_{S1}}{P_{S1}}$,从图 2—13(a)中可见:

$$\Delta P_1=\Delta Q_1\cdot\frac{\Delta P_{S1}}{\Delta Q_{S1}}=\frac{\Delta Q_1\cdot P_1}{e_{S1}\cdot Q_1} \tag{2.25}$$

②绿色产品规模报酬不变市场:政府绿色产品采购量增加 $\Delta Q_1 = Q_1' - Q_1$,市场均衡时价格不变。

③绿色产品规模报酬递减市场:政府绿色产品采购量增加 $\Delta Q_1 = Q_1' - Q_1$,市场均衡时价格上升 $\Delta P_1 = P_1' - P_1$,从 Q_1 到 Q_1' 的供给弹性 $e_{S1} = \dfrac{\Delta Q_{S1}}{Q_{S1}} \Big/ \dfrac{\Delta P_{S1}}{P_{S1}}$。

从图 2—13(c)中可见:

$$\Delta P_1 = \Delta Q_1 \cdot \frac{\Delta P_{S1}}{\Delta Q_{S1}} = \frac{\Delta Q_1 \cdot P_1}{e_{S1} \cdot Q_1} \tag{2.26}$$

(2)一般产品市场

不同规模报酬下一般产品市场如图 2—14 所示。

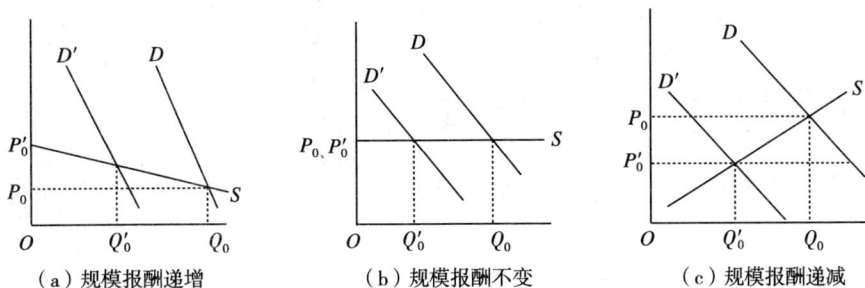

(a)规模报酬递增　　　　(b)规模报酬不变　　　　(c)规模报酬递减

图 2—14　一般产品市场

①一般产品规模报酬递增市场:先假定 $e_{S0} > e_{D0}$,均衡产量减少 $\Delta Q_0 = Q_0 - Q_0'$,价格上升 $\Delta P_0 = P_0' - P_0$,从 Q_0 到 Q_0' 的供给弹性 $e_{S0} = \dfrac{\Delta Q_{S0}}{Q_{S0}} \Big/ \dfrac{\Delta P_{S0}}{P_{S0}}$

由图 2—14(a)中可见:

从供给方面来看,$\Delta P_0 = \Delta Q_0 \cdot \dfrac{\Delta P_{S0}}{\Delta Q_{S0}} = \dfrac{\Delta Q_0 \cdot P_0}{e_{S0} \cdot Q_0}$　　　(2.27)

从需求方面来看,$\Delta P_0 = (\Delta Q_0 - \Delta Q_1) \cdot \dfrac{\Delta P_{D0}}{\Delta Q_{D0}} = (\Delta Q_0 - \Delta Q_1) \cdot \dfrac{P_0}{e_{D0} \cdot Q_0}$

$$\tag{2.28}$$

市场均衡时,有:

$$\frac{\Delta Q_0 \cdot P_0}{e_{S0} \cdot Q_0} = (\Delta Q_0 - \Delta Q_1) \frac{P_0}{e_{D0} \cdot Q_0} \tag{2.29}$$

即:

$$\Delta Q_0 = \frac{\Delta Q_1 \cdot e_{S0}}{e_{S0} - e_{D0}} \tag{2.30}$$

$$\Delta P_0 = \frac{\Delta Q_0 \cdot P_0}{e_{S0} \cdot Q_0} = \frac{\Delta Q_1 \cdot P_0}{Q_0(e_{S0} - e_{D0})} \tag{2.31}$$

②一般产品规模报酬不变市场:均衡产量减少 $\Delta Q_0 = Q_0 - Q_0' = \Delta Q_1$,均衡价格不变。

③一般产品规模报酬递减市场:均衡产量减少 $\Delta Q_0 = Q_0 - Q_0'$,价格下降 $\Delta P_0 = P_0 - P_0'$,从 Q_0 到 Q_0' 的供给弹性 $e_{S0} = \dfrac{\Delta Q_{S0}}{Q_{S0}} \bigg/ \dfrac{\Delta P_{S0}}{P_{S0}}$

从供给方面来看, $\Delta P_0 = \Delta Q_0 \cdot \dfrac{\Delta P_{S0}}{\Delta Q_{S0}} = \dfrac{\Delta Q_0 \cdot P_0}{e_{S0} \cdot Q_0}$ 　　(2.32)

从需求方面来看, $\Delta P_0 = (\Delta Q_1 - \Delta Q_0) \cdot \dfrac{\Delta P_{D0}}{\Delta Q_{D0}} = (\Delta Q_1 - \Delta Q_0) \cdot \dfrac{P_0}{e_{D0} \cdot Q_0}$

$$\tag{2.33}$$

市场均衡时,有:

$$\frac{\Delta Q_0 \cdot P_0}{e_{S0} \cdot Q_0} = (\Delta Q_1 - \Delta Q_0) \frac{P_0}{e_{D0} \cdot Q_0} \tag{2.34}$$

即:

$$\Delta Q_0 = \frac{\Delta Q_1 \cdot e_{S0}}{e_{S0} + e_{D0}} \tag{2.35}$$

$$\Delta P_0 = \frac{\Delta Q_0 \cdot P_0}{e_{S0} \cdot Q_0} = \frac{\Delta Q_1 \cdot P_0}{Q_0(e_{S0} + e_{D0})} \tag{2.36}$$

(3)绿色产品和一般产品的组合关系

绿色产品和一般产品的规模报酬组合关系有九种可能,如表2—3所示。

表 2—3　两种产品的规模报酬组合关系

一般产品＼绿色产品	递增	不变	递减
递增	1	2	3
不变	4	5	6
递减	7	8	9

高鸿业(1996)在其主编的《西方经济学》中写道:"关于长期平均成本曲线的形状,西方经济学家近年来的经验性研究结果表明,在大多数行业的生产过程中,企业在得到规模内在经济的全部好处之后,规模内在不经济的情况往往要在很高的产量水平上才会出现。"因此,一般可认为,在产品生命周期的初期,存在规模报酬递减,在其后基本上是规模报酬不变,只有在极少情况下才会出现规模报酬递增。在实际经济生活中,往往是先有一般产品,然后才出现绿色产品,所以我们仅讨论1、4、5、7、8和9这六种组合。

第一,组合1(递增、递增)的经济分析。

政府采购绿色产品,同时减少对一般产品的采购,结果绿色产品价格下降,一般产品价格上升,当绿色产品价格下降到与一般产品价格相同时,即 $P_1' = P_0'$ 时,得到:

$$\Delta Q_1 \left[\frac{P_0}{Q_0(e_{S0} - e_{D0})} + \frac{P_1}{e_{S1} \cdot Q_1} \right] = P_1 - P_0 \tag{2.37}$$

令此时的 ΔQ_1 为 ΔQ_{12},则:

$$\Delta Q_{12} = \frac{e_{S1} \cdot Q_1 \cdot Q_0(e_{S0} - e_{D0})(P_1 - P_0)}{P_0 \cdot e_{S1} \cdot Q_1 + P_1 \cdot Q_0(e_{S0} - e_{D0})} \tag{2.38}$$

这是价格相同时政府对绿色产品采购的增加量,它与初始状态时一般产品和绿色产品的价格差、价格、采购量以及其供需弹性相关。

如果市场均衡时, $P_1' \leqslant P_0'$,即 $\Delta Q_1 \geqslant \Delta Q_{12}$ 。

此时,私人将减少对一般产品的采购,转而采购绿色产品,其结果是绿色产品价格进一步降低,一般产品价格进一步提高,所以最后的均衡结果是政府和私人都将全部采购绿色产品。

在这种情况下,政府增加绿色产品引起的成本主要是:政府和私人增加绿色产品采购而减少相同量的一般产品时所增加的成本(如果绿色产品价格比

初始时的一般产品价格还更低,则成本为负,即是一种收益)。成本 C 可表示为:

$$C = (1 + \lambda) \cdot Q_0 \cdot (P_1' - P_0) \tag{2.39}$$

即:

$$C = (1 + \lambda) \cdot Q_0 \cdot (P_1' - P_0) = (1 + \lambda) \cdot Q_0 \cdot (P_1 - \Delta P_1 - P_0)$$

$$= (1 + \lambda) \cdot Q_0 \cdot (P_1 - P_0 - \frac{Q_0 \cdot P_1}{e_{S1} \cdot Q_1}) \tag{2.40}$$

政府增加绿色产品带来的环境效益 B 为:

$$B = Q_0 \cdot b \tag{2.41}$$

当满足 $Q_0 \geq [(P_1 - P_0) - \dfrac{b}{(1 + \lambda)}] \cdot \dfrac{e_{S1}}{P_1} \cdot Q_1$ 时, $B \geq C$。

在初始阶段, Q_1 不大,上式的约束是比较松的,所以这意味着此时效益大于成本基本上是一种常态。

上述分析的政策含义可以归结为:

如果 $Q_{G0} \geq \Delta Q_{12}$,则政府应当全部采购绿色产品,其结果是全社会都将消费绿色产品,全社会的收益将大于其成本。

如果市场均衡时, $P_1' > P_0'$,即 $\Delta Q_1 < \Delta Q_{12}$。

政府增加绿色产品引起的成本包括三部分:一是政府增加绿色产品采购而减少相同量的一般产品时,因绿色产品价格更高所增加的成本;二是一般产品市场价格升高,政府采购一般产品相应增加的成本;三是私人采购一般产品相应增加的成本。其中每一部分成本均大于 0,所以总成本必大于 0。

总成本 C 可表示为:

$$C = (1 + \lambda) \cdot \Delta Q_1 \cdot (P_1' - P_0) + (1 + \lambda)(Q_{G0} - \Delta Q_1) \cdot \Delta P_0$$

$$+ [Q_0' - (Q_{G0} - \Delta Q_1)] \cdot \Delta P_0 \tag{2.42}$$

即:

$$C = - [\frac{e_{S0} \cdot P_0 + \lambda \cdot P_0 \cdot (e_{S0} - e_{D0})}{Q_0(e_{S0} - e_{D0})^2} + \frac{(1 + \lambda) \cdot P_1}{e_{S1} \cdot Q_1}] \cdot \Delta Q_1^2$$

$$+ [(1 + \lambda)(P_1 - P_0) + \frac{(Q_0 + \lambda \cdot Q_{G0}) \cdot P_0}{Q_0(e_{S0} - e_{D0})}] \Delta Q_1 \tag{2.43}$$

政府增加绿色产品带来的环境效益 B 为:

$$B = \Delta Q_0 \cdot b = \frac{e_{s0} \cdot b}{e_{s0} - e_{D0}} \cdot \Delta Q_1 \qquad (2.44)$$

上面的表达式可见图2—15。

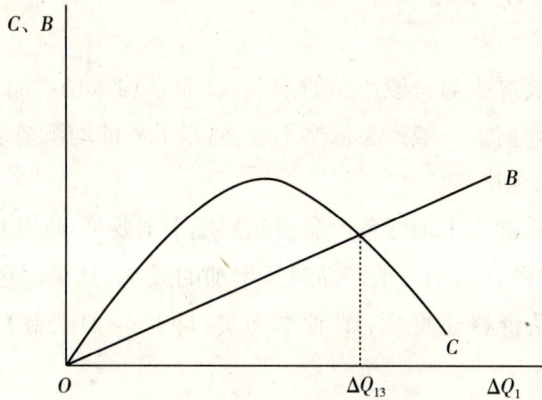

图2—15 成本—效益示意图(3)

当 $B = C$ 时,可解出:

$$\Delta Q_{13} = \frac{(1+\lambda)(P_1 - P_0) + \dfrac{(Q_0 + \lambda \cdot Q_{c0}) \cdot P_0 - Q_0 \cdot e_{s0} \cdot b}{Q_0(e_{s0} - e_{D0})}}{\dfrac{e_{s0} \cdot P_0 + \lambda \cdot P_0 \cdot (e_{s0} - e_{D0})}{Q_0(e_{s0} - e_{D0})^2} + \dfrac{(1+\lambda) \cdot P_1}{e_{S1} \cdot Q_1}} \qquad (2.45)$$

上述分析的政策含义为:

如果 $\Delta Q_{13} \geq \Delta Q_{12}$,最优的政府绿色采购政策是不再增加绿色产品采购;如果 $\Delta Q_{13} < \Delta Q_{12}$,最优的政府绿色采购政策是不再采购一般产品,全部采购绿色产品。

第二,组合4(不变、递增)的经济分析。

政府采购绿色产品,同时减少对一般产品的采购,结果绿色产品价格下降,一般产品价格不变,当绿色产品价格下降到与一般产品价格相同时,即 $P_1' = P_0'$,得到:

$$\Delta Q_1 = \frac{e_{S1} \cdot Q_1(P_1 - P_0)}{P_1} \qquad (2.46)$$

这是价格相同时政府对绿色产品采购的增加量,它与初始状态时一般产品和绿色产品的价格差、绿色产品的采购量以及其供给弹性成正比,与初始状态时的绿色产品的价格成反比。

如果市场均衡时,$P_1' \leqslant P_0'$,即:

$$\Delta Q_1 \geqslant \frac{e_{S1} \cdot Q_1(P_1 - P_0)}{P_1} \tag{2.47}$$

此时,私人将减少对一般产品的采购,转而采购绿色产品,其结果是绿色产品价格进一步降低,一般产品价格不变,所以最后的均衡结果是政府和私人都将全部采购绿色产品。

这种情况下,政府增加绿色产品引起的成本主要是:政府和私人增加绿色产品采购而减少相同量的一般产品时所增加的成本(如果绿色产品价格比初始时的一般产品价格还更低,则成本为负,即是一种收益)。成本 C 可表示为:

$$C = (1 + \lambda) \cdot Q_0 \cdot (P_1' - P_0)$$

即:

$$C = (1 + \lambda) \cdot Q_0 \cdot (P_1 - P_0 - \frac{Q_0 \cdot P_1}{e_{S1} \cdot Q_1}) \tag{2.48}$$

政府增加绿色产品带来的环境效益 B 为:

$$B = Q_0 \cdot b$$

当满足 $Q_0 \geqslant (P_1 - P_0 - \frac{b}{(1 + \lambda)}) \cdot \frac{e_{S1}}{P_1} \cdot Q_1$ 时,$B \geqslant C$。

上式的约束是比较松的,因为 b 为负值,在初始阶段,Q_1 也不大,所以这意味着此时效益大于成本基本上是一种常态。

上述分析意味着这样的政策含义:

如果 $Q_{c0} \geqslant \frac{e_{S1} \cdot Q_1(P_1 - P_0)}{P_1}$,则政府应当全部采购绿色产品,其结果是全社会都将消费绿色产品,全社会的收益将大于其成本。

如果市场均衡时,$P_1' > P_0'$,有:$\Delta Q_1 < \frac{e_{S1} \cdot Q_1(P_1 - P_0)}{P_1}$

此时政府增加绿色产品引起的成本主要是政府增加绿色产品采购而减少相同量的一般产品时,因绿色产品价格更高所增加的成本,成本可表示为:

$$C = (1 + \lambda) \cdot \Delta Q_1 \cdot (P_1' - P_0) \qquad\qquad (2.49)$$

得：

$$C = (1 + \lambda)(P_1 - P_0 - \frac{Q_0 \cdot P_1}{e_{S1} \cdot Q_1}) \cdot \Delta Q_1 \qquad\qquad (2.50)$$

政府增加绿色产品带来的环境效益 B 为：

$$B = \Delta Q_0 \cdot b = \frac{e_{S0} \cdot b}{e_{S0} - e_{D0}} \cdot \Delta Q_1 \qquad\qquad (2.51)$$

政府绿色采购的效益应大于或等于其成本，即 $B \geqslant C$，得：

$$\frac{e_{S0} \cdot b}{e_{S0} - e_{D0}} \geqslant (1 + \lambda)(P_1 - P_0 - \frac{Q_0 \cdot P_1}{e_{S1} \cdot Q_1})$$

当满足上式时，增加绿色产品采购的成本效益可用图 2—16 表示。

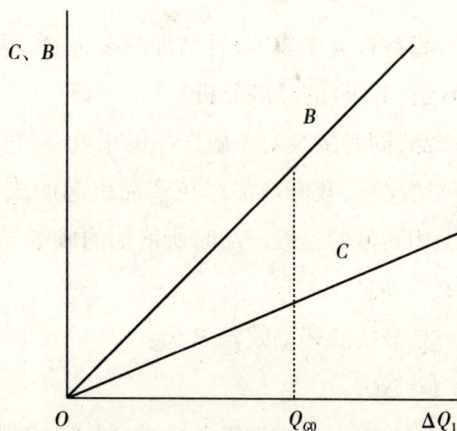

图 2—16　成本—效益示意图（4）

如果 $\frac{e_{S0} \cdot b}{e_{S0} - e_{D0}} < (1 + \lambda)(P_1 - P_0 - \frac{Q_0 \cdot P_1}{e_{S1} \cdot Q_1})$，则增加绿色产品采购的成本效益如图 2—17 所示。

上述分析的政策含义为：

如果 $Q_{c0} < \frac{e_{S1} \cdot Q_1(P_1 - P_0)}{P_1}$ 且满足式（2.51），政府应全部采购绿色产品，此时政府获得的净收益最大；如果不满足式（2.51），政府不应增加绿色产

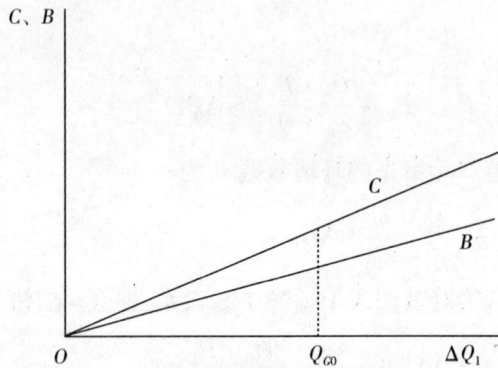

图 2—17　成本—效益示意图（5）

品采购,因为若增加,收益将大于成本,且增加越多,损失越大。

第三,组合5(不变、不变)的经济分析。

政府采购绿色产品,同时减少对一般产品的采购,绿色产品和一般产品的价格都不变。在这种情况下,政府增加绿色产品引起的成本主要是政府增加绿色产品采购而减少相同量的一般产品时所增加的成本 C,可表示为:

$$C = (1 + \lambda)(P_1 - P_0) \cdot \Delta Q_1$$

政府增加绿色产品带来的环境效益 B 为:

$$B = \Delta Q_0 \cdot b = b \cdot \Delta Q_1$$

政府绿色采购的效益应大于或等于其成本,即 $B \geqslant C$,得:

$$b \geqslant (1 + \lambda)(P_1 - P_0)$$

上述分析的政策含义为:

如果满足式(2.51),政府应全部采购绿色产品,此时政府获得的净收益最大;如果不满足式(2.51),政府不应增加绿色产品采购,因为若增加,收益将大于成本,且增加越多,损失越大。

第四,组合7(递减、递增)的经济分析。

政府采购绿色产品,同时减少对一般产品的采购,结果绿色产品价格下降,一般产品价格也下降,当绿色产品价格下降到与一般产品价格相同时,即 $P_1' = P_0'$ 时,得到:

$$\left[\frac{P_1}{e_{S1} \cdot Q_1} - \frac{P_0}{Q_0(e_{S0} + e_{D0})}\right] \cdot \Delta Q_1 = P_1 - P_0 \tag{2.52}$$

令 $k_1 = \dfrac{P_1}{e_{S1} \cdot Q_1} - \dfrac{P_0}{Q_0(e_{S0} + e_{D0})}$，要保证上式成立，必须保证 $k_1 > 0$。

再令此时的 ΔQ_1 为 ΔQ_{14}，则：

$$\Delta Q_{14} = \frac{e_{S1} \cdot Q_1 \cdot Q_0(e_{S0} + e_{D0})(P_1 - P_0)}{P_1 \cdot Q_0(e_{S0} + e_{D0}) - P_0 \cdot e_{S1} \cdot Q_1} \tag{2.53}$$

这是价格相同时政府对绿色产品采购的增加量，它与初始状态时一般产品和绿色产品的价格、均衡产量以及其供需弹性相关。

如果市场均衡时 $P_1' \leqslant P_0'$，即 $k_1 \leqslant 0$ 或 $k_1 > 0$ 且 $\Delta Q_1 \geqslant \Delta Q_{14}$。

此时，私人将减少对一般产品的采购，转而采购绿色产品，其结果是绿色产品价格进一步降低，且下降的速度快于一般产品价格的下降速度，所以最后的均衡结果是政府和私人都将全部采购绿色产品。

这种情况下，政府增加绿色产品引起的成本为 0，带来的环境效益 B 为：

$$B = (1 + \lambda) \cdot Q_0 \cdot (P_0 - P_1') + Q_0 \cdot b \tag{2.54}$$

上述分析的政策含义是：

如果 $k_1 \leqslant 0$ 或 $k_1 > 0$ 且 $\Delta Q_{c0} \geqslant \Delta Q_{14}$，则政府应当全部采购绿色产品，其结果是全社会都将消费绿色产品，全社会的收益将大于其成本。

如果市场均衡时 $P_1' > P_0'$，即 $k_1 > 0$ 且 $\Delta Q_1 < \Delta Q_{14}$。

政府增加绿色产品引起的成本主要有三部分：一是政府增加绿色产品采购而减少相同量的一般产品时所增加的成本，当 $P_1' < P_0$ 时成本为负，即为收益；二是一般产品市场价格下降，政府采购一般产品相应减少的成本，这部分负成本也是收益；三是私人采购一般产品相应减少的成本，同样为收益。

则总成本 C 为：

$$C = (1 + \lambda) \cdot \Delta Q_1 \cdot (P_1' - P_0) - (1 + \lambda)(Q_{c0} - \Delta Q_1) \cdot \Delta P_0$$
$$- [Q_0' - (Q_{c0} - \Delta Q_1)] \cdot \Delta P_0 \tag{2.55}$$

得：

$$C = \left[\frac{\lambda \cdot P_0}{Q_0(e_{S0} + e_{D0})} + \frac{P_0 \cdot e_{S0}}{Q_0(e_{S0} + e_{D0})^2} - (1 + \lambda)\frac{P_1}{e_{S1} \cdot Q_1}\right]\Delta Q_1^2$$
$$+ \left[(1 + \lambda)(P_1 - P_0) - \frac{\lambda \cdot Q_{c0} \cdot P_0 - Q_0 \cdot P_0}{Q_0(e_{S0} + e_{D0})}\right]\Delta Q_1 \tag{2.56}$$

政府增加绿色产品带来的环境效益 B 为：

$$B = \Delta Q_0 \cdot b = \frac{e_{S0} \cdot b}{e_{S0} + e_{D0}} \Delta Q_1 \tag{2.57}$$

政府绿色采购的效益应大于或等于其成本，即 $B \geqslant C$，得：

$$\left[\frac{\lambda \cdot P_0}{Q_0(e_{S0} + e_{D0})} + \frac{P_0 \cdot e_{S0}}{Q_0(e_{S0} + e_{D0})^2} - (1 + \lambda) \frac{P_1}{e_{S1} \cdot Q_1} \right] \Delta Q_1$$

$$\leqslant \frac{\lambda \cdot Q_{c0} \cdot P_0 + P_0 \cdot Q_0 + Q_0 \cdot e_{S0} \cdot b}{Q_0(e_{S0} + e_{D0})} - (1 + \lambda)(P_1 - P_0) \tag{2.58}$$

这种情况分析起来相当复杂，令 $k_2 = \dfrac{\lambda \cdot P_0}{Q_0(e_{S0} + e_{D0})} + \dfrac{P_0 \cdot e_{S0}}{Q_0(e_{S0} + e_{D0})^2} - (1$

$+ \lambda) \dfrac{P_1}{e_{S1} \cdot Q_1}$ ，可分为以下两种情况来讨论：

当 $k_2 > 0$ 时，如果 $\dfrac{\lambda \cdot Q_{c0} \cdot P_0 + P_0 \cdot Q_0 + Q_0 \cdot e_{S0} \cdot b}{Q_0(e_{S0} + e_{D0})} - (1 + \lambda)(P_1 -$

$P_0) > 0$ ，则政府对绿色产品增加采购应满足：

$$\Delta Q_1 \leqslant \frac{\dfrac{\lambda \cdot Q_{c0} \cdot P_0 + P_0 \cdot Q_0 + Q_0 \cdot e_{S0} \cdot b}{Q_0(e_{S0} + e_{D0})} - (1 + \lambda)(P_1 - P_0)}{\dfrac{\lambda \cdot P_0}{Q_0(e_{S0} + e_{D0})} + \dfrac{P_0 \cdot e_{S0}}{Q_0(e_{S0} + e_{D0})^2} - (1 + \lambda)\dfrac{P_1}{e_{S1} \cdot Q_1}}$$

$$\tag{2.59}$$

如果 $\dfrac{\lambda \cdot Q_{c0} \cdot P_0 + P_0 \cdot Q_0 + Q_0 \cdot e_{S0} \cdot b}{Q_0(e_{S0} + e_{D0})} - (1 + \lambda)(P_1 - P_0) \leqslant 0$ ，则政

府不应增加绿色产品采购。

当 $k_2 < 0$ 时，如果 $\dfrac{\lambda \cdot Q_{c0} \cdot P_0 + P_0 \cdot Q_0 + Q_0 \cdot e_{S0} \cdot b}{Q_0(e_{S0} + e_{D0})} - (1 + \lambda)(P_1 -$

$P_0) < 0$ ，则政府对绿色产品增加采购应满足：

$$\Delta Q_1 > \frac{\dfrac{\lambda \cdot Q_{c0} \cdot P_0 + P_0 \cdot Q_0 + Q_0 \cdot e_{S0} \cdot b}{Q_0(e_{S0} + e_{D0})} - (1 + \lambda)(P_1 - P_0)}{\dfrac{\lambda \cdot P_0}{Q_0(e_{S0} + e_{D0})} + \dfrac{P_0 \cdot e_{S0}}{Q_0(e_{S0} + e_{D0})^2} - (1 + \lambda)\dfrac{P_1}{e_{S1} \cdot Q_1}}$$

$$\tag{2.60}$$

如果 $\dfrac{\lambda \cdot Q_{c0} \cdot P_0 + P_0 \cdot Q_0 + Q_0 \cdot e_{S0} \cdot b}{Q_0(e_{S0} + e_{D0})} - (1 + \lambda)(P_1 - P_0) \geqslant 0$ ，则政

府可全部采购绿色产品。

第五,组合8(递减、不变)的经济分析。

政府采购绿色产品,同时减少对一般产品的采购,绿色产品价格不变,一般产品价格下降。

政府增加绿色产品引起的成本主要有三部分:一是政府增加绿色产品采购而减少相同量的一般产品时所增加的成本;二是一般产品市场价格下降,政府采购一般产品相应减少的成本,这部分负成本实际上是收益;三是私人采购一般产品相应减少的成本,同样也为收益。

则总成本 C 为:

$$C = (1 + \lambda) \cdot \Delta Q_1 \cdot (P_1 - P_0) - (1 + \lambda)(Q_{c0} - \Delta Q_1) \cdot \Delta P_0$$

$$- [Q_0' - (Q_{c0} - \Delta Q_1)] \cdot \Delta P_0$$

即:

$$C = [\frac{\lambda \cdot P_0}{Q_0(e_{S0} + e_{D0})} + \frac{e_{S0} \cdot P_0}{Q_0(e_{S0} + e_{D0})^2}] \Delta Q_1^2 + [(1 + \lambda)(P_1 - P_0)$$

$$- \frac{\lambda \cdot Q_{c0} \cdot P_0 + Q_0 \cdot P_0}{Q_0(e_{S0} + e_{D0})}] \Delta Q_1 \tag{2.61}$$

政府增加绿色产品带来的环境效益 B 为:

$$B = \Delta Q_0 \cdot b = \frac{b \cdot e_{S0}}{e_{S0} + e_{D0}} \cdot \Delta Q_1 \tag{2.62}$$

可分为两种情况来讨论:

情况一,如果 $(1 + \lambda)(P_1 - P_0) - \frac{\lambda \cdot Q_{c0} \cdot P_0 + Q_0 \cdot P_0}{Q_0(e_{S0} + e_{D0})} \geq 0$,则成本和效益见图2—18。

情况二,如果 $(1 + \lambda)(P_1 - P_0) - \frac{\lambda \cdot Q_{c0} \cdot P_0 + Q_0 \cdot P_0}{Q_0(e_{S0} + e_{D0})} < 0$,则成本和效益可见图2—19。

两种情况下由 $B = C$ 可求出 ΔQ_{16}:

$$\Delta Q_{16} = [\lambda \cdot Q_{c0} \cdot P_0 + Q_0 \cdot P_0 + Q_0 \cdot b \cdot e_{S0} - Q_0 \cdot (1 + \lambda)(P_1 - P_0) \cdot$$

$$(e_{S0} + e_{D0})]/[\lambda \cdot P_0 + \frac{e_{S0} \cdot P_0}{(e_{S0} + e_{D0})}] \tag{2.63}$$

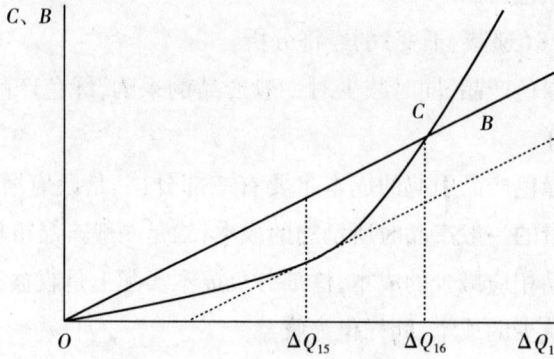

图2—18　成本—效益示意图(6)

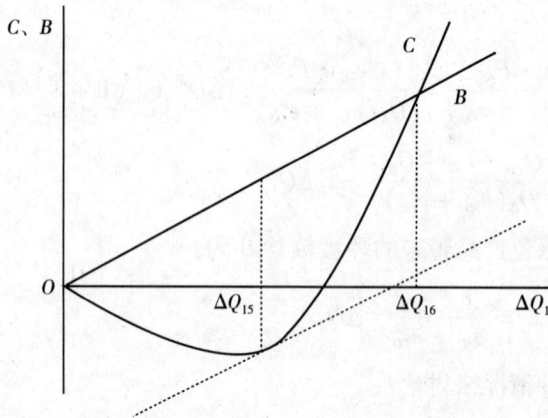

图2—19　成本—效益示意图(7)

两种情况下令 $\dfrac{\mathrm{d}(B-C)}{\mathrm{d}\Delta Q_1}=0$ 可求出 ΔQ_{15}：

$$\Delta Q_{15}=\frac{1}{2}\cdot\Delta Q_{16} \tag{2.64}$$

上述分析的政策含义为：

政府对绿色产品的最优增加采购量为 ΔQ_{15}，此时政府获得的净收益最大；如果政府继续增加绿色产品采购量，则政府获得的净收益会减少，当政府增加的绿色产品采购量达到 ΔQ_{16} 时,则政府获得的净收益变为 0,这是政府对绿色产品增加采购的最大量,继续增加收益将为负。

第六,组合 9(递减、递减)的经济分析。

这种组合与短期分析时的过程和结果都极为相似,这里就不再论述。

二、垄断市场下的影响分析

1. 封闭经济条件下的分析

(1)以企业为视角的分析

为分析的方便,假定只有一家企业,绿色产品和一般产品都为规模报酬不变。企业生产绿色产品的单位成本函数为:

$$C_1 = \beta - e \tag{2.65}$$

式中,C_1 为绿色产品的单位生产成本;β 为效率参数;e 为企业降低生产成本的努力,这里的努力包括企业在管理、科研投入、资金投入等各方面。

企业可生产一般产品和绿色产品,假定私人只采购一般产品,政府采购量为 Q_G,政府采购绿色产品数量为 Q_1,$0 < Q_1 \leqslant Q_G$;下面讨论企业从政府采购中获得的效用(指收益减去成本),假定政府采购对私人采购市场没有影响。

政府采购 Q_1 的绿色产品时企业的效用为 U_1:

$$U_1 = (P_1 - C_1)Q_1 + (P_0 - C_0)(Q_G - Q_1) - \psi(e) \tag{2.66}$$

式中,P_1 为绿色产品价格;P_0 为一般产品价格;C_0 表示一般产品的单位生产成本;$\psi(e)$ 表示企业努力 e 给企业带来的负效用,在文中取正值,并有 $\psi'(e) > 0$,$\psi''(e) > 0$,$\psi(0) = 0$,$\lim\limits_{e \to \beta} \psi(e) = +\infty$。

如果企业不生产绿色产品而全部生产一般产品时的效用为 U_0:

$$U_0 = (P_0 - C_0)Q_G \tag{2.67}$$

所以政府采购 Q_1 的绿色产品时企业多获得的效用为 U_E:

$$\begin{aligned} U_E &= U_1 - U_0 = (P_1 - C_1)Q_1 - (P_0 - C_0)Q_1 - \psi(e) \\ &= (P_1 - P_0 + C_0 - C_1)Q_1 - \psi(e) \end{aligned} \tag{2.68}$$

(2)以政府为视角的分析

对功利主义的政府来讲,其采购 Q_1 绿色产品时的效用 U_G 可用其获得的收益和支付的成本来表示,主要包括三个部分:一是减少一般产品消费而降低的环境负外部性;二是政府采购绿色产品比采购一般产品多支付的成本;三是

企业生产绿色产品多得的收益。上述的关系可以表示如下:

$$U_G = bQ_1 - (1 + \lambda)(P_1 - P_0)Q_1 + U_E$$

$$= bQ_1 - (1 + \lambda)(P_1 - P_0)Q_1 + (P_1 - C_1)Q_1 - (P_0 - C_0)Q_1 - \psi(e)$$

$$= [b - \lambda(P_1 - P_0) - (C_1 - C_0)]Q_1 - \psi(e) \tag{2.69}$$

政府与企业的关系是一种委托代理关系,政府作为委托人,目标是追求政府效用最大化,并通过制定绿色产品价格和采购量,使企业参与到委托代理关系中来,并发挥最优的努力水平。因此各方的信息获取状况必然影响到其决策的效果。

第一种假设:政府和企业完全信息对称。

政府的目标: $\underset{\{P_1, e, Q_1\}}{\text{Max}} U_G$;

企业参与约束条件为: $U_E \geqslant 0$。

当 $U_E \geqslant 0$ 时,有

$$U_1 - U_0 = (P_1 - C_1)Q_1 - (P_0 - C_0)Q_1 - \psi(e) \geqslant 0 \tag{2.70}$$

即:

$$P_1 \geqslant (P_0 - C_0) + \frac{\psi(e)}{Q_1} + C_1$$

$$P_1 \geqslant (P_0 - C_0) + \frac{\psi(e)}{Q_1} + \beta - e \tag{2.71}$$

因为 $\dfrac{\mathrm{d}U_G}{\mathrm{d}P_1} = -\lambda \cdot Q_1 < 0$,所以 U_G 是 P_1 的减函数,政府对绿色产品的定价时应取最小值,即为:

$$P_1 = (P_0 - C_0) + \frac{\psi(e)}{Q_1} + \beta - e \tag{2.72}$$

在信息完全对称的条件下,政府能够知道企业的 β、e,并依据上式决定绿色产品的价格。

把式(2.72)代入式(2.69),得:

$$U_G = \left\{ b - \lambda \left[(P_0 - C_0) + \frac{\psi(e)}{Q_1} + \beta - e - P_0 \right] - (\beta - e - C_0) \right\} Q_1 - \psi(e)$$

$$= [b - (1 + \lambda)(\beta - e - C_0)]Q_1 - (1 + \lambda)\psi(e)$$

$$= [b - (1 + \lambda)(\beta - C_0)]Q_1 + (1 + \lambda) \cdot Q_1 \cdot e - (1 + \lambda)\psi(e)$$

$$\tag{2.73}$$

因为：

$$\frac{\mathrm{d}U_G}{\mathrm{d}e} = -(1+\lambda)\psi'(e) + (1+\lambda)Q_1 = (1+\lambda)[Q_1 - \psi'(e)] \quad (2.74)$$

所以当 $(1+\lambda)[Q_1 - \psi'(e)] = 0$ 时，U_G 取得最大值，此时有：

$$\psi'(e) = Q_1 \qquad\qquad (2.75)$$

上式的含义为企业努力的边际负效用等于边际的成本节约，此时努力水平 e^* 达到最优，即 $e = e^*$。

由式 (2.75) 可得：

$$\psi(e) = Q_1 \cdot e + A \qquad\qquad (2.76)$$

因为有 $\psi(0) = 0$，所以 $A = 0$，即：

$$e = \frac{\psi(e)}{Q_1} \qquad\qquad (2.77)$$

得：

$$U_G = [b - (1+\lambda)(\beta - C_0)]Q_1 \qquad\qquad (2.78)$$

$$\frac{\mathrm{d}U_G}{\mathrm{d}Q_1} = b - (1+\lambda)(\beta - C_0) \qquad\qquad (2.79)$$

通过以上分析，我们可以得到以下结论：

如果 $b > (1+\lambda)(\beta - C_0)$，即 $\beta < \dfrac{b}{1+\lambda} + C_0$，则政府效用随着绿色采购量的增加而增加；

如果 $\beta > \dfrac{b}{1+\lambda} + C_0$，政府效用随着绿色采购量的增加而减少；

如果 $\beta = \dfrac{b}{1+\lambda} + C_0$，政府效用与政府绿色采购量无关。

政府采购的政策含义是：

当 $\beta > \dfrac{b}{1+\lambda} + C_0$ 时，政府最优政策是不采购绿色产品，全部采购一般产品。

当 $\beta \leqslant \dfrac{b}{1+\lambda} + C_0$ 时，政府最优政策是全部采购绿色产品，不采购一般产品；政府采购绿色产品的最优定价为：$P_1 = (P_0 - C_0) + \dfrac{\psi(e^*)}{Q_G} + \beta - e^*$，其中 $\psi'(e^*) = Q_G$。此时，企业努力水平达到最优，因为企业追求自身效用最

大化的结果是使努力的边际负效用等于边际的成本节约。

第二种假设:企业拥有更多的生产成本信息。

此时企业对自己的生产成本有完全信息,但政府只知道企业效率参数 β 分布范围,即 $\beta \in [\underline{\beta}, \bar{\beta}]$;分布密度 $f(\beta)$,且 $f(\beta) > 0$,分布函数为 $F(\beta)$。

根据前面讨论的结果,政府采购绿色产品,从而企业生产绿色产品的条件是 $\beta \leqslant \dfrac{b}{1+\lambda} + C_0$,所以此处假定 $\bar{\beta} \leqslant \dfrac{b}{1+\lambda} + C_0$,以保证政府委托企业生产绿色产品是值得的。

假设企业 β_i 型,$i = 1, 2$,且 $\underline{\beta} \leqslant \beta_1 < \beta_2 \leqslant \bar{\beta}$,$\beta_1$ 型企业能通过降低努力水平伪装成 β_2 型企业,β_2 型企业也能通过提高努力水平伪装成 β_1 型企业。

政府采购绿色产品 Q_1 时 β_i 型企业的效用为:

$$U_{1i} = (P_{1i} - \beta_i - e_i)Q_1 + (P_0 - C_0)(Q_G - Q_1) - \psi(e_i) \tag{2.80}$$

式中,U_{1i} 表示 β_i 型企业的效用,P_{1i} 表示企业为 β_i 型时政府采购绿色产品的价格;e_i 表示 β_i 型企业的努力水平。

政府采购绿色产品 Q_1 时 β_i 型企业多获得的效用为:

$$\begin{aligned} U_{Ei} = U_{1i} - U_0 &= (P_{1i} - \beta_i - e_i)Q_1 - (P_0 - C_0)Q_1 - \psi(e_i) \\ &= (P_{1i} - P_0 + C_0 - \beta_i + e_i)Q_1 - \psi(e_i) \end{aligned} \tag{2.81}$$

式中,U_{Ei} 为政府采购 Q_1 的绿色产品时 β_i 型企业多获得的效用。

政府的目标函数为:

$$U_G = \int_{\underline{\beta}}^{\bar{\beta}} [bQ_1 - \lambda(P_1 - P_0)Q_1 - (\beta - e - C_0)Q_1 - \psi(e)] \, \mathrm{d}F(\beta) \tag{2.82}$$

参与约束条件为:$U_{Ei} \geqslant 0$,即:

$$P_{1i} \geqslant (P_0 - C_0) + \frac{\psi(e_i)}{Q_1} + \beta_i - e_i \tag{2.83}$$

激励相容约束条件为:

$$\begin{aligned} (P_{11} - P_0 + C_0 - \beta_1 + e_1)Q_1 - \psi(e_1) &\geqslant (P_{12} - P_0 + C_0 - \beta_1 + e_1 - \Delta e_1)Q_1 \\ &\quad - \psi(e_1 - \Delta e_1) \end{aligned} \tag{2.84}$$

$$\begin{aligned} (P_{12} - P_0 + C_0 - \beta_2 + e_2)Q_1 - \psi(e_2) &\geqslant (P_{11} - P_0 + C_0 - \beta_2 + e_2 + \Delta e_2) \\ &\quad Q_1 - \psi(e_2 + \Delta e_2) \end{aligned} \tag{2.85}$$

Δe_1 表示 β_1 型企业伪装成 β_2 型企业降低的努力水平;Δe_2 表示 β_2 型企业伪装成 β_1 型企业增加的努力水平。

其中:

$$C_{11} = \beta_1 - e_1 = \beta_2 - e_2 - \Delta e_2 \tag{2.86}$$

$$C_{12} = \beta_2 - e_2 = \beta_1 - e_1 + \Delta e_1 \tag{2.87}$$

即:

$$\Delta e_1 = \Delta e_2 = \beta_2 - e_2 - \beta_1 + e_1 = \Delta e \tag{2.88}$$

此激励相容条件可简化为:

$$P_{11} \cdot Q_1 - \psi(e_1) \geqslant (P_{12} - \Delta e) Q_1 - \psi(e_1 - \Delta e) \tag{2.89}$$

$$P_{12} \cdot Q_1 - \psi(e_2) \geqslant (P_{11} + \Delta e) Q_1 - \psi(e_2 + \Delta e) \tag{2.90}$$

因为:

$$\frac{dU_G}{dP_1} = \frac{d\left\{\int_{\underline{\beta}}^{\overline{\beta}} (-\lambda \cdot P_1 \cdot Q_1) dF(\beta)\right\}}{dP_1} = -\int_{\underline{\beta}}^{\overline{\beta}} (\lambda \cdot Q_1) dF(\beta) < 0 \tag{2.91}$$

所以企业拥有更多生产信息的情况下,U_G 依然是 P_1 的减函数,政府对绿色产品定价时应取最小值,记为 P_{1i}^*,根据参与约束条件,有:

$$P_{1i}^* = (P_0 - C_0) + \frac{\psi(e_i)}{Q_1} + \beta_i - e_i \tag{2.92}$$

上式意味着:

$$U_G = \int_{\underline{\beta}}^{\overline{\beta}} \left[bQ_1 - \lambda (\frac{\psi(e)}{Q_1} - C_0 + \beta_i - e) Q_1 \right.$$
$$\left. - (\beta - e - C_0) Q_1 - \psi(e) \right] dF(\beta) \tag{2.93}$$

因为:

$$\frac{dU_G}{de} = \frac{d\left\{\int_{\underline{\beta}}^{\overline{\beta}} [(1 + \lambda)(eQ_1 - \psi(e)) f(\beta)] d\beta\right\}}{de}$$

$$= \int_{\underline{\beta}}^{\overline{\beta}} [(1 + \lambda)(Q_1 - \psi'(e)) f(\beta)] d\beta \tag{2.94}$$

所以当 $(1 + \lambda)[Q_1 - \psi'(e)] = 0$ 时,U_G 取得最大值,此时有 $\psi'(e) = Q_1$。

　　因此,当企业拥有更多生产信息时,企业的最优努力水平 e^* 与完全信息时相同。

　　当企业为 β_2 型时,政府规定取最低价格 P_{12}^* ,即:

$$P_{12}^* \cdot Q_1 = (P_0 - C_0) \cdot Q_1 + \psi(e_2) + (\beta_2 - e_2) \cdot Q_1 \tag{2.95}$$

　　当企业为 β_1 型时,政府规定取最低价格 P_{11}^* ,即:

$$P_{11}^* \cdot Q_1 = (P_0 - C_0) \cdot Q_1 + \psi(e_1) + (\beta_1 - e_1) \cdot Q_1 \tag{2.96}$$

　　将上式代入式(2.89),得:

$$P_{11} \cdot Q_1 \geqslant (P_0 - C_0) \cdot Q_1 + \psi(e_2) + (\beta_2 - e_2) \cdot Q_1$$
$$- \psi(e_1 - \Delta e) + \psi(e_1) - \Delta e Q_1$$

　　即:

$$(P_{11} - P_{11}^*) \cdot Q_1 \geqslant \psi(e_2) + (\beta_2 - e_2) \cdot Q_1 - \psi(e_1 - \Delta e)$$
$$- \Delta e Q_1 - [(\beta_1 - e_1) Q_1] \tag{2.97}$$

　　将式(2.88)代入上式,得:

$$(P_{11} - P_{11}^*) \cdot Q_1 \geqslant \psi(e_2) - \psi[e_2 - (\beta_2 - \beta_1)] \tag{2.98}$$

　　所以有:

$$P_{11} \geqslant P_{11}^* + \frac{\psi(e_2) - \psi[e_2 - (\beta_2 - \beta_1)]}{Q_1} \tag{2.99}$$

　　上面的推导过程表明,为保证低效率企业能生产绿色产品,政府采购低效率企业生产的绿色产品价格应为 P_{12}^* ,同时为了激励高效率企业发挥最优努力水平,采购高效率企业生产的绿色产品价格应为:

$$P_{11}^* + \frac{\psi(e_2) - \psi[e_2 - (\beta_2 - \beta_1)]}{Q_1}$$

　　下面再来证明此时激励相容约束式(2.90)同时成立。

　　将最优价格代入(2.90),得:

$$P_{12}^* \cdot Q_1 - \psi(e_2) \geqslant \left\{ P_{11}^* + \frac{\psi(e_2) - \psi[e_2 - (\beta_2 - \beta_1)]}{Q_1} + \Delta e \right\} Q_1$$
$$- \psi(e_2 + \Delta e)$$

　　即:

$$\psi(e_1) - \psi(e_1 - \Delta e) \leqslant \psi(e_2 + \Delta e) - \psi(e_2) \tag{2.100}$$

　　当企业努力水平达到最优时,有 $\psi'(e) = Q_1$,所以有 $e_1 = e_2 = e^*$,前面

已假定 $\psi'(e) > 0$，$\psi''(e) > 0$，故式(2.100)显然成立，也就是说，当符合参与约束条件和激励相容约束中的第一个条件时，一定会满足激励相容约束中的第二个条件。

政府利用参与约束和激励相容约束条件诱导企业说出自己的真实生产成本类型，如果企业宣布自己是低效率企业，则政府的效用为：

$$U_G = bQ_1 - (1 + \lambda)(\beta_2 - C_0)Q_1 \tag{2.101}$$

$$\frac{\mathrm{d}U_G}{\mathrm{d}Q_1} = b - (1 + \lambda)(\beta_2 - C_0) \tag{2.102}$$

根据前面的假定，有 $\beta_2 < \dfrac{b}{1 + \lambda} + C_0$，所以有 $\dfrac{\mathrm{d}U_G}{\mathrm{d}Q_1} > 0$，政府最优政策是全部采购绿色产品，不采购一般产品。此时政府采购绿色产品的最优定价为：

$$P_{12} = (P_0 - C_0) + \frac{\psi(e^*)}{Q_G} + \beta - e^* \tag{2.103}$$

其中 $\psi'(e^*) = Q_G$。

此时，企业努力水平达到最优，因为企业追求自身效用最大化的结果是使努力的边际负效用等于边际成本的节约。

如果企业宣布自己是高效率企业，则政府的效用为：

$$U_G = bQ_1 - (1 + \lambda)(\beta_1 - C_0)Q_1 - \lambda\{\psi(e_2) - \psi[e_2 - (\beta_2 - \beta_1)]\} \tag{2.104}$$

因为：

$$\frac{\mathrm{d}U_G}{\mathrm{d}Q_1} = b - (1 + \lambda)(\beta_2 - C_0) - \lambda\{\psi'(e_2) - \psi'[e_2 - (\beta_2 - \beta_1)]\}\frac{\mathrm{d}e_2}{\mathrm{d}Q_1} \tag{2.105}$$

前面已假定 $\psi''(e) > 0$，所以有 $\psi'(e_2) - \psi'[e_2 - (\beta_2 - \beta_1)] > 0$，当努力水平为最优时，有 $\psi'(e) = Q_1$，所以有 $\dfrac{\mathrm{d}e_2}{\mathrm{d}Q_1} > 0$，因此 $\lambda\{\psi'(e_2) - \psi'[e_2 - (\beta_2 - \beta_1)]\}\dfrac{\mathrm{d}e_2}{\mathrm{d}Q_1} > 0$。

根据以上分析，我们可以得到以下结论：

如果 $b > (1 + \lambda)(\beta_2 - C_0) + \lambda\{\psi'(e_2) - \psi'[e_2 - (\beta_2 - \beta_1)]\}\dfrac{\mathrm{d}e_2}{\mathrm{d}Q_1}$，则

政府效用随着绿色采购量的增加而增加;

$$如果\ b < (1 + \lambda)(\beta_2 - C_0) + \lambda\{\psi'(e_2) - \psi'[e_2 - (\beta_2 - \beta_1)]\}\frac{de_2}{dQ_1},政$$

府效用随着绿色采购量的增加而减少;

$$如果\ b = (1 + \lambda)(\beta_2 - C_0) + \lambda\{\psi'(e_2) - \psi'[e_2 - (\beta_2 - \beta_1)]\}\frac{de_2}{dQ_1},政$$

府效用与政府绿色采购量无关。

政府采购的政策含义是:

$$当\ b < (1 + \lambda)(\beta_2 - C_0) + \lambda\{\psi'(e_2) - \psi'[e_2 - (\beta_2 - \beta_1)]\}\frac{de_2}{dQ_1}\ 时,政$$

府最优政策是不采购绿色产品,全部采购一般产品。

$$当\ b \geqslant (1 + \lambda)(\beta_2 - C_0) + \lambda\{\psi'(e_2) - \psi'[e_2 - (\beta_2 - \beta_1)]\}\frac{de_2}{dQ_1}\ 时,政$$

府最优政策是全部采购绿色产品,不采购一般产品;政府采购绿色产品的最优

定价为: $P_{11}^* + \dfrac{\psi(e_2) - \psi[e_2 - (\beta_2 - \beta_1)]}{Q_1}$,其中 $\psi'(e^*) = Q_G$ 。此时,企业

努力水平达到最优,因为企业追求自身效用最大化的结果是使努力的边际负

效用等于边际成本的节约。

2. 开放经济条件下的分析

在开放经济条件下,本国政府可以采购购买国内企业的产品,也可以采购购买国外企业的产品。为分析方便,假定只有两个企业提供绿色产品,一家为国内企业,一家为国外企业,两家企业生产的绿色产品同质。此状态下的政府采购实际上是政府、国内企业和国外企业之间的一个动态博弈,第一阶段是政府制定价格优惠政策,第二阶段是国内企业和国外企业之间展开博弈,各自报价,以追求自身利益最大化。

有关博弈模型的主要变量有:政府采购绿色产品数量 Q_1;政府对国内企业利润的重视程度用 α 表示,有 $0 < \alpha \leqslant 1$ 的关系;由于财政资金获取存在有扭曲成本,政府采购时对国内企业价格优为 ΔP;P_d 表示政府采购时的国内企业所要求的价格;P_f 表示政府采购时的国外企业所要求的价格;S 表示政府采购 Q_1 绿色产品所获得的消费者剩余;M 表示政府采购国内企业产品时给国内企业带来的间接利益,这些利益主要包括:有利于绿色生产技术提高、向

社会传播产品的高质量信号以及有助于企业突破国外绿色壁垒等。

（1）企业信息充分对称的政府采购

假设政府和企业都知道两个企业确切的生产成本信息。假定国内企业的单位生产成本为 c_d，国外企业的单位生产成本为 c_f，且有 $c_d > c_f$。因为如果国内企业生产成本占优势时，则是前面已经分析过的政府与国内企业的委托代理关系。

先来看第二阶段两个企业之间的博弈。

国内企业的效用函数为：

$$U_d = \begin{cases} (P_d - c_d)Q_1 + M & \text{当 } P_d < P_f + \Delta P \text{ 时} \\ 0 & \text{当 } P_d > P_f + \Delta P \text{ 时} \end{cases} \quad (2.106)$$

国外企业的效用函数为：

$$U_f = \begin{cases} (P_f - c_f)Q_1 & \text{当 } P_f < P_d - \Delta P \text{ 时} \\ 0 & \text{当 } P_f > P_d - \Delta P \text{ 时} \end{cases} \quad (2.107)$$

当 ΔP、Q_1 确定后，国内企业和国外企业所能控制的是自己的报价，结果两个企业展开价格竞争。国内企业定价策略是使得 $P_d < P_f + \Delta P$，国外企业定价策略是使得 $P_f < P_d - \Delta P$，双方都力争使自己的报价低于对方，双方都不断地降低报价，这样不断竞争，一直要到一方不能再降价时才会停止。

根据国内企业和国外企业的效用函数，可得到其报价的范围为：$P_d \geq c_d - \dfrac{M}{Q_1}$，$P_f \geq c_f$，所以国内企业和国外企业博弈的均衡结果是：

如果 $c_d < c_f + \Delta P + \dfrac{M}{Q_1}$，政府采购国内企业的产品，采购价格为 $P = c_f + \Delta P$；

如果 $c_d > c_f + \Delta P + \dfrac{M}{Q_1}$，政府采购国外企业的产品，采购价格为 $P = c_d - \Delta P - \dfrac{M}{Q_1}$；

如果 $c_d = c_f + \Delta P + \dfrac{M}{Q_1}$，政府可采购国内企业产品，也可采购国外企业的产品。

再来看政府如何制定价格优惠政策。

政府的效用函数为：

$$U_G = \begin{cases} S - (1+\lambda)P_dQ_1 + bQ_1 + \\ \alpha[(P_d - c_d)Q_1 + M] & \text{当} \Delta P \geq c_d - c_f - \dfrac{M}{Q_1} \text{时} \\ \\ S - (1+\lambda)P_fQ_1 + bQ_1 & \text{当} \Delta P \leq c_d - c_f - \dfrac{M}{Q_1} \text{时} \end{cases} \quad (2.108)$$

当 $\Delta P \geq c_d - c_f - \dfrac{M}{Q_1}$ 时,可知:

$$\begin{aligned} U_G &= S - (1+\lambda)P_dQ_1 + bQ_1 + \alpha[(P_d - c_d)Q_1 + M] \\ &= S + bQ_1 - (1+\lambda)(c_f + \Delta P)Q_1 + \alpha[(c_f + \Delta P - c_d)Q_1 + M] \end{aligned}$$
$$(2.109)$$

$$\frac{dU_G}{d\Delta P} = [\alpha - (1+\lambda)]Q_1 < 0 \quad (2.110)$$

可见,此时政府效用是价格优惠的减函数,所以当 $\Delta P = c_d - c_f - \dfrac{M}{Q_1}$ 时,政府获得最大效用。

当 $\Delta P \leq c_d - c_f - \dfrac{M}{Q_1}$ 时,可知:

$$U_G = S - (1+\lambda)P_fQ_1 + bQ_1 = S + bQ_1 - (1+\lambda)\left(c_d - \Delta P - \frac{M}{Q_1}\right)Q_1$$
$$(2.111)$$

$$\frac{dU_G}{d\Delta P} = (1+\lambda)Q_1 > 0 \quad (2.112)$$

此时政府效用是价格优惠的增函数,所以当 $\Delta P = c_d - c_f - \dfrac{M}{Q_1}$ 时,政府获得最大效用。

综合上面两种情况,政府制定的最优价格优惠政策应为 $\Delta P = c_d - c_f - \dfrac{M}{Q_1}$,此时若政府采购国内企业产品,政府效用为 $U_{Gd} = S + bQ_1 - (1+\lambda)\left(c_d - \dfrac{M}{Q_1}\right)Q_1$;若采购国外企业产品,政府效用为 $U_{Gf} = S + bQ_1 - (1+\lambda)c_fQ_1$,比较可得 $U_{Gd} < U_{Gf}$,所以政府将采购国外企业产品。

上面的分析显示,在完全信息情况下,政府将给予国内企业价格优惠

$\Delta P = c_d - c_f - \dfrac{M}{Q_1}$,使国内企业能与国外企业竞争,竞争的结果是政府全部采

购国外企业产品,采购价格为 $P = c_d - \Delta P - \dfrac{M}{Q_1} = c_f$,即国外企业没有获得额

外的效用。

(2)企业信息不对称的政府采购

假定政府采用一级密封价格拍卖技术来招标采购绿色产品,在这种招标中,企业各自将投标价写下来并装入信封,密封后交给政府采购机构,政府采购机构打开信封,报价最低者赢得采购合同。

假定只有企业自己知道自己的真实生产成本信息,政府和其他企业只知道其成本分布,为分析方便,假定国内企业单位生产成本为 $\underline{c_d} + \Delta c_d$,其中 $\underline{c_d}$ 表示国内企业最低的单位生产成本;国外企业单位生产成本为 $\underline{c_f} + \Delta c_f$,其中 $\underline{c_f}$ 表示国外企业最低的单位生产成本。假定 $\underline{c_d} > \underline{c_f}$,并且 Δc_d 和 Δc_f 各自独立服从 $[0, h]$ 之间的均匀分布。

先来看第二阶段两个企业之间的博弈关系。

国内企业的效用函数为:

当 $P_d < P_f + \Delta P$ 时, $U_d = (P_d - c_d)Q_1 + M$ 　　　　　　(2.113)

当 $P_d > P_f + \Delta P$ 时, $U_d = 0$ 　　　　　　(2.114)

所以企业的效用可表示为:

$$U_d = [(P_d - c_d)Q_1 + M] \cdot Prob\{P_d < P_f + \Delta P\}$$

式中:

$$Prob\{P_d < P_f + \Delta P\} = Prob\{P_d < (1 + \gamma_f)c_f + \Delta P\}$$

$$= Prob\{c_f > \frac{P_d - \Delta P}{1 + \gamma_f}\}$$

$$= Prob\{\Delta c_f > \frac{P_d - \Delta P}{1 + \gamma_f} - \underline{c_f}\}$$

$$= 1 - \frac{1}{h}(\frac{P_d - \Delta P}{1 + \gamma_f} - \underline{c_f})$$

γ_f 表示国外企业所要求的成本利润率。

所以:

$$U_d = [(P_d - c_d)Q_1 + M][1 - \frac{1}{h}(\frac{P_d - \Delta P}{1 + \gamma_f} - c_f)] \qquad (2.115)$$

令：

$$\frac{\mathrm{d}U_d}{\mathrm{d}P_d} = Q_1[1 - \frac{1}{h}(\frac{P_d - \Delta P}{1 + \gamma_f} - c_f)] - \frac{1}{h(1 + \gamma_f)}[(P_d - c_d)Q_1 + M] = 0$$

有：

$$1 - \frac{2P_d - \Delta P - c_d}{h(1 + \gamma_f)} + \frac{c_f}{h} - \frac{1}{h(1 + \gamma_f)}\frac{M}{Q_1} = 0$$

即：

$$P_d = \frac{1}{2}[(h + c_f)(1 + \gamma_f) + \Delta P + c_d - \frac{M}{Q_1}] \qquad (2.116)$$

又因 $\dfrac{\mathrm{d}^2 U_d}{\mathrm{d}P_d^2} = -\dfrac{2Q_1}{h(1 + \gamma_f)} < 0$，所以此时为最大值。

国外企业的效用函数为：

当 $P_f < P_d - \Delta P$ 时，$U_f = (P_f - c_f)Q_1$；

当 $P_f > P_d - \Delta P$ 时，$U_f = 0$。

企业的效用可表示为：

$$U_f = (P_f - c_f)Q_1 \cdot Prob\{P_f < P_d - \Delta P\}$$

式中：

$$Prob\{P_f < P_d - \Delta P\} = Prob\{P_f < (1 + \gamma_d)c_d - \Delta P\}$$

$$= Prob\{c_d > \frac{P_f + \Delta P}{1 + \gamma_d}\}$$

$$= 1 - \frac{1}{h}(\frac{P_f + \Delta P}{1 + \gamma_d} - c_d)$$

γ_d 表示国内企业所要求的成本利润率。

因此有：

$$U_f = (P_f - c_f) \cdot Q_1 \cdot [1 - \frac{1}{h}(\frac{P_f + \Delta P}{1 + \gamma_d} - c_d)] \qquad (2.117)$$

令：

$$\frac{\mathrm{d}U_f}{\mathrm{d}P_f} = Q_1[1 - \frac{1}{h}(\frac{P_f + \Delta P}{1 + \gamma_d} - c_d)] - (P_f - c_f) \cdot Q_1\frac{1}{h(1 + \gamma_d)} = 0$$

即:

$$1 - \frac{2P_f + \Delta P - c_f}{h(1 + \gamma_d)} + \frac{c_d}{h} = 0$$

得:

$$P_f = \frac{1}{2}[(h + c_d)(1 + \gamma_d) - \Delta P + c_f] \tag{2.118}$$

$$\frac{\mathrm{d}^2 U_f}{\mathrm{d}P_f^2} = -\frac{2Q_1}{h(1 + \gamma_d)} < 0 \tag{2.119}$$

根据以上分析,政府应当如何制定价格优惠政策呢?

政府的效用函数为:

$$U_G = \{S - (1 + \lambda)P_d Q_1 + bQ_1 + \alpha[(P_d - c_d)Q_1 + M]\}\,\mathrm{Prob}$$
$$\{P_d < P_f + \Delta P\} + [S - (1 + \lambda)P_f Q_1 + bQ_1]\,\mathrm{Prob}$$
$$\{P_f < P_d - \Delta P\} \tag{2.120}$$

将式(2.116)和(2.118)代入上式,得

$$U_G = \{S - \frac{1}{2}[(h + c_f)(1 + \gamma_f) + \Delta P + c_d - \frac{M}{Q_1}](1 + \lambda)Q_1$$

$$+ bQ_1 + \frac{\alpha Q_1}{2}[(h + c_f)(1 + \gamma_f) + \Delta P - c_d + \frac{M}{Q_1}]\}$$

$$[1 - \frac{1}{2h}(h - c_f - \frac{\Delta P}{1 + \gamma_f} + \frac{c_d}{1 + \gamma_f} - \frac{M}{Q_1(1 + \gamma_f)})]$$

$$+ \{S - \frac{(1 + \lambda)Q_1}{2}[(h + c_d)(1 + \gamma_d) - \Delta P + c_f]$$

$$+ bQ_1\}[1 - \frac{1}{2h}(h - c_d + \frac{\Delta P + c_f}{1 + \gamma_d})] \tag{2.121}$$

所以:

$$\frac{\mathrm{d}U_G}{\mathrm{d}\Delta P} = [1 - \frac{1}{2h}(h - c_f - \frac{\Delta P}{1 + \gamma_f} + \frac{c_d}{1 + \gamma_f} - \frac{M}{Q_1(1 + \gamma_f)})]$$

$$[(1 + \lambda)Q_1 + \frac{\alpha Q_1}{2}] + \frac{1}{2h(1 + \gamma_f)}\{S - \frac{(1 + \lambda)Q_1}{2} \cdot$$

$$[h(1 + \gamma_f) + c_f(1 + \gamma_f) + \Delta P + c_d - \frac{M}{Q_1}] + bQ_1 + \frac{\alpha Q_1}{2} \cdot$$

$$[h(1 + \gamma_f) + c_f(1 + \gamma_f) + \Delta P - c_d + \frac{M}{Q_1}]\} + \frac{(1 + \lambda)Q_1}{2} \cdot$$

$$\left[1 - \frac{1}{2h}(h - c_d + \frac{\Delta P + c_f}{1 + \gamma_d})\right] - \frac{1}{2h(1 + \gamma_d)}\left\{S - \frac{(1 + \lambda)Q_1}{2}\right.$$

$$\left[(h + c_d)(1 + \gamma_d) - \Delta P + c_f\right] + bQ_1\right\} \tag{2.122}$$

为分析方便, 不妨假定 $\gamma_d = \gamma_f = \gamma$, 则

$$\frac{\mathrm{d}U_G}{\mathrm{d}\Delta P} = \left[\frac{2\alpha - 1 - \lambda}{4h(1 + \gamma)}\Delta P - \frac{2\alpha + 3(1 + \lambda)}{4h(1 + \gamma)}c_d + \frac{(1 + \lambda)}{2h}c_d\right.$$

$$\left. + \frac{2\alpha + (1 + \lambda)}{4h}c_f + \frac{2\alpha + 3(1 + \lambda)}{4h(1 + \gamma)} \cdot \frac{M}{Q_1} + \frac{2\alpha + 3(1 + \lambda)}{4}\right]Q_1$$

$$\tag{2.123}$$

$$\frac{\mathrm{d}^2 U_G}{\mathrm{d}(\Delta P)^2} = \frac{2\alpha - 1 - \lambda}{4h(1 + \gamma)}Q_1 \tag{2.124}$$

因此, 当 $\alpha > \frac{1 + \lambda}{2}$ 时, 如果 $\frac{(1 + \lambda)}{2h}c_d + \frac{2\alpha + (1 + \lambda)}{4h}c_f +$

$\frac{2\alpha + 3(1 + \lambda)}{4h(1 + \gamma)} \cdot \frac{M}{Q_1} + \frac{2\alpha + 3(1 + \lambda)}{4} - \frac{2\alpha + 3(1 + \lambda)}{4h(1 + \gamma)}c_d > 0$,

则 $\frac{\mathrm{d}U_G}{\mathrm{d}\Delta P} > 0$, 那么政府采购应给予国内企业尽可能高的价格优惠。

如果 $\frac{(1 + \lambda)}{2h}c_d + \frac{2\alpha + (1 + \lambda)}{4h}c_f + \frac{2\alpha + 3(1 + \lambda)}{4h(1 + \gamma)} \cdot \frac{M}{Q_1} + \frac{2\alpha + 3(1 + \lambda)}{4}$

$- \frac{2\alpha + 3(1 + \lambda)}{4h(1 + \gamma)}c_d < 0$,

则 $\frac{\mathrm{d}U_G}{\mathrm{d}\Delta P} = 0$ 时, $\Delta P = \left[\frac{2\alpha + 3(1 + \lambda)}{4h(1 + \gamma)}c_d - \frac{(1 + \lambda)}{2h}c_d\right.$

$$- \frac{2\alpha + (1 + \lambda)}{4h}c_f - \frac{2\alpha + 3(1 + \lambda)}{4h(1 + \gamma)} \cdot \frac{M}{Q_1}$$

$$\left. - \frac{2\alpha + 3(1 + \lambda)}{4}\right] \bigg/ \frac{2\alpha - 1 - \lambda}{4h(1 + \gamma)} \tag{2.125}$$

且

$$\frac{\mathrm{d}^2 U_G}{\mathrm{d}(\Delta P)^2} > 0 \tag{2.126}$$

此时政府效用函数出现的是极小值, 对于政府来讲, 国内企业的真实生产成本并不清楚, 政府采购政策主旨是不给优惠或给予尽可能高的优惠。

当 $\alpha < \frac{1 + \lambda}{2}$ 时, 如果 $\frac{(1 + \lambda)}{2h}c_d + \frac{2\alpha + (1 + \lambda)}{4h}c_f + \frac{2\alpha + 3(1 + \lambda)}{4h(1 + \gamma)} \cdot \frac{M}{Q_1}$

$$+ \frac{2\alpha + 3(1 + \lambda)}{4} - \frac{2\alpha + 3(1 + \lambda)}{4h(1 + \gamma)} c_d > 0 \text{，因 } \frac{\mathrm{d}^2 U_G}{\mathrm{d}(\Delta P)^2} < 0 \text{，政府效用有极大}$$

值。令 $\dfrac{\mathrm{d} U_G}{\mathrm{d} \Delta P} = 0$ ，有：

$$\Delta P = \left[\frac{2\alpha + 3(1 + \lambda)}{4h(1 + \gamma)} c_d - \frac{(1 + \lambda)}{2h} \underline{c_d} - \frac{2\alpha + (1 + \lambda)}{4h} \underline{c_f} \right.$$

$$\left. - \frac{2\alpha + 3(1 + \lambda)}{4h(1 + \gamma)} \cdot \frac{M}{Q_1} - \frac{2\alpha + 3(1 + \lambda)}{4} \right] \bigg/ \frac{2\alpha - 1 - \lambda}{4h(1 + \gamma)} \quad (2.127)$$

以上即为政府给予国内企业的最优价格优惠率。

如果 $\dfrac{(1 + \lambda)}{2h} \underline{c_d} + \dfrac{2\alpha + (1 + \lambda)}{4h} \underline{c_f} + \dfrac{2\alpha + 3(1 + \lambda)}{4h(1 + \gamma)} \cdot \dfrac{M}{Q_1} + \dfrac{2\alpha + 3(1 + \lambda)}{4}$

$- \dfrac{2\alpha + 3(1 + \lambda)}{4h(1 + \gamma)} c_d < 0$ ，则 $\dfrac{\mathrm{d} U_G}{\mathrm{d} \Delta P} < 0$ ，此时政府采购政策最优策略就是不给

优惠。

第五节　基于腐败机理分析的政府采购思维

腐败作为一种社会历史现象，存在于历史上各种阶级社会和各种不同社会制度的国家政治生活之中。在转型经济中，腐败表现为具有经济人特征的代理人凭借委托人授予的权力，用非法的手段满足自己的私欲，即利用公权牟取私利。我国的政府购买活动在从计划走向市场的过程中，其中的寻租与腐败问题自然随之愈益严重，所以，我们应对政府采购过程中的腐败形成机理（制度与非制度腐败机理）进行较为系统的分析，在此基础上建立以政府采购制度为依托的腐败防范体系。当然，仅靠单一制度无法完全解决政府采购中的腐败问题，只有通过建立以市场竞争为基础的政府采购制度并同时构建非制度的防范体系，才能较好地解决腐败问题。

一、政府购买的腐败机理分析

1. 腐败与政府购买腐败

国内外学者对腐败做了各种不同的定义。冯新生和李维岳认为："腐败是指政府官员为了谋取个人私利而不遵守其所应奉行的准则，滥用公共权力，

给国家、组织及其公民造成损害的行为。"其实质是"权力市场化"。安立仁等从管理与决策的角度给腐败下了一个定义:"腐败是公共代理人利用公共权力(利)委托人的信息缺陷,滥用自己的权力,在权力转移中从公共资源需求方手中获取自己与委托人契约(法定)之外的利益。"国外学者也对"腐败"给出了各种定义,具有代表性的观点主要有:"腐败是以政府官员利用公职牟取私利为标志的行为"(阿密泰·艾乔尼);纳依(Nye,1967)通过委托代理的框架定义腐败的概念:由于考虑私人的金钱或地位利益而偏离作为一个公共角色的正式职责的行为,或者是违反那些旨在反对谋求私利的规则的行为。虽然各关于腐败的定义角度不同,但实质是一样的,即利用公共权力来谋求私利,当然公共权力并不仅限于行政权力。从经济学角度研究腐败行为的方法论是寻租理论,腐败性质是一种寻租活动,它是指少数人利用合法或非法手段谋取经济租金(个人私利)的政治活动和经济活动,但腐败又不完全等价于寻租。寻租按租金的来源分为政府无意创租、政府被动创租和政府主动创租三类(贺卫,1994)。腐败与寻租的共性在于,经济人运用公共权力主动创租与寻租。腐败的官员既是创租者或给租者又是寻租者。因为政府官员利用特权的供给和分配创租,其目的在于寻租,而其他想获取特权的利益主体便以与政府官员分享租金为条件,从政府官员处获取租金,政府官员所给的租金中有一部分又会返还回来,成为官员的寻租收入。若没有两者的合谋,租金是难以寻觅的。但是,尽管腐败是有权者的专利,但孤掌难鸣,所以只有在合谋的条件下的主动创租和寻租才是与腐败一致的。

按照上面的逻辑我们可以界定政府购买腐败。在政府购买活动中,存在着"纳税人—政府—财政部门—政府购买机构—采购官员"这样一条长长的委托代理链。在这个委托代理链中,作为初始委托人的纳税人实际上无行为能力,他们既不能在市场决策中行使签约职能,也不能从中受益。腐败不是现代化的产物,也不是社会转型的产物,而是公共权力在民众与国家或官员之间委托代理运行的必然产物。所以,各委托代理人之间由于监管关系的复杂会产生一系列腐败行为。政府购买包括确定采购需求、签订采购合同和采购合同执行阶段。政府购买腐败是针对政府购买的后两个环节进行定义的,指在政府购买过程中,采购人员利用政府机构委托所赋予的权力对采购过程进行控制,人为设置需求障碍,进而达到索贿受贿的目的,实现权钱交易;或者是供货商通过行贿等多种方式,使采购官员成为他的合作者或同谋,转而为他们谋取利益服务。前者是政府购买中的设租过程,即从"权"到"钱";后者是寻租过程,即"钱—权—更多的钱"。

2. 政府购买腐败的机理——成本收益分析

经济人的基本行为准则就是行为的预期收益大于预期成本,这是经济人决定是否采取行动的必要条件。经济人的行为就是其成本收益分析的结果。人们的基本行为动机没有什么不同,都是追求净收益(收益减成本)的最大化,而人们行为的差异则来源于其收益较之成本的差异。政府采购人员是理性的经济人,在其进行腐败决策时也遵循此原则。只有当寻租人(设租人)的收益大于其相应的成本时,他们才会寻租或设租。

在政府购买过程中,政府单位处于单方垄断地位。为了研究的方便,我们可假设在某一市场上只有一个采购单位,同时存在 N 家提供产品或劳务的厂商。按照寻租理论,只有当寻租人(设租人)的收益大于其相应的成本时,他们才会寻租或设租。如果用政府采购人员在其腐败行为中获得的净收益来衡量政府购买过程中的腐败水平。则代表腐败水平的函数可以表示为:

$$F = \delta \times B(c,r) - g_1(\beta,h) - \beta g_2 \tag{2.128}$$

式中, $\dfrac{\partial B}{\partial c} < 0, \dfrac{\partial^2 B}{\partial c^2} > 0; \dfrac{\partial B}{\partial r} > 0, \dfrac{\partial^2 B}{\partial r^2} < 0; \dfrac{\partial g_1}{\partial \beta} > 0, \dfrac{\partial g_1}{\partial h} < 0$ 。也即政府采购人员的腐败净收益取决于采购人员获得的贿金收入与其进行腐败活动所承担的成本之差(从政府采购人员的角度)。 B 是厂商通过事前预付或事后回扣的方式向采购人员支付的贿金。假定是产品成本 c 的单调减函数并且二阶可微,这说明在采购价格一定的条件下,成本越低,厂商的利润空间越大,从而其贿赂采购人员以取得排他性垄断权的动力越大。而在实际中采购人员也并不一定会采购低成本产品,他们对质量没有显性的偏好,只要质量和价格在其可接受的范围内,往往会选择支付贿金最高的厂商。 r 是厂商之间竞争水平的变量,厂商愿意支付的贿金是厂商之间竞争程度的单调增函数和严格凹函数,说明与厂商之间竞争程度成正向变动,也即厂商之间竞争越激烈,为了使采购人员购买自己的产品必须支付更多的贿金。 g_1 是采购人员给租、设租的心理成本, β 是腐败行为事后被发现的概率, h 表示采购人员掌握权力、利用权力的程度。显然,事后被发现的概率越大腐败的心理成本越大,而采购人员掌握

权力便可以操纵腐败的交易提高其隐蔽性,因而承担的心理成本较少。g_2是腐败行为事后被发现所受到的惩罚成本,主要是党纪国法规定的法律处置和经济惩罚力度。采购人员和厂商之间是一种博弈关系,两者并不总是合谋,采购人员可能不收取厂商支付的贿金。δ是采购人员接受贿金的概率,则采购人员的预期收入为$\delta \times B + (1 - \delta) \times 0 = \delta \times B$。

由于本分析的出发点是假设采购人员在购买过程中偏好不明确,要么既定质量下价格可以浮动,要么既定价格下质量可以浮动,所以采购人员的腐败决策基础是在g_1和g_2一定的条件下,谁支付的B越大就买哪个厂商的产品。

二、政府采购的腐败模型及其分析

1. 基本模型

政府采购中涉及很多利益主体,主要有纳税人、政府、财政部门、采购实体、供应商,有时还有采购代理机构。比较集中采购和分散采购的反腐倡廉功能表现,对两种模式相同的地方,给予高度抽象,将纳税人、政府、财政部门抽象为政府部门,对所有的供应商抽象为一个供应商,以把分析的重点放在两种模式不同之处,可以更加清晰地反映出二者的差别。

分散采购模式下,涉及三方当事人,即政府部门、采购实体和供应商,其中政府部门确定各采购实体的预算,并将财政资金拨给各采购实体,各采购实体自行向供应商采购。集中采购模式下,涉及的当事人有政府部门、n个采购实体、集中采购机构和供应商。其中政府部门确定各采购实体的预算,各采购实体向集中采购机构提出采购任务,集中采购机构向供应商采购,供应商将商品交付各采购实体,采购实体验收合格后,政府部门向供应商付款。以上关系如图2—20所示。

从反腐倡廉的角度看,两种采购模式都存在两个博弈关系:

(1)政府部门与腐败利益共同体之间的博弈

在分散采购模式下,采购实体和供应商组成了n个腐败利益共同体;在集中采购模式下,集中采购机构、供应商和n个采购实体组成了一个腐败利益共同体。腐败利益共同体追逐腐败利益,损害了纳税人的利益,政府部门为维护纳税人利益,对腐败行为进行查处。只有腐败收益大于处罚时,腐败利益共同体才会腐败,所以这个博弈决定腐败空间的大小,当且仅当腐败空间存在时,腐败各方才有可能联合。

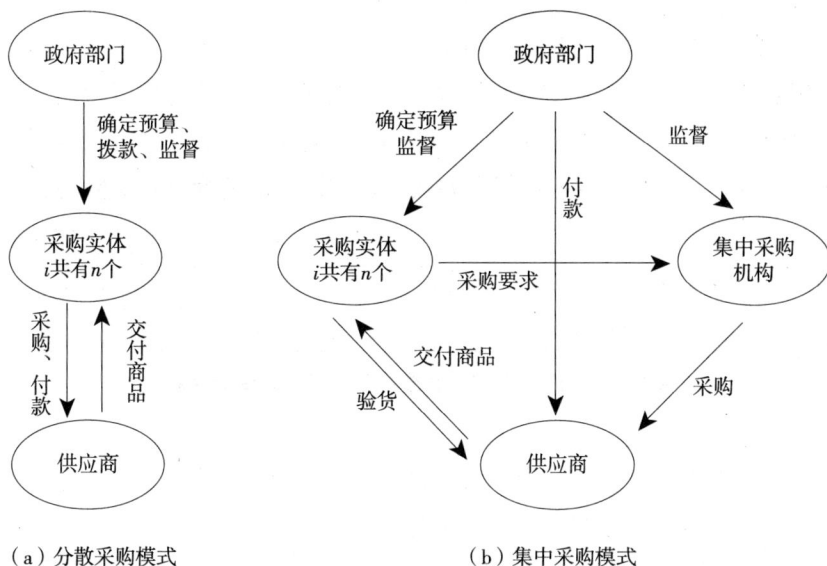

（a）分散采购模式　　　　　　　　（b）集中采购模式

图 2—20　不同模式下利益主体之间的关系

（2）腐败利益共同体内部各利益主体之间的博弈

在腐败空间里存在腐败收益,腐败利益共同体内部各利益主体为争夺更多的利益份额而展开博弈,如果共同体中有一个利益主体对腐败收益分配不满而采取不合作的策略,则腐败不会发生,所以该博弈决定在腐败空间里腐败实际发生的可能性,只有当腐败各方就腐败总收益在各利益主体间的分配达成一致时,腐败才会发生。

2. 政府采购腐败空间的比较

（1）基本假设前提

为分析方便,不妨先做出一些假设前提:第一,采购实体的预算已事先确定;第二,采购中各方当事人都追求自身利益最大化,且都为风险中性;第三,政府的利益与纳税人的利益一致;第四,政府的检查监督资源固定;第五,对违法者的处罚与其非法所得成正比,罚款倍数为 β。

政府采购腐败的根源在于采购实体不能完全享用所采购商品,结果采购实体在采购过程中可能以高于市场的价格或不合要求的质量来采购商品,以此牟取私利。假定采购实体 i 享用自身预算支出利益的比例为 α_i,采购过程中通过不正当手段可获得的利益为 B_i。

(2)分散采购模式下的腐败空间

假定政府部门对采购实体 i 的检查成本为 C_i，假定政府部门检查时即能查出腐败，采购实体 i 腐败被查出的概率为 p_i，对采购实体 i 的处罚为 F_{i1}，对供应商的处罚为 F_{i2}，则政府部门和腐败利益共同体的博弈利益矩阵为：

	腐败	不腐败
检查	$B_i + (F_{i1} + F_{i2}) - C_i, -(F_{i1} + F_{i2})$	$-C_i, 0$
不检查	$-B_i, (1 - \alpha_i)B_i$	$0, 0$

图2—21　政府部门和腐败利益共同体之间的博弈

这个博弈中只存在混合纳什均衡，当 $(1 - p_i)(1 - \alpha_i)B_i > p_i(F_{i1} + F_{i2})$ 时，存在腐败收益，利益共同体寻求腐败。

(3)集中采购模式下的腐败空间

假定政府部门对腐败利益共同体的检查成本为 C，采购实体 i 腐败被查出的概率为 p_{i1}，集中采购机构腐败被查出的概率为 p_{i2}，对采购实体 i 的处罚为 F_{i1}'，对供应商的处罚为 F_2，对集中采购机构的处罚为 F_3，则政府部门和腐败利益共同体的博弈利益矩阵为：

	腐败	不腐败
检查	$\sum\limits_{i=1}^{N}(1 - \alpha_i)B_i + (\sum\limits_{i=1}^{N}F_{i1}' + F_2 + F_3) - C, -(\sum\limits_{i=1}^{N}F_{i1}' + F_2 + F_3)$	$-C, 0$
不检查	$-\sum\limits_{i=1}^{N}B_i, \qquad\qquad\qquad \sum\limits_{i=1}^{N}(1 - \alpha_i)B_i$	$0, 0$

图2—22　政府部门和腐败利益共同体之间的博弈

这个博弈中同样只存在混合纳什均衡，当：$(1 - p_I)\sum\limits_{i=1}^{N}(1 - \alpha_i)B_i > p_I(\sum\limits_{i=1}^{N}F_{i1}' + F_2 + F_3)$ 时，存在腐败收益，利益共同体寻求腐败。

$$p_I = p_{i2} + [1 - \prod_{i=1}^{N}(1 - p_{i1})] - p_{i2}[1 - \prod_{i=1}^{N}(1 - p_{i1})]$$

$$= [1 - \prod_{i=1}^{N}(1 - p_{i1})] + p_{i2}\prod_{i=1}^{N}(1 - p_{i1}) \qquad (2.129)$$

（4）腐败空间比较

当假定采购实体都相同时，因为设定了处罚与其非法所得成正比，有：

$$(1 - p_I)(1 - \alpha_i)B_i > p_I\left(\sum_{i=1}^{N} F_{i1}' + F_2 + F_3\right)\frac{1}{N} = p_I(F_{i1} + F_{i2})$$

再来比较 p_I 和 p_i：

$$p_I = \left[1 - \prod_{i=1}^{N}(1 - p_{i1})\right] + p_{i2}\prod_{i=1}^{N}(1 - p_{i1}) = 1 - (1 - p_{i1})^N(1 - p_{i2})$$

$$(2.130)$$

前面已假定政府部门的检查监督资源固定，在集中采购模式下，如果政府部门只检查 n 个采购实体，则有 $p_{i1} = p_i$ 且 $p_{i2} = 0$；如果政府部门分一部分检查资源来检查集中采购机构，则其检查效果必定不会比只检查 n 个采购实体更差，所以有：

$$1 - (1 - p_{i1})^N(1 - p_{i2}) \geq 1 - (1 - p_i)^N > p_i$$

综合前面的分析可用图 2—23 表示如下：

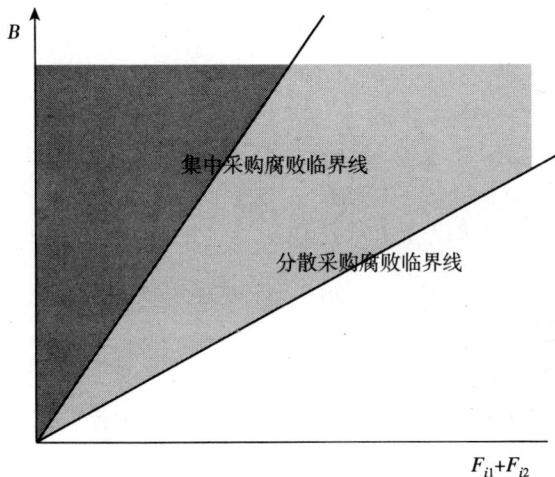

图 2—23　两种采购模式下的腐败空间

集中采购腐败空间为集中采购腐败临界线以上的黑色区域，分散采购腐败空间为分散采购腐败临界线以上的灰色和黑色区域。与分散采购模式相比，集中采购模式的腐败空间更小。

在分散采购模式下,有:

$$F_{i1} + F_{i2} = \beta B_i \tag{2.131}$$

所以有:

$$(1 - p_i)(1 - \alpha_i) > p_i \beta$$

这是采购实体 i 和供应商组成的腐败利益共同体寻求腐败的条件,由于每个采购实体的 α_i 不同,结果 n 个利益共同体中有的因 α_i 较大而不存在腐败空间,假设腐败的利益共同体存在腐败空间的共有 m 个,其享用自身预算支出利益的比例为 α_j,并满足:

$$\alpha_j < 1 - \frac{p_i}{1 - p_i} \beta$$

所以分散采购时 n 个利益共同体的腐败空间为:

$$\sum_{j=1}^{M} (1 - p_i)(1 - \alpha_j) > \beta \sum_{j=1}^{M} p_i$$

即为:

$$\frac{p_i}{1 - p_i} < \frac{\sum_{j=1}^{M} (1 - \alpha_j)}{m\beta}$$

在集中采购模式下,有:

$$p_I \left(\sum_{i=1}^{N} F_{i1}^{'} + F_2 + F_3 \right) = p_I \beta \sum_{i=1}^{N} B_i \tag{2.132}$$

所以有:

$$\frac{p_I}{1 - p_I} < \frac{\sum_{i=1}^{N} (1 - \alpha_i)}{n\beta}$$

比较可发现:

因为 α_j 满足 α_i 即 n 个 α_i 中的 m 个最小者,所以:

$$\frac{\sum_{i=1}^{N} (1 - \alpha_i)}{n} \leqslant \frac{\sum_{j=1}^{M} (1 - \alpha_j)}{m}$$

结合前面的分析,可以发现,分散采购比集中采购的腐败空间更大。

3. 腐败空间里发生腐败的可能性比较

分散采购模式下,当存在腐败空间时,采购实体 i 和供应商博弈格局如图 2—24 所示,其中 A 为采购实体 i 的腐败收益。

供应商

		腐败	不腐败
采购实体	腐败	$A, B_i - A$	0,0
	不腐败	0,0	0,0

图 2—24　分散采购时腐败利益共同体各主体间的博弈

从图 2—24 中可以发现,博弈中有两个纳什均衡:(腐败,腐败)和(不腐败,不腐败)。(腐败,腐败)能获取利益,但(不腐败,不腐败)各方利益都为 0,所以在各方追求利益最大化的前提下,(腐败,腐败)将为稳定的纳什均衡,在腐败空间里腐败一定会发生。

集中采购模式下的博弈格局与分散采购的情形相同,腐败同样是稳定的纳什均衡。

可见,在腐败空间里,博弈的结果是两种模式下都出现稳定的腐败纳什均衡。但是,在通往腐败均衡的过程中,博弈中各参与人就腐败收益分配比例的讨价还价是有交易成本的,随着博弈参与人数的增加,交易成本不断增加,如图 2—25 所示,当交易成本超出腐败收益时,腐败将不会发生。

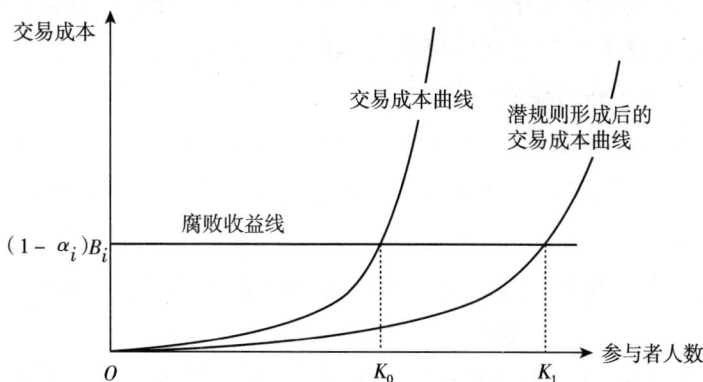

图 2—25　腐败利益共同体中的参与者人数与交易成本的关系

分散采购涉及两个博弈参与人:采购实体 i 和供应商;集中采购涉及集中采购机构、供应商和 n 个采购实体,共有 $(n+2)$ 个博弈参与人,当 $n+2 > k_0$ 时,腐败利益共同体中的参与人选择不腐败,所以,在腐败空间里,集中采购发生腐败的可能性比分散采购更小。

交易成本的存在,有力地阻止了集中采购模式下腐败的发生,但各参与人利益受到损害,因此在多次重复博弈后,可能在各参与人之间形成腐败收益分配的潜规则,从而使腐败收益分配的讨价还价变得相对容易,在图2—25中表现为交易成本曲线的向右下方移动。只有当 $n+2 > k_1$ 时,腐败利益共同体中的参与人才选择不腐败,此时集中采购在腐败空间里发生腐败的概率迅速增大,但依然小于分散采购。

4. 政府采购腐败水平分析

在传统的政府购买模式中,不管是行政单位还是事业单位,只要是财政供养的,都是按时间进度、有计划地通过财政划拨资金,然后各个单位依需要到市场自由选购商品和劳务。购买多少、购买什么以及何时购买、向谁购买等决策,基本上都由单位领导或采购人员说了算。在这种情形下,政府购买活动实际就是采购部门与供应商一对一的私下谈判,购买过程是封闭式运行的,其典型特点就是分散化和人治化,显然透明度低、公开性差。

为了研究的方便,我们做以下假设:第一,供应商无差别,这里的"无差别"是指所有的供应商都是理性的,都是以追求利润最大化为目标向政府采购进行寻租,其寻租能力和产品差别暂不考虑;第二,分散性政府采购主体都是理性的"经济人",且是风险厌恶者;第三,N 家厂商之间是完全竞争的,不存在个别厂商垄断市场的行为。

接下来我们对影响政府购买腐败水平的各因素逐一分析:

采购人员接受贿金的概率取决于租金的大小、掌握权力的情况以及事后被发现概率。租金越大、掌握权力越大以及事后被发现的概率越小,采购人员接受贿金的概率越大。因此,我们可以得出结论,在其他因素不变的条件下,若要降低政府购买中的腐败水平和寻租规模,必须降低租金水平,减小采购主体的权力范围,同时要提高腐败行为事后被发现的概率。而在传统的政府购买中,存在着明显的条块分割现象,政府购买主体是一个地区最大的买家,因此供应商为了取得垄断性的产品或劳务销售权,在其利润最大化目标的约束条件下会最大限度的支付租金;而政府部门取得财政资金后,自主决策进行购买,购买多少、向谁购买基本上都由单位说了算,因此可以认为政府的权力可利用程度 h 趋向无穷大。同时政府购买主体和供应商之间是一对一的私下谈判,而不是采取公开竞标制度。

显然,对于供应商而言,无论采购人员采取何种战略,合谋总是有利的,因而是一个"超优战略";对于采购官员而言,无论厂商采取何种战略,合谋同样也是最有利的,这样均衡结果为"(合谋,合谋)"的博弈关系,这是一个占优战略均衡(见表2—4)。因此寻租行为事后被发现的概率较小(除非供应商进行检举,而供应商是理性的,为了其利益不会进行检举),可以认为趋近于零。在传统的政府采购中,由于采购行为的非公开性,厂商与采购人员达成合谋,采购人员接受贿金的概率可认为是1,采购人员的预期收益为 B 。

表2—4　博弈结果

供应商＼采购人员	合谋	不合谋
合谋	500,500	−200,300
不合谋	0,300	0,0

从上面的分析可以得出,在传统的政府购买中,政府完全可以掌握权力使 h 趋向无穷大,同时腐败行为事后被发现的概率很小,因而采购人员几乎不存在给租、设租的心理成本,即 g_1 可视为0。

g_2 是腐败行为事后被发现时政府购买主体所受到的惩罚成本,包括行政处罚、经济惩罚或刑事惩罚,一般由国家法律明确规定。在传统的政府采购中,没有专门的政府采购相关法律法规,而国家的其他法律法规对政府购买行为中存在的寻租(腐败)行为的惩罚措施和力度没有明确规定,可以认为惩罚成本 g_2 也为0。

因此,在传统的政府购买中,腐败水平 $F = B(c, r)$,也即采购方的设租是凭借特权使用财政资金进行采购的,对于采购方而言是无成本采购,也是无成本寻租。政府的腐败水平完全取决于厂商愿意支付的租金多少。

在非制度的条件下,很难对采购人员进行约束,只能尽可能的降低厂商愿意支付的贿金水平。然而由于信息不对称,成本信息是厂商的私人信息不为外界所知道,这导致厂商愿意支付的贿金水平不具有可预测性;另一方面,若通过行政性的或其他非经济手段减弱厂商之间的竞争程度以减少厂商愿意支付的贿金水平,这无疑会导致市场资源配置的低效率。在非制度下治理腐败存在两难选择,很难有效地降低腐败水平。

寻租现象的产生主要根源于制度缺陷,因为有缺陷的制度改变了寻利与寻租的相对价格,从而改变了经济人的激励结构与偏好。经济人具有自利性动机,在制度约束下追求自身利益最大化是很正常的。但是若你有一块租,有人贿赂你而你又没有制度约束,难道你不接受吗? 因此只要制度上存在这个租,就会产生寻租现象。要对症下药,唯一的解决办法就是制度创新。以制度创新抑制寻租,就是要建立这样一种制度,即在加大寻租成本同时降低寻租收益的制度,一旦寻租的花费超过收益期望值,寻租便会终止,因此治理政府购买中的腐败必须从加大腐败成本入手治理腐败。提高腐败的各种成本,包括被查处的概率、法律处置和经济惩罚程度、名誉损失等,使腐败行为处于低收益和高风险的境地。

基于以上有关政府购买的腐败机理与模式分析,腐败防范的关键是建立制度体系,政府采购制度则是一个有效防范腐败的制度。我们可以通过建立规范化的政府采购制度,使政府采购的交易过程更加透明化、公开化,增大腐败的经济与心理成本,可以达到事前控制以及事后监督的效果。

三、政府采购制度下的腐败

政府购买腐败的主要根源是制度的缺失,因此通过政府采购制度的建立可以制约腐败行为,但是政府采购制度不能完全根除腐败。

政府采购的一个重要制度特征就是将以前的分散采购变为集中采购,物品采购的大部分权力由物品使用单位转移到政府采购的职能部门,货款的支付方式由取得预算拨款后的物品使用单位(采购主体)支付转为财政部门按批准的预算和采购合同的履约情况直接向供货商支付,这无疑避免了采购人员为了获得剩余资金而进行的寻租行为。此时,财政部门与政府采购部门是一种委托代理关系,财政部门是委托人,也是资金供给者(当然最终供给人是纳税人,但是纳税人实际上并无行为能力),采购部门的官员是代理人,是采购操作的执行者。

为了研究方便,我们做以下假定:第一,财政部门对采购人员进行监督,并且这种监督是有效的,也即财政部门不会与采购人员进行合谋,否则类似于非制度下的情形;第二,财政部门对采购人员的监督以现有法律法规为依据;第三,采购代理人是理性人,同时也是风险中性者,其行动的决策基础是成本收益分析;第四,由于监管有效,此处不考虑代理人向监管部门的寻租行为,而仅仅考虑采购主体与供应商之间的寻租。

在政府采购委托代理链中,委托人和代理人因为有不同的利益取向,可能会导致他们之间出现激励不相容问题。委托人和代理人之间的信息不对称,代理人是采购方案的制定者和执行者,拥有比委托人更多的经济信息,这就为代理人偏离委托人的目标提供了可能。另外,不完备契约常常会导致代理偏差问题的发生。在委托代理关系中,签订契约是激励制约代理人行为的一种方式,但是,契约不可能包括所有未来的情况和一些不能用文字来描述的要求,因此也就不可能对各种情况下代理人的行为进行制约。对政府采购而言,这种契约指与政府采购有关的各种法规不可能十分精细,有些指标或规定具有很强的灵活性,必须给采购人员以充分的自由处置权。这种不完备契约的存在就为代理人追求个人效用最大化提供了条件。从以上分析我们可以看出,虽然政府采购制度相对于传统政府购买更能有效遏制采购过程中的合作欺诈行为,降低代理成本,提高公共支出的效率。但是委托代理问题的弊端在现代政府采购制度中仍然会出现。尤其在一些特殊情况下,现代政府采购过程中也会出现采购官员与供应商的合作欺诈问题。

我国《政府采购法》规定了公开招标、邀请招标、竞争性谈判和寻价采购等多种采购方式,虽然对各种采购方式的适用条件做出了明确的规定,但是为了提高采购的效率,采购法规定采购人员可以根据具体情况在适用条件范围内灵活选择采购方式,这就为采购人员设租提供了可能。另外,由于《政府采购法》没有也不可能对各采购商品的质量指标进行具体地描述,这也为采购人员进行腐败提供了技术上的可能。

第六节　基于保护民族经济的歧视性政府采购效应分析

于 1996 年 1 月 1 日正式生效的 WTO《政府采购协议》(GPA),主张贸易自由化,强调非歧视待遇原则,明确规定各成员国不得通过拟定、采取与实施政府采购的法律、规章、程序和做法来保护国内产品和供应商而歧视外国产品和外国供应商。但 GPA 仅对签字成员国有约束力,我国目前尚未加入 GPA,因此,并不受其规定的制约。我国虽非 GPA 成员国,但作为 WTO 中的一个大国,加入 GPA 只是时间问题。其实,世界各国在长期的政府采购实践中歧视性政策普遍存在,如美国 20 世纪 30 年代制定的《购买美国产品法》中就明确规定:政府采购时给予美国产品 6% 的价格优惠,对高失业地区的小企业优惠率可达 12%,军事采购则高达 50%,这些规定对非 GPA 国家至今依然适用;欧盟在自然垄断行业上也给予本区企业 3% 的价格优惠;以色列对非 GPA 国家的价格歧视为 15%。

一、几种歧视性政府采购理论

1. 歧视性政府采购度量理论

世界各国政府采购中歧视性政策并不相同,歧视程度也存在差异,所以一个国家的歧视性政府采购有必要通过一定的方法、采用一定的指标来度量。

（1）政府采购歧视指数度量法

这种方法由 Thomas(1976)提出。他认为,由于私人追求自身利益,其采购完全由市场决定,不存在歧视国外产品行为,所以用私人采购作为参照,可以度量出政府采购是否存在歧视以及其歧视程度,其表达式为:

$$I_d = \left\{ \left[\sum_i m_i Y_i \right] \Big/ M_a \right\} \times 100 \qquad (2.133)$$

式中,I_d 表示政府采购歧视指数,m_i 表示部门 i 中私人进口比例,Y_i 表示政府对部门 i 产品的采购量,M_a 表示政府采购中的实际进口量。

利用各国投入产出表中的资料,可以计算出各国的政府采购歧视指数,指数大于100,表明存在歧视,并且数字越大,歧视程度越高。他还认为歧视性政府采购起到了和关税一样的效果,并进一步推导出其相当的关税税率为:$\Delta t = \left[\sum_i m_i Y_i - M_a \right] \Big/ \left[\left(\sum_i m_i Y_i \right) e \right]$,式中 Δt 表示关税税率的增加值,e 表示进口商品的价格需求弹性。

（2）进口份额度量法

Federico(2000)提出用政府进口份额与私人进口份额之比来度量歧视性

政府采购,其中进口份额等于从国外采购的金额与总采购金额之比。同样可以利用投入产出表资料计算一国各个部门的进口份额比。他认为,由于政府和私人经济的生产和消费目的有很大不同,两者支出份额也会不同,但如果发现政府采购中从国内采购的比例大于私人部门,并且比例差异很大,时间持续较长,而且扩散到各类商品,这就很有可能是执行某种歧视性政策的结果。

2. 歧视性政府采购贸易保护理论

一般认为,歧视性政府采购是为了保护国内企业,促进本国经济发展。基于这一前提,各国学者探讨了歧视性政府采购对国际贸易和本国产业发展的影响,综观其研究成果,可分为无效论与有效论两种理论。

（1）贸易保护无效论

贸易保护无效论可以从完全竞争和非完全竞争的市场结构为前提进行论述。

①完全竞争市场结构下的无效论

Baldwin(1970,1984)主张无效论。他首先假定市场结构为自由竞争,国内外产品同质,政府按市场价格采购,市场价格由市场供需决定。在此前提下,当政府采购量仅为国内产量的一部分时,歧视性政府采购政策无效,达不到保护主义目的,因为政府减少对国外产品的购买将被增加的私人购买所弥补,产品进口价格和数量都不变。当政府采购量超出了国内产品供给时,歧视性政府采购使国内产品价格提高,从而刺激本国生产,本国产品产量增加,此时,歧视性政策是否有效,要看本国经济是否达到了充分就业。如果做到充分就业,该产品产量的增加将使其他产品产量减少,歧视性政策将使本国资源配置不合理,从而损害本国经济;如果就业不充分,本国资源得到充分利用,歧视性政策才是有效的。Baldwin认为,总体来看,歧视性政府采购的保护主义效果相当有限。

②不完全竞争市场结构下的无效论

Miyagiwa(1991)将无效论观点推广到不完全竞争的情况,假定只有一个国内企业和一个国外企业,政府按市场价购买固定数量的产品,商品的市场价格由国内外供应商和国内私人部门的供需决定,利用古诺双寡头竞争模型的分析方法,在供应商追求利润最大化的动机下,市场达到均衡时形成两个结果:第一,当国内外厂商的产品同质,Baldwin的无效性命题继续成立。如果政府是给国内产品固定的优惠,由于私人采购更多的国外商品,刚好弥补政府减少购买的国外产品,所以均衡时产品进口总量和价格都不变;但如果给予国内供应商的优惠与产品进口价格成比例,将使进口量增加,市场价格提高,其机理为国内企业为追求利润最大化,将减少对私人部门的供给,使得国外企业垄断增强,市场价格提高,国内企业向政府销售价格相应提高,从而得到更为可观的利润。第二,当国内外产品有差异时,如果政府和私人部门的需求弹性相同,歧视性采购将增加进口量;国内企业向政府的要价将高于进口产品的价格,并且政府和私人部门购买本国企业产品都将支付更高的价格。

(2)贸易保护有效论

贸易保护有效论可以从非完全竞争市场结构和新地理理论为前提进行论述。

①不完全竞争市场结构下的有效论

Michele(2002)主张有效论。他根据 Miyagiwa 提出的假定前提,增加政府采购现金约束(Cash Iimits)条件,用厂商的策略互补(Strategic Complementarity)假设取代 Miyagiwa 模型中的策略替代(Strategic Substitutability)假设,然后用相同的分析方法,得出了完全不同的结论:如果给予国内供应商的优惠与产品进口价格成比例,当国内外产品同质时,歧视性政府采购能减少进口,因此是有效的保护主义工具。

②阻止集中化论

Federico(1997,2001)利用新经济地理理论框架研究歧视性政府采购,提出偏向国内政府采购的影响就是阻止集中化力量,在市场一体化较强时(低贸易成本),歧视性政府采购对集中化力量的阻止非常有效。当一个国家在国际产业集中化处于不利地位时,歧视性政策是一个很好的政策工具。Marius 和 Federico(2004)利用欧盟国家 1970～1985 年的投入—产出表资料作了经验实证研究,发现对于规模报酬递增——垄断竞争商品,一个国家占世界总产出的份额与其偏向国内支出份额正相关,即歧视性政府采购确实能够促进本国生产的专业化,阻止国际专业化水平。

3. 歧视性政府采购降低采购成本理论

政府作为一个实体,拥有自己的效用函数,在政府采购中同样追求效用最大化,沿着这一思路,一般认为歧视性政府采购能有效降低政府采购成本,具体可分为促进竞争论和阻止过度竞争论两种理论。

(1)促进竞争论

Mcafee 和 Mcmillan(1989)认为歧视性政府采购能促进供应商的竞争,从而有效地降低政府采购成本。首先他们提出四个假设:第一,企业清楚自己的成本,其他企业和政府只知道其成本分布函数;第二,政府购买量由边际收益等于供应商的最低报价决定;第三,供应商的报价为产品成本与预期利润之和;第四,政府的目标是追求最大消费者剩余。

由于企业拥有私人成本信息,低成本企业报价会偏高,政府只有给高成本企业价格优惠,使高成本企业能与低成本企业竞争,从而诱导低成本企业降低报价,因此,当政府的效用函数仅追求消费者剩余最大化时,有必要对低成本企业实行歧视性政策,给高成本企业优惠。他们还对最优的优惠率作了模拟分析,通过模拟发现,最优的优惠率与国内外企业数关联不大,而与国内外成本差异密切相关,优惠率大约为成本差异率的1/3时为最佳。如果政府效用函数中还包含本国企业利润,并视其与自身消费剩余同等重要,他们认为这时政府应当歧视国外企业。但是给本国企业优惠,仍将视本国企业成本优势不同而给予不同强度的优惠。Naegelen 和 Mougeot(1998)在 Mcafee 和 Mcmillan 的假设基础上将政府目标改为追求消费者剩余最大和本国企业利润最大,再加入了公共资金扭曲成本和政府重视本国企业利润系数两个前提,然后利用激励相容约束分析方法,同样得出歧视性政府采购能有效促进竞争,降低政府采购成本的结论,认为政府最优的歧视性采购政策将依国内外企业的成本分布函数,公共资金扭曲成本和政府重视本国企业利润系数而定。他们还探讨了最优机制执行问题,发现修正后的一价拍卖和二价拍卖都能执行最优机制,但政府要执行的最优歧视性政策规则是相当复杂的。

(2)防止过度竞争论

Breton 和 Salmon(1996)认为歧视性政府采购能减少供应商之间的过度竞争,有效减少政府采购的超额成本。他们认为,由于政府采购合同的不完全性,即合同的履行无法由第三方验证,政府采购总成本可表示为 $g+u+q+m$,其中,g 为可验证的成本,u 为不可验证的成本,q 为准租金,m 为垄断租金。如果是单期采购,企业不会花费不可验证成本,但政府采购作为多期重复采购,企业在履行合同时可能花费不可验证成本,其条件是:以后各期可能获得的准租金的贴现值大于当期花费的不可验证成本,即 $\frac{q}{rN} \geq u$,其中,r 为利率,N 为供应商数量,取最低值,前式可变为 $q = urN$,即准租金与供应商数量成正比。很明显,垄断租金与供应商数量成反比,因此,将存在一个最优的供应商数量,使得政府采购预期超额成本(准租金与垄断租金之和)最小。歧视性采购能有效减少供应商数量,当政府采购中供应商数量超出最优数量时,能减少政府采购超额成本,确保不完全合同如实履行,所以歧视性采购是提高政府采购效率的一种有用政策工具。

二、歧视性政府采购理论分析

1. 对歧视性政府采购度量理论的分析

上面的两种方法在本质上是相同的,二者都以私人部门作为参照,度量基于保护主义目的的歧视性政府采购对国际贸易的影响。Thomas 的政府采购歧视指数度量的是一个国家的整体情况,Federico 的改进之处主要是计算了一个国家各种商品的情况,因为一国对各种商品的歧视程度可能不同,所以这种改进能更全面、真实地反映歧视的状况。Thomas 没有意识到政府和私人部门的需求可能存在差异,从而不存在歧视政策时其指数也不会是 100,Federico 认识到这一点,明确指出进口份额差异并不一定都是由歧视政策造成的,所以对指标判断时要考虑这些因素。遗憾的是,Thomas 和 Federico 都没有详细探讨除了歧视政策外,还有哪些影响因素,其影响程度如何,以及如何正确地判断统计指标。另外,在统计中还有两个问题值得关注,一是政府采购主体范围的确定,中央政府和地方政府是主体无可争议,但各级政府所属的事业、企业单位是否纳入主体则不容易确定;二是国内企业的判定标准,是指本国公民拥有的,还是指设在本国境内的所有企业? 这些问题都直接影响到统计指标的大小,其解决方法有待进一步的探讨。

2. 对歧视性政府采购贸易保护理论简要分析

在分析时,贸易保护理论都将政府高度抽象为国家虚拟代表,承担着保护民族经济的重任,这不失为一种有用的宏观经济分析方法,其结论对国家宏观方针政策制定有指导意义。不过,政府作为一个实体,其具体行为受到许多因素的影响,决策时也有自己的利益取向,将政府高度抽象化的理论,对制定政府采购具体政策的指导意义极为有限。

　　3. 对歧视性政府采购降低采购成本理论简要分析

　　降低采购成本理论的分析把政府具体化,并通过政府效用函数的构建,将政府的保护主义和物有所值目标融为一体,便于利用信息经济学理论,分析起来更加简便,结论更令人信服,对政府采购政策制定,特别是具体政策的制定更有指导意义。但已有的理论分析依然视政府为国家代表,其利益与国家利益完全一致,这与现实中的政府存在一定差距。其实每个政府都是由具体人员构成,政策制定和执行人员的效用函数与国家利益可能不一致,从而导致政府效用函数和国家利益存在差异,所以理论研究时还有必要从政府采购相关人员效用最大化视角入手。另外,歧视性采购可能使某些企业获得巨大利益,这时企业有动力游说政府采取歧视性政策,所以政府采购利益集团游说也是一个研究视角。可惜已有文献并未专门研究这些方面,因此有必要按公共选择理论和利益集团理论的思路在理论研究上作进一步深入探讨。

　　三、歧视性政府采购理论的启示

　　根据已有政府采购理论,在我国今后理论研究和政策制定方面,主要有以下几点启示:

　　1. 根据我国国情,进一步完善歧视性政府采购理论研究

　　综观现有的歧视性政府采购理论,结合我国国情,政府采购的相关理论研究重点应当包括:

　　(1)找出影响我国政府部门和私人部门进口份额差异的因素,以及这些因素的影响程度,这是正确判断我国政府采购歧视程度的关键。

　　(2)研究政府采购主体范围和国内产品、企业的判定标准,这些基础性问题影响到歧视性政府采购统计指标的大小,也是加入 GPA 谈判必须明确的重点问题。

　　(3)以公共选择理论和利益集团理论为基础,从政府采购相关人员效用最大化视角和政府采购利益集团游说视角入手,分析其经济影响,从而更加全面认识歧视性政府采购的经济效果。

　　2. 利用进口份额度量法,摸清我国歧视性政府采购实际情况

　　我国政府采购法中明文规定有歧视国外企业和产品的条款,但目前我们

更应掌握我国实际采购中的歧视程度,所以有必要根据我国投入产出表数据计算我国各年各部门政府和私人的进口份额,摸清我国政府采购领域中各部门歧视程度及变动趋势。进口份额统计宜采用多种口径,如政府采购主体既有包括国有企业的,又有不包括国有企业的;国内企业既有包括外资企业的,又有不包括外资企业的。这样,我们就能比较全面地掌握我国歧视性政府采购的基础数据,为我国歧视性政府采购理论研究提供实际资料,同时也为我国加入 GPA 谈判做好准备工作。

3. 利用歧视性理论研究成果指导我国政府采购的政策制定

(1)理论结论

根据对歧视性政府采购的经济分析,可得出以下结论:

①市场为完全竞争时,除非政府采购量大于国内企业生产量且就业不充分,或政府采购合同不完全,否则歧视性政策完全无效。

②市场为不完全竞争时,歧视性政府采购贸易保护主义有效性在理论上有不同观点,但目前的实证检验支持有效性观点;歧视性政府采购实现物有所值目标在理论上是可行的,也是必须实行的,但实行时需要相当高超的技巧。

③根据新经济地理贸易理论,当全球专业化对一个国家不利时,歧视性政府采购能有效阻止集中化,保护本国产业发展。

④政府采购合同不完全时,如果政府采购是重复的,歧视性政府采购能防止过度竞争,有效降低采购成本,确保合同圆满完成。

(2)指导意义

歧视性理论的指导意义包括以下两个部分。

①国际贸易

经济理论分析的成果对我国政府采购市场的开放具有指导意义,即我国政府采购市场应逐步开放,并在某些领域要有所保留。具体表现为:第一,对市场为完全竞争的产品,可立即无条件地完全对外开放;第二,对市场为不完全竞争的产品,目前暂不开放,但在加入 GPA 的谈判中可承诺开放;第三,对有战略意义的新产业,如果国际专业化对我国不利,应在加入 GPA 的谈判中坚守 GPA 对发展中国家的保护原则,尽量延长对国外企业歧视的期限。

②国内市场

经济理论分析的成果还表明:歧视性政府采购不一定要针对国外企业,

GPA 成员国为实现物有所值目标,同样可以利用选择性招标、限制性招标歧视部分企业,这在市场垄断势力较强或政府采购合同不完全性较明显时可能有较好的效果。

第三章　政府采购政策的一般理论分析

政府采购在经济与政治生活中所产生的客观作用,需要通过一系列政府采购政策的引导,而制定正确的政府采购政策,又需要我们对其政策的客观功能以及政策的基础构造有一个深刻的认识。

我国《政府采购法》的正式实施,标志着政府采购活动已经纳入法制的轨道,因此,我们不仅要将政府采购作为优化财政支出的主要手段,而且要将政府采购提升到政策的高度去认识,制定出符合中国国情的政府采购政策,以实现我国政治和谐、宏观经济良性运行以及对外开放战略的顺利实施等目标。

第一节　政府采购政策的一般概念

政府采购也称公共采购。《中华人民共和国政府采购法》对政府采购作了如下定义:"政府采购,是指各级国家机关、事业单位和团体组织,使用财政性资金采购依法制定的集中采购目录以内的或者采购限额标准以内的货物、工程和服务的行为。"政府采购不仅是指具体的采购过程,而且是采购政策、采购程序及采购管理的总称,是一种政府采购管理的制度与政策的合成。每一个国家都会在其长期的政府采购实践中形成一系列符合本国特色的制度及政策。

一、私人采购与政府采购

政府采购与私人采购在许多方面是相似的。美国著名采购专家菲朗指出了两者根本目标的一致性:"采购之根本目标在于识别所需材料的来源,并在需要的时候以尽可能经济的方式按可接受的质量标准获得这些商品。采购部门必须能够迅速有效地满足需求,并且采购政策和程序必须同商业惯例相吻合。采购部门利用专业技术和现代方法,聘用专业采购员和管理人员,以保证采购项目能完全符合使用部门的需要。"①

但是政府采购与私人采购又有相当大的差别。美国学者道布勒和裴季对此问题的论述最为精辟和详尽。道布勒指出了这种差别所在:"最重要的区别是公共采购部门履行的是托管人的职能,因为受雇的管理员花费的资金来自于别人的捐助或税收,雇主依靠这些资金代表他们的客户或捐助人提供服务。因此非营利机构或政府的采购职能就成为一个受管制的然而却透明的过程,要受到无数法规和条例、司法或行政决定,以及政策和程序的限定和控制。另一些差别包括非营利机构和政府采购信息的公开性以及部门之间的协作频率。"②

对于政府采购和私人采购的区别,裴季也详尽地做出了如下的分析:③

(1)政府采购所支出的资金是公共资金,而不是公司业主或公司法人的资金,因此只能按法律的规定进行开支,为此,需要实施严格的预算限制和公共审计程序。

(2)政府采购和分配的物品是为了特定机关或部门之用,通常它们不是用于制造或转售之目的。

(3)从事政府采购职能的管理人员不应具有公司雇员所需要的营利动机。

(4)政府采购过程是,或者应该是在完全公开的情况下进行的。所做的任何事情都要做出记录,没有秘密可言。而在私营领域,管理当局没有必要透露采购的要求、规格、来源、招标条款或支付的价款。

(5)政府采购程序事先经过严格规定。政府采购和物料管理者几乎毫无例外地在严格的法律和管理限制下操作,与私营领域的同行相比,他们没有多少灵活性。因此,在公共领域,"创新"发生得相当缓慢。

---

① Harold E. Fearon, Donald W. , Dobler and Kenneth H. Killen, *The Purchasing Handbook*, 5ʰ *ed.* , McGraw-Hill, INC. , 1993, pp. 819 – 820.

② Donald W. Dobler, David N. Burt, *Purchasing and Supply Management, Text and Cases*, The McGraw-Hill Companies, INC. .

③ Dr. Gary J. Zenz and Dr. George H. Thompsom, *Purchasing and Management of Material*, AEI, p. 345.

（6）公共官员、管理者受到公众和新闻媒介的监督，他们的渎职、失误行为都要曝光。在私营领域，只有重大的失误或欺诈才被曝光，其他则内部处理。

（7）政府可以而且确实具有至上的能力，因此政府可以左右市场。这些条件使公共采购官员处于一个具有相当影响力的位置，有可能滥用他们的职权，而私营企业则很少有这样的影响力。

由此可见，政府采购与私人采购是有很大区别的。而且，政府采购作为一个整体（这个整体是一个国家内最大的单一消费者），其购买力是相当巨大的。在很多国家，政府采购金额占一个国家国内生产总值（GDP）的 10% 以上，如：欧盟各国这个比例达到 14% 左右（不包括公用事业部门的采购），美国政府在 1982～1992 年期间仅用于货物和服务的采购就占 GDP 的 26%～27%，每年有 2000 多亿美元的政府预算用于政府采购。因此，政府采购对于社会经济有着非常大的影响力，采购规模的扩大或缩小，采购结构的变化对社会经济发展状况、产业结构以及公众的生活环境都有着十分明显的影响。事实上，政府采购已成为各国政府通常使用的一种宏观经济调控手段。

基于以上对政府采购的特点之分析，可以看出，政府采购具有很强的政策性。这是因为公共支出管理是国家管理经济的一个重要手段。而作为公共支出管理一个重要执行环节的政府采购，必然承担着执行国家政策的使命。同时，一国政府也可利用政府采购作为保护本国产品和企业的手段，而私人采购则没有这种责任。

二、公共政策与政府采购政策

公共政策是政府行动的指南，政府采购政策是公共政策的核心组成部分。

1. 公共政策特征

公共政策是公共权威当局，为解决某项公共问题或满足某项公众需要，所选择的行动方案或不行动决定。由此定义，我们可以理解公共政策的特点是：

（1）公共政策乃是公共权威当局所进行的活动

所谓公共权威当局（Public Authorities）是指对公民个人的行动或私人部门和其他社会组织的行为具有治制权和合法权的机构。一般而言，公共政策系由政府机关制定。当然，这并不意味着社会其他组织对政策制定不发生影响作用。

（2）公共政策的选择行动是一种有意识的行动

一般而言，一项公共政策有一个或一组特定的目标，有一个基本的方针，有一条选定的行动路线或方案。公共政策的选择是政府有意识、有目的，或有目标导向的行为。

（3）公共政策是问题导向的政策

公共政策的主要目的在于解决社会问题。如果一个社会没有任何问题，公共政策也没有存在的必要。公共政策所处理的公共问题可能是单一的，亦可能是一系列相互关联的社会问题，是一个政策问题的网络。

（4）公共政策包括了公共权威当局的作为或不作为的行动

公共政策既包括政府机关"积极"采取的行动纲领，对社会经济生活进行干预，解决社会经济中的重大问题，也包括政府的不行动或不作为。其实不作为也是政府的政策，也会对社会活动起到干预的作用。①

2. 政府采购政策的公共功能

政府采购政策的公共性特征，显然是公共政策的组成部分，应该具有公共政策所应具有的特点。也就是说，政府采购政策同样具有公共政策的一般功能。不仅如此，由于政府采购的物质属性，所以必然体现出政府采购政策在公共政策中的主导作用。

随着我国经济实力的不断增强、市场经济机制的不断完善，客观上要求政府职能逐步向宏观调控与强化公共服务方面发展，因此制定符合我国实际的公共政策尤为重要。自然，作为公共政策之核心的政府采购政策而言，在实现全民的公共利益和履行政府的公共责任方面，其政策功能将会产生四个方面的影响。

（1）节省政府开支，提高行政管理水平

我国正处在市场经济全面转型的过渡时期，存在很多新老问题，诸如政府机构庞大、重复建设等历史包袱沉重的老问题，再加上基础设施投入、科技教育振兴、产业技术改造、环境保护以及建立社会保障制度等迫切需要解决的新问题。因此，在新的经济增长点尚未形成的情况下，从政府层面看，节省财政

---

① 张成福、党秀云：《公共管理学》，中国人民大学出版社 2002 年版，第 100～101 页。

支出,最大限度地发挥有限资金的使用效益,应当是各级财政面临的最突出问题。"政府消费"作为财政支出的重要的"一块"资源。如何"堵口"、"节流"、"防渗",自然是一个十分迫切而严峻的课题。

在传统的分散采购体制下,财政只从宏观上通过预算来安排各级政府的支出计划。划拨经费,各用款单位根据所需自行分散选购。由于在花钱办事阶段脱离监控,从而出现盲目采购、重复采购、随意采购以及购买质次价高或伪劣假冒产品等现象,甚至上当买废品等现象也时有发生,造成资金使用效益严重低下和惊人的浪费。根据我国20世纪80年代进口机电设备普查的资料显示,1984年至1988年5月全国共引进项目2万多个,用汇335亿美元,引进后未按期投产的项目占应投产项目的61.6%,究其原因,主要是当时的一对一的分散采购造成的。实施政府采购制度后,由于从财政资金的宏观分配到具体的花钱办事实行了全方位监控,所以减少了资金流通环节、提高了资金的使用效率,为国家节约了大量的财政资金。

(2)强化反腐倡廉,促进政治和谐

在经济体制转轨时期,我国的法制体系尚不完备,政府购买行为自然存在采购消费的"以私代公"意识与采购手段的"暗箱操作"模式。因此一些不良供应商抓住传统采购的弊端,大肆采用"回扣"、"折扣",请客送礼,变相贿赂等手段,争抢主顾,损公肥私,形成了我国当前经济生活中的一大痼疾。实施政府采购方式,使政府的各项采购活动都在公开、公平、公正、透明的环境中运作,形成财政、审计、供应商和社会公众等全方位参与监督的机制,使不法分子无机可乘,从源头上有效地遏制政府采购活动中的各种腐败现象。在改革开放新形势下,反腐倡廉不仅要靠道德教育,更重要的还需要制度创新,形成主、客观共同起作用的监督约束机制,增加监督效果。

(3)促进宏观调控,优化市场环境

实践证明,市场经济不可能自动保证国民经济的健康发展,需要政府适度的宏观调控与环境管理,因此政府按照市场规则将其财力运用于市场并影响市场以实现政府的既定宏观目标,形成政府采购政策的一个重要功能。

一般而言,政府采购政策调控的应用领域包括:第一,政府作为国家最大的消费者,其采购的数量、品种和频率,可以反映出财政政策的松与紧,对整个国民经济产生直接影响,并可以对国民经济的运行状况进行微调或显调。第二,为支持和扶持民族工业和中小企业,可以制定相应的政府采购政策,要求政府采购部门向重点企业或产业实施有倾向的采购,通过授予政府采购合同的方式直接体现政策偏好。当然,还可以在政府采购制度中渗入明确的产业政策导向,以市场信号引导企业调整产品结构和产业结构,起到间接调控的目的。例如,美国政府的《科技政策声明》,决定在今后几年内政府将耗资90亿美元,以政府采购的形式培育新产品市场,并对进行技术开发的企业实行减免65亿美元税收政策,将民用科研费用增加到占国内生产总值的3%。第三,在世界经济一体化的大气候下,通过建立符合国际规范的政府采购制度、制定鼓励"走出去战略"的政府采购政策,引导本国经济走向世界,参与国际竞争。我国企业可以进入其他国家的政府采购市场,其他国家的企业也可进入我国的政府采购市场,从而消除封闭所造成的政府采购货物、工程和服务质次价高的现象。总而言之,将政府采购政策与其他经济政策相结合,可以促进政府各项重大政策目标的实现,正如美国政府采购制度专家史蒂夫所说,政府采购的国际化可以取得"各种利益的微妙平衡及利益的均衡分享"。

(4)维护公平原则,维持市场秩序

市场经济是法制经济,市场竞争一定要体现公平有序的原则。政府作为市场上最大的"买家",由于其购买的品种多、数量大、频率高,历来是供应商角逐的主要对象。传统的采购方式是建立在计划经济体制上的,不存在平衡市场利益问题。在市场经济条件下,如果顺其自然发展,势必造成几家欢乐几家愁,造成市场主体之间的不正当竞争,引发市场秩序混乱。实行政府采购制度,由于其公开、公平的特性,为供应商提供了均等的机会,厂商只能在质量、配置、价格、服务等方面进行全方位竞争,进而促使商家在综合实力上下工夫。此外,国际通行的政府采购制度还有一项重要内容,就是严格考察供应商三年来是否依法纳税,是否有不正当竞争行为,考核供应商的高级管理人员是否有犯罪的记录,如有一项存在,该供应商都将被排斥在政府采购范围之外,这对于维护市场秩序、促进良性竞争同样起着不可低估的作用。

(5)辅佐公共支出管理,体现宏观政策效应

公共支出管理是国家管理经济的一个重要手段,而作为公共支出管理的一个重要环节的政府采购,又是政府支出政策的主要内容。一国政府可利用政府采购作为调解本国经济的重要手段。同时,通过弹性的政府采购计划,可以实

现保护民族工业、促进产业结构调整和优化、促进中小企业和落后地区发展、保护环境、支持技术创新、调控国民经济的运行以及保护弱势群体等的政策效果。

总之,政府采购能够有效地将政府的财政政策、货币政策、产业政策及社会发展计划的总体要求有机地结合起来并具体落到实处,从而具有重要的政策意义。

第二节　政府采购的政策类型

从政府采购行为的市场特征与公共性质角度出发,政府采购政策可以分为市场价值主导和公共利益主导两大类政策。

一、市场价值主导型的政府采购政策

在市场经济条件下,制定政府采购政策的主要思路应当是以市场价值为问题取向(Problem Oriented),也就是说,政府采购政策应当密切关注解决和改善市场中的社会经济问题,当然其前提是讲求效益。政策分析学者邓恩(Dunn,1994)告诉我们,对应用政治学者而言,政策分析中最关键的阶段是问题建构方法论(Problem Structuring Methodology)。从某种意义上说,政府采购政策可以称为问题分析之学(Science of Problem Analysis)。因此,制定政府采购政策,必须根据社会经济发展的规律,要以树立市场观念基础上的问题取向为思路进行。以市场价值为主导的政府采购政策类型包括:功能型政府采购政策、管理型政府采购政策和效益型政府采购政策。

1. 功能型政策

由于政府采购的对象是市场之中的各类工程、产品及劳务,所以该类政策是按照市场中的产业类型及产业组织划分的。例如,按产业部类划分,有软件业政府采购政策、医药行业政府采购政策、服务业政府采购政策和环保项目的采购政策等;按产业组织划分,有保护中小企业政府采购政策和军事组织政府采购政策等。

2. 管理型政策

管理型政策体现了政府采购管理上的特征,一般而言,政府采购的管理可划分为纵向管理与横向管理。政府采购的纵向管理是指政府采购过程的管理,

包括政府采购招投标政策、政府采购行为规范政策以及政府采购监督政策等;政府采购的横向管理是指按管辖的区域实施的管理,包括中央与地方的政府采购管理政策、国内与国外的政府采购管理政策以及国际组织的政府采购管理政策等。

3. 效益型政策

效益是市场价值的核心,自然也是政府采购政策的指导思路。注重效益为标准的政府采购政策包括有关政府采购项目评估的政策、有关设置与取消政府采购门槛的政策(考虑市场保护与开放的要求)以及为提高政府采购质量而制定的采购品质的标准与等级的政策等。

二、公共利益主导型政策

在现代社会,随着社会问题复杂性和公民需求的不断改变和多样性,政府制定的公共政策不仅数量庞大、名目繁多、形态各异,而且范围广泛,几乎涉及公共事务的所有方面。政府采购政策是公共政策的重要组成部分,所以应该具有所有公共政策的属性。参照公共政策的性质,可以对政府采购政策的类型做出基本的划分,大致包括管制性政府采购政策、自我管制性政府采购政策、分配性政府采购政策以及重分配性政府采购政策。

1. 管制性政府采购政策

管制性政府采购政策类型是指政府设定一致性的管制规划和规范,以指导政府机关和标的团体(Target Groups)从事某种采购活动和处理不同利益的政策。从博弈理论(Game Theory)的角度分析,此类政策属于"零和赛局"(Zero Sum Game)的政策。因为这种类型的政策执行,通常会使一方获利,而另一方失去利益。例如政府采购操作规程、促进国产软件发展的政府采购政策等。

2. 自我管制性政府采购政策

自我管制性政府采购政策是指政府并未设定严格的、一致性的管制规划和规范,而仅仅设定原则性的游戏规则,由各政府机关和标的团体自行决定采取何种行动,属于政府不加干预的采购政策类型。这是一种非零和赛局的政策类型,因政策的执行通常不至于牺牲其他标的团体的利益为其代价,也就是说没有利益上的排他性。

3. 分配性政府采购政策

分配性政府采购政策是指通过政府采购将利益、服务和成本以及义务分配给不同的政府机关和标的团体享受和承担的政策。此种政策基本上是一种非零和赛局(Non-Zero Sum Game)的政策,因为这类政策的执行,并不构成他方之所得建立在另一方所失的基础上,不具备义务和利益的排他性,基本上是"有福同享、有难共担"的政策。

4. 重分配性政府采购政策

重分配性政府采购政策是指政府将某一标的团体利益或义务,转移给另一标的团体享受或承担的政策。这种政策出现利益上的排他性,乃是一种零和赛局的政策。

第三节　政府采购政策的原则及其目标

众所周知,高效的政府采购活动需要正确的政策指导,基于政府采购的管理性、公开性、平等性、竞争性等特点,政府采购政策的基本要件是制定科学的政策原则与政策目标。当然,根据政策原则制定政策目标,还要依托较完善的政府采购立法,并将其"思想"融会于政府采购制度之中,最终达到预期效果。

一、政府采购政策的原则

政府采购政策原则是指为政府采购活动而设计的一般行为准则,其精神应贯穿于政府采购的各个方面,包括政府采购制度、政府采购的执行以及政府采购的政策目标等。可见,政府采购政策原则是制定与实现政府采购政策目标的重要保障。归纳分析国内外政府采购的理论与实践,政府采购政策的原则大致包括竞争、公开、公平、公正、效率以及物有所值等六个方面。

1. 竞争性原则

世界各国都将竞争性原则作为体现政府采购政策的一项重要原则。政府采购合同中一个重要的假设是竞争价格即合理价格,因为政府采购目标主要是通过促进供应商、承包商或服务提供商之间最大限度的竞争来实现的。通过竞争,政府采购机构就可以形成买方市场,从而实现最有利于买方的市场局面。公开竞争的理念是政府采购政策的核心。将竞争机制引入公共支出的使用过程中,符合纳税人对政府少花钱、多办事的愿望,同时提高政府采购活动的透明度,便于纳税人监督公共资金的分配和使用。

不仅如此,制定鼓励竞争的采购政策,可以促使投标人提供更好的商品、劳务、技术等,并且设法降低产品成本或投标报价,从而使用户可以以较低的价格采购到质量较高的商品,实现政府采购高效率的目标。

在政府采购过程中,只有采用有组织的、公开的、规范的竞争采购方式,才能充分体现政府采购的公开、公平、公正原则。政府采购的招标投标正是这种竞争方式的一种高级形式,因此成为各国政府采购中的首选方法。

2. 公开性原则

政府采购政策的公开性原则亦称为透明原则,指依据政府采购政策制定的有关政府采购的法律法规、政府采购的程序和采购活动都必须对社会公开。公开或透明是世界各国管理公共支出的一个重要特征,因为政府采购合同是采购机关使用纳税人的税款或其他公共专项资金签订的买卖合同,所以在采购中必须对纳税人及社会公众公开。

透明的采购方法和采购程序具有较科学的预测性,投标商可以计算出他们参加竞争的代价和风险,从而提出最有竞争力的价格;同时,透明的采购还有助于防止采购机关及其上级主管部门做出随意或不公正的行为或决定,从而增加潜在的投标人的信心。

公开性原则必须贯穿于政府采购政策的始终:首先,有关政府采购的法律和制度应当公布于众,并严格依法采购;其次,政府采购项目和合同条件都应采用公开性方式予以公示,采购人资格预审和评价投标的标准也应事先告知公众,并且严格按照公布的标准、条件进行评标、开标和授标;再次,在整个采购过程中,一切活动都必须有明确、真实的记录,以便公众和检察、监督机构的审查和监督;最后,为保证公开性原则的实现,政府采购机关要接受来自于投标方的质疑和询问,并对该质疑、询问进行真实的解答、说明。通过这些措施,使政府采购真正置于广大纳税人或其他公共投资者的监督之下。

3. 公平性原则

政府采购政策的公平性原则是保障所有参加竞争的投标商都能获得平等的竞争机会,并受到同等待遇,亦即政府采购部门应向所有符合条件的并有兴趣参加投标的供应商、承包商、服务商提供平等地参加竞争的机会。政府采购机构应一视同仁地向投标人提供相关信息,不得采取歧视性的策略;政府主管部门对所有参与政府采购的供应商资格审查和投标评价,应当采用同一标准;

政府采购机关必须向所有投标人提供无差异的并与其相一致的信息。

另外,在政府采购的法规中,公平性原则还体现在兼顾弱势利益主体方面。政府采购除了追求经济、高效的目标外,还要追求全社会共同进步、富足、繁荣的公共利益目标。在政府采购招标投标中,中小企业、少数民族企业以及边远地区企业往往处于市场竞争的弱势地位,如果按照程序公平原则,它们很难赢得投标,获取与政府签订采购合同的机会,出现所谓的"表面公平掩盖下的实际不公平"现象,因此政府采购制度中需要斟酌具体的采购项目,采取一些特殊措施,使弱小企业也能签订一部分政府采购合同,从而推动全社会经济的协调发展,以保证社会的公正。在完全自由的市场活动中,法律不可能强行要求强者一定要照顾弱者,但是市场的不完全性是客观的现实,所以我们完全可以在社会公共利益为重的活动中,通过政府采购这种以政府强制力干预经济生活,依法放弃自己的一部分利益去照顾弱者。特别在面对外国的企业或投资者以及国际政府采购市场的时候,制定适度的倾向性政府采购政策,适当采取一些保护与扶持措施也是国际上的通常做法。

4. 公正原则

政府采购政策的公正原则是建立在公开、公平基础之上的,只有在采购过程中保证公开和公平,才能保证采购结果的公正。政府采购公正原则主要由政府采购管理机关、执行机构和中介组织来执行。作为政府采购的管理机关,要保证政府采购规则在执行中不偏不倚、一视同仁;作为执行机构,必须对各供应商提出相同的供货标准和采购需求信息,对物品的验收要实事求是、客观公正;作为中介组织,要在开标和评标过程中贯彻公正原则。

5. 效率原则

政府采购政策的效率原则是指导政府采购活动追求经济与社会最佳效果的行动准则,其内容包括经济效率和管理效率两个方面。政府采购的经济效率原则要求:一方面,在市场资源配置起基础性作用的前提下,通过政府采购的行为,切实强化财政支出调控,有效提供公共产品,保持宏观经济稳定,实现经济结构优化调整,促进民族工业发展,实现市场机制与财政政策的最佳结合;另一方面,在政府采购的具体活动过程中,要节约财政资金,提高财政资金的使用效率。政府采购的管理效率原则在很大程度上是建立在公平原则基础上的,要求政府公开采购招标信息公示,适时、适量地购买物美价廉的商品和劳务,减少资金流转环节,控制财政支出和加强财政监督,提高管理效率。一般来说,采购成本越低,节约的财政资金比例越大,管理效率也就越高。

6. 物有所值原则

政府采购政策的物有所值原则是指所购买"物"的投入产出之比。所谓的"物的投入"不是指所购物品的现价,而是指物品的寿命周期成本,即所采购物品在有效使用周期内发生的一切费用减去残值的"成本价值",政府采购所追求的主要是寿命周期的成本最小而收益最大。所谓的"物的产出"是指政府采购所购买价值的"有用性"、"实用性"及"满意度",可以用经济指标也可以用社会性指标表达。一般而言,物有所值的这个"值"应是广义的,它不仅包含资金的使用效率和物品在使用过程中的满意程度,还应包括为国内产业发展提供的机会以及促进技术转让等。

二、政府采购政策的目标

由于政府采购活动的影响面很广泛,不仅涵盖经济领域而且涉及社会政治范畴,不仅在国内而且在国际范围也会产生作用,所以政府采购政策的目标必然呈现多层次与多角度的特点。一般而言,政府采购政策的目标可以概括为以下几个方面:

1. 经济性和有效性目标

经济性和有效性目标是指政府采购所购入的商品或劳务,要求做到规格适当、价格合理、品质合乎需要,也就是说,要用尽可能小的投入,获得尽可能大的产出。政府采购的经济性是指采购资金的节约和合理使用;政府采购有效性是指采购物品的质量要保证满足使用部门的要求,同时要注意采购的效率,要在合同规定的合理时间内完成招标采购任务,以满足使用部门的需求。因此说,追求经济性与有效性,理应成为有关政府部门在政府采购运营过程中所必须具备的基本要求。

由于政府采购资金来源的公共性,采购机构必须谨慎合理地使用采购资金,这就决定了它的最基本目标就是确保资源的有效利用,实现物有所值。又因为政府公共资金来源的有限性,决定了在政府采购中,不论是项目建设,还是政府机构日常开支,均应受到政府财政预算的约束,客观上需要将有限的资金用在急需和优先发展的地方。政府采购的经济性与非经济性特质的交融,客观上对政府采购的目标不易较好地且完整地把握,政府采购的不当,不仅达不到其预期的目的,而且可能导致宏观经济的失控和混乱。政府采购的经济性直接关系到采购资金的节约或浪费,对所有国家特别是资金短缺的发展中国家尤其重要;政府采购的有效性关系到政府行政管理及政府宏观调节的效率体现,如果因采购周期太长或延误采购而造成效率下降,如果因采购程序过于烦琐而迫使投标报价升高,必然会给社会经济带来直接或间接的损失。国际组织对政府采购的经济性与有效性尤其重视。世界银行在其贷款协议中规定:"确保任何一笔贷款款项只能为提供贷款的目的之用,并在使用时充分考虑经济性和效率性,而不应仅适应政治的或其他非经济性的影响或考虑。"《国际复兴开发银行贷款和国际开发协会贷款采购指南》认为:"在项目实施,包括有关的货物和工程采购中,必须注意经济性和效率性。"1979 年东京多边贸易谈判在日内瓦签订的 WTO《政府采购协议》也将其作为应促进的目标之一,试图通过政府采购中竞争范围的扩大、加强透明度和客观性,促进政府采购程序的经济性和效率性。欧盟的《公共指令》认为:"通过实现欧盟条约创设一个统一的内部市场,缔约国可以获得国际采购的比较价格利益,从而促进缔约国政府采购的经济有效性。"由此可见,国际政府采购规则将促进政府采购的经济有效性作为重要目标。因此,政府采购的经济性与有效性不仅非常重要而且其关联性很强,自然应当成为我国政府采购所要追求的首要政策目标。

2. 促进和协调国际贸易发展目标

协调和改善世界贸易的环境、促进国际贸易发展和自由化的目标,是国际政府采购规则所既定的目标。如 WTO 的《政府采购协议》认为:"通过建立一个有效的关于政府采购的法律、规则、程序和措施方面的权利和义务的多边框架,实现世界贸易的扩大化和更大程度的自由化,改善协调世界贸易运行的环境。"联合国贸发委的《政府采购示范法》中也认为,政府采购制度应促进和鼓励供应商和承包商参与采购过程,尤其是在适当的情况下促进和鼓励不论任何国籍的供应商和承包商的参与,从而促进国际贸易。OECD 的《公共指令》中也有促进欧盟区域贸易自由化目标的相关规定。

国际组织之所以将促进国际贸易作为其基本目标之一,一方面是由这些规则的性质决定的,另一方面是因为通过国际贸易的扩大,可以扩大投标商的竞争,从而使各贸易机构可以获得投标之比较价格的利益。我国作为发展中国家,进一步发展国际贸易与经济全球化进程中的经济长期发展战略是紧密相关的,因此我国应当将促进和协调国际贸易发展列为政府采购的政策框架。这一政策目标的履行与实现,不仅符合世界经济发展的大趋势,而且有利于我国对外贸易的发展。

3. 防腐倡廉目标

增强公众对政府采购制度的信心必须做到政府采购活动的廉洁,因此制定有效的防腐倡廉目标是政府采购政策的重要内容之一,有利于政府采购制度更加完善。

由于政府采购范围广、数量多以及金额大的特征,往往会对腐败行为有较大的诱惑作用。尽管每一级政府的物资和劳务采购均制定有一定的公开性规则,但由于采购规则的专业性以及公开程度的差异,一般公众,甚至相关官员对政府采购程序知之甚少,因而采购人员在自认为风险可控的情况下,使用种种方法来操纵结果,是完全可能的。在实践中,政府采购中的腐败问题具有广泛性和隐蔽性,显然是一个值得注意的问题。所以,政府采购的腐败动因具有现实客观性,仅仅靠政府采购人员的自律是远远不够的,显然对政府采购行为的规范,需要一套有针对性的政府采购政策。

从社会与政治层面而言,如果在政府采购过程中实现廉洁目标,一定有助于提高公众对政府采购机构及有关方面的信任程度,有助于使公众信任采购过程,信任政府部门,获得政治与经济的发展和谐。只有建立了这种信任关系,大量潜在的守法供应商将会更加积极地参与政府组织的采购活动,进而实现采购的经济性和有效性。

对于政府采购中腐败问题的处理,主要从防范与治理两方面入手。所以防腐倡廉的政府采购政策应以此两方面为目标,一方面要增强政府采购的公开、公平原则,使政府采购过程处于公众的监督之下;另一方面要在政府采购立法中增加惩罚欺诈行为和行贿受贿的条款。

4. 鼓励竞争目标

在市场经济条件下,政府的经济行为不可能游离于市场之外,必然要受到市场竞争规律的影响,只有竞争才能使政府采购的价格降低,购买之商品或劳务的质量得以提高。

在政府采购活动之初,鼓励竞争的方式可以使所有有能力的潜在供应商均能参与投标,提出要约,这就需要让所有潜在的供应商知悉政府采购的信息。公开政府采购信息的主要方式有两个:一是法律强制采购部门提前公开其需求;二是建立一个专门负责提供政府采购信息的机构,通过定期发布采购公报、向公众提供咨询意见等方式履行其职责。在政府采购活动之中,鼓励竞争的方式主要包括两个方面:一是制定统一的评估标准,对中标供应商实施标准化的管理;二是制定政策性的区别对待规则,根据"物有所值"原则,有重点地保护民族产业、扶持中小企业以及培育自主创新。

5. 扶持民族产业目标

各国政府都通过政府采购合同来管理本国市场,最终目的是发展本国的经济。为了本国经济的发展甚至国家的经济安全,在符合国际准则条件下,需要通过政府采购的购买国货政策,积极支持本国的商品、劳务、技术、工程等的发展,尤其是对那些暂时缺乏竞争力而对国计民生非常重要的产业。在此问题上,发达国家比发展中国家更积极。美国政府通过政府采购立法直接干预国内经济的最明显见证莫如《美国产品购买法》,因为它确立了美国产品在政府采购中的优先地位。

6. 其他社会经济目标

许多国家在促进技术转让和推广、优化本国进口产品的结构、环境保护、改善贸易平衡状况以及节省外汇等方面均程度不等地纳入本国政府采购政策的目标。美国联邦政府采购还将实现公共利益作为它的基本使命。例如,通过将政府采购合同的一部分授予小型企业以维护和保护小企业的基本利益;将政府采购政策向劳动力剩余地区的公司倾斜,达到实现充分就业的目标;有时政府向有资质困难但具有发展潜质的企业给予一定的采购订单,目的是协助它们跨越起步的困境。

第四节　政府采购政策的评估标准

政府采购政策的效果涉及如何评估的问题,政府采购政策的评估必须要有一套科学的评估标准。政府采购政策评估的标准乃是评估政策结果(Outcome)的特殊规则或标准,此处所谓的政策结果包括政策产出(Policy Output)与政策影响(Policy Impact)。"政策产出"是指政策覆盖的人口或受益者接受政府给予的财货、服务或资源;"政策影响"是指政策执行以后造成的有形与无形、预期与非预期的实际情况的改变。

虽然政府采购政策的具体性和差异性特征,其政策评估的具体标准和指标可能不尽相同,但从一般意义而言,所有政府采购政策的目标必须体现政府意图与公共利益的要求,因此具有明显的一致性特点。根据政府采购政策履行的不同需要,可以归纳出六种政府采购政策的评估标准,即效能性(Effectiveness)标准、效率性(Efficiency)标准、充分性(Adequacy)标准、公正性(Equity)标准、回应性(Responsiveness)标准和适应性(Appropriateness)标准,并形成一个以政府采购市场价值链为对象的政府采购政策评估体系。

一、效能性评估标准

政府采购评估的效能标准是指某项政府采购政策达到预期结果或影响的程度,换句话说,也就是将政策的实际效果与政策的预期水准相比较,目的是了解政府采购政策是否产生所期望的结果或影响。政府采购政策的效能标准所涉及的含义并非单纯看采购政策是否按原计划执行,而是看政策执行后是否对政策环境产生期望的结果或影响。

按照效能标准设计的政府采购政策评估模型——目标获取模型,将政府采购政策目标作为评估时所持的唯一标准。政府采购政策评估主要考察两个层次的效能标准的内涵内容:第一层次考察的是关于政府采购政策是在目标领域内取得的结果,第二层次主要考察所观察到的政策成果进行评估与优劣鉴别。政府采购政策具有经济、政治、社会等领域的多重目标,因而按照效能标准评估政府采购政策,具体了解既定政策目标的实现程度以及这些成果与政府采购之间的因果关系。

政府采购政策效能,是一个关于预期效能和现实效能的函数,是多重目标x_i函数,即 $U = U(U_e, U_r)$。 (3.1)

式中,U是政府采购政策效能;U_e是关于m个预期效能目标x_{ei}的函数,即:$U_e = U_e(x_{e1}, x_{e2}, \cdots, x_{em})$;$U_r$是关于$n$个现实效能目标$x_{ri}$的函数,即:$U_r = U_r(x_{r1}, x_{r2}, \cdots, x_{rn})$。

需要说明的是预期效能目标x_{ei}与现实效能目标x_{ri}在种类和数量上可能并不一致,亦即预期效能目标可能在现实中并没有发生,而原先没有预期到的政策效能也有可能发生。

在现实的评估操作中,可以按照离散处理的办法,对政府采购政策的效能进行评估,即:设定预期效能 U_e 满分均值设为1,并且按照重要性对 m 个预期效能目标 x_{ei} 赋予相应的权数,即设定 m 个预期效能目标的满分数。

再令 $X = (x_{e1}, x_{e2}, \cdots, x_{em}) \cup (x_{r1}, x_{r2}, \cdots, x_{rn}) = (x_1, x_2, \cdots, x_k)$

对于 X 中的效能目标进行配权:属于预期效能目标的,保持原先的权数;不属于预期目标的,根据重要程度,赋予新的权数。这样 X 中效能目标的权数总和可能大于1。

根据实际情况,对 k 个效能目标进行评估(打分),再按照既定的权数进行加总可得到:

$$U_r = \sum_{1}^{k} a_i u_{rk} \tag{3.2}$$

将 U_r 与 $U_e(U_e = 1)$ 比较,衡量政府采购政策的整体效能。当然,也可以按效能标准对政府采购政策进行单目标评估。

政府采购政策的效能评估,考察的是政策目标实现的结果存在与否。在实际的操作中,政策的效能评估,往往并不是简单易行的,如果目标的实现程度不容易观察,或者所出现的结果与政策的相关度不大,抑或是多重目标之间具有冲突性的时候,那么按照效能标准进行的政策评估就会更加复杂与困难。

二、效率性评估标准

政府采购评估的效率标准是指采购政策的结果(政策产出)与采购政策的代价(政策成本)间的比例关系,通常以每单位成本所产生的价值最大化或每单位产品所需成本最小化为评估基础。政府采购评估的效率标准可分为两大类,即技术性效率标准和经济性效率标准。政府采购政策评估的技术性效率标准,是以最小努力或成本完成某项活动或产品,亦即在成本受限制的情况下,寻求政策期望影响最大化;政府采购政策评估的经济性效率标准是指政府采购政策整体成本与整体利益间的关系,包括间接成本及其所有的影响在内,着重于对政府资源的分配及使用结果的考察,并力求获得最大化的满足度。从宏观与微观角度观察,技术效率主要是指政府采购政策执行机构的内部运作效率;经济效率则是指政府采购政策动用的全部资源是否达到最有效的配置和使用。

因此,政府采购政策的效率标准评估,实际上就是"成本—收益"的评估方法。政府采购政策的净效用 U,可以用总收益($\sum R_m$)和总成本($\sum C_n$)的比较差来衡量,即:

$$U_{\max} = \sum R_m - \sum C_n \tag{3.3}$$

$$s.t.\ R_1, R_2, \cdots, R_m > 0$$

$$C_1, C_2, \cdots, C_n > 0$$

成本 C_n 包括政府采购政策的研究成本、制定成本、实施成本、监督成本等;收益 R_m 包括政府采购政策的直接收益(公共资金的节约部分)以及间接收益(经济增长、就业增加、价格稳定、国际市场的开拓、政治制度的改进等)。政府采购政策的成本是多方面的,收益也是多方面的,而且许多成本与收益(产出)并不是可以轻易通过具体的数量进行描述的,因此,按照效率标准、运用"成本—收益"方法评估政府采购政策时,成本与收益包含的范围越宽,评估的难度就越大。正是由于这方面的困难,我国现行的效率标准评估,大多仅限于资金节约率的简单考核。

三、充分性评估标准

政府采购政策评估的充分标准是指采购政策目标的完成程度情况。虽然有的时候政府采购政策目标的设定,是为了解决可预见的所有问题,但由于各种因素(包括主观与不可预测因素)的限制,政策执行的结果,可能因政策目标的缩减或政策执行的调整,与政策预期的目标相去甚远,因此就形成政策履行的非充分状态。客观而言,虽然政府采购政策在解决预期问题或满足公众需求方面的非充分性实现是不可避免的,但是追求政府采购政策的充分满足必须是我们永恒的目标。所以,以政府采购政策实施结果的充分与否为标准,衡量政府采购政策所产生的期望影响之程度,可以及时发现政策缺口,有利于保障政府采购政策履行的有效性与完整性。

政府采购政策评估中的充分标准,实际上是效能标准的延伸。在效能标准下,政府采购政策评估的重点在于,政府采购政策效果有哪些,是否与预期目标一致;而在充分标准下,政府采购政策评估的重点在于,政府采购政策预期目标的实现程度,存在差距的原因是什么。需要说明的是,按照效能标准对政府采购政策进行评估,可能出现一种情况,即现实的结果并不是原先预期的目标,而预期目标可能并没有在现实中出现;而按照充分性标准对政府采购政策进行评估,只是衡量预期目标的实现程度。

政府采购政策充分性评估与效能评估在方法上类似,但在内容上有区别,政府采购政策的充分性评估只是对预期目标的实现程度进行衡量,而不必考虑非预期效能的状况,所以政府采购政策充分性指标(E)只应是 m 个预期效能目标 x_{ei} 的函数,其表达式为:

$$E = E(x_{e1}, x_{e2}, \cdots, x_{em})　　　　　　　　　　(3.4)$$

在现实的评估操作中,同样可以按照配权加总的方法进行衡量,即:

$$E = \sum a_i u_i　　　　　　　　　　　　　(3.5)$$

式中,u_i 为第 i 个预期目标 x_{ei} 实现充分性的分值,a_i 为第 i 个预期目标 x_{ei} 实现充分性的分值的权数,且 $\sum a_i = 1$。

由于政府采购政策目标的多重性,因此在充分标准下的政府采购政策评估,既可以单目标评估,也可以多目标评估,当然多目标评估是建立在单个目标评估基础上的。单个目标实现程度的定量分析,类似于经济研究中的实证分析,根据政府采购政策,对相关政策目标的实现程度进行实证分析,并将实现目标与预期目标进行比较分析,获得单个目标实现的充分程度。如果扩展到多重目标分析,则首先需要对多个目标进行权数分配,再将单个目标实现的充分程度进行加权平均。

四、公正性标准

政府采购政策评估的公正标准是指采购政策执行后与该政策有关的社会上资源、利益及成本公正配置的程度。毫无疑问,政府采购政策会影响到社会经济资源的公平与合理的配置,如果政府采购的某项政策虽然符合效能、效率、充分的标准,但在社会资源方面却造成或引起较严重的不公正分配,必然会引发社会经济的矛盾冲突,所以其不能算是完全有效的或成功的政府采购政策。政府采购政策评估公正标准的理论依据是"帕累托准则",即以谋求社会的福利最大化为目标,所以其政策的果实不可能是完全均等地落实到社会上的每一个人、每一个团体。

　　从理论上讲,政府采购政策的公正性,受政策制定者、执行者、参与者、社会公众、社会政治经济整体环境、法律制度等因素的影响,因此,政府采购政策的公正程度(A)也是一个关于社会、政治和经济等多方面因素 x_i 的函数:

$$A = A(x_1, x_2, \cdots, x_n)$$　　　　　　　　　　(3.6)

　　在影响政府采购政策公正性的诸多因素中,有关社会、政治因素并不能够简单地进行量化,从而导致政府采购政策公正性并不能够直接得以衡量。在实际评估操作中,运用公正标准对政府采购政策进行评估,可以借鉴相关利益人模型(Stakeholder Model)。该模型的立意思想是将政府采购的各利益方视为"股份持有者",他们均有权评价政府采购的公正性,自然构成政策公正函数的"变量"。在政府采购政策的公正性评估中,其内涵应该包括政府采购政策的制定者和执行者、政府采购活动的参加单位、组织和个人,甚至应该包括普通的社会公众代表,利益相关人在一定的组织程序下,对政府采购政策的公正程度进行打分,最终得到一个大家认可的评价。

　　相关利益人模型的优点在于,多方的利益相关人参与公正性的评估,有助于克服专门评估者专业知识狭隘的弊端,在更大的范围内真实地反映政策执行情况。假定政府采购政策的公正程度为 A,则是每一个利益相关人对该项政策公正程度 S 的加权平均,即:

$$A = \sum a_i S_i$$　　　　　　　　　　　　(3.7)

式中,S_i 是第 i 个相关利益人对政府采购政策公正性的评估,a_i 是第 i 个相关利益人对政府采购政策公正性的评估所占的权数,且 $\sum a_i = 1$。

　　当然,利益相关人模型也存在弊端。在政府采购政策执行过程中,涉及的利益是多方的,因而利益相关者也是多方的,由于多方的参与,导致了评估成本的增加。不仅如此,由于众多利益相关人之间存在立场、角度的差异,可能导致评估观点的巨大差距甚至相悖。

五、回应性标准

　　政府采购政策评估的回应性标准是指采购政策执行结果满足标的团体的需求、偏好或价值的程度。此标准反映了政府采购执行组织系统中来自于供给方角度的反馈,体现出政府采购市场主体的价值观念,对政府采购市场机制的建设与完善意义重大。假定某一项采购政策符合其他所有的标准,唯独未能充分满足那些受政策影响的标的团体的需求,自然也就是不符合政策回应性标准,故此项政府采购政策及其执行一定是有缺陷的,严重者可视为失败的政策。如果说前四项政策评估标准主要反映的是政府(即政府采购市场上的需求方)的价值取向,那么回应性标准则反映了政府采购供应方的价值取向。

供应方对政府采购政策执行结果的满意程度(U)是关于政府采购市场每个供应者满意程度 u_i 的函数,即:

$$U = U(u_1, u_2, \cdots, u_n) \tag{3.8}$$

在实际的评估过程中,依旧可以采取加权平均的方法,按照回应性标准对政府采购政策进行评估。具体操作程序可以分三个步骤进行:第一,将有关政府采购政策进行分解,划分成若干方面,对每一方面均设计出可供选择的衡量满意程度高低的分值;第二,采取问卷或采访等形式向各个供应方征求意见,按照设定的评估内容对政府采购政策进行满意程度打分;第三,按照既定的权数对满意程度进行加权汇总,得出整个政府采购政策执行的供应方满意度,即:$U = \sum a_i U_i$,式中,U_i 为政府采购政策的第 i 项评估内容的供应方满意程度,a_i 为政府采购政策的第 i 项评估内容的供应方满意程度的权数,且 $\sum a_i = 1$ 。

六、适当性标准

政府采购政策评估的适当性标准是指对采购政策目标的相对价值以及社会是否合适以及这些目标所根据的假设条件的妥当及适宜评价。当其他的标准均以"目标"视为理所当然可加以接受时,似乎政府采购政策的评估只需要按"标准"对号入座即可。其实不然,由于政府采购政策的社会性与公共性特征,不存在政策实施的单一性结果,因此我们在进行政府采购政策评估时,要按照"适当性"标准多问几个为什么。例如,是否这些目标就社会而言是恰当的? 是否存在此目标较彼目标更优的方案? 如果政府采购政策的目标不恰当,即使政策执行结果达到效能性、效率性、充分性、公正性及回应性的标准要求,仍然被视为失败的政策,所以,适当性标准体现出实事求是的原则。

七、政府采购政策评估的指标体系

目前,我国政府采购政策绩效的考评指标一般仅限于资金节约额和资金节约率,这种考评指标存在很大的局限性。对政府采购政策绩效考评应以计算科学化、指标多样化、项目层次化以及定性与定量相结合为原则,从项目立项、采购实施、采购结果和使用效果对政府采购的经济性、效率性和效果性进行综合考评。要在政府采购实践中对政府采购政策进行评估,有必要建立具体的评估指标体系。依据前面的评估标准,我们将从政府采购政策绩效的三个层面构建政策评估的指标体系:首先按照国家社会经济全局层面的要求,将政府采购政策划分为宏观和微观两个方面(一级指标);根据不同方面的政策范围要求,将政府采购政策按功能划分出二级指标,例如发展水平、经济效益、社会效益、廉洁程度、采购机构管理、供应商和采购实体的反应等多个方面;在不同的功能政策指标下,具体列出一系列可计量的或可评估的考核指标(三级指标)。政府采购政策评估指标体系的大致描述见表3—1。

表3—1 政府采购政策评估指标体系

一级指标	二级指标	三级指标
宏观政策	发展水平	年度政府采购占 GDP 的比重 年度政府采购占财政支出的比重 政府采购增长率 年度货物类政府采购占政府采购支出的比重 年度工程类政府采购占政府采购支出的比重 年度服务类政府采购占政府采购支出的比重 年度政府采购集中采购率 电子化政府采购占政府采购的比重 电子化政府采购增长率
	发展潜力	与预算相比年度政府采购节约率 大学以上文化程度人员占政府采购人员的比重 年度政府采购人员人均培训时间 年度政府采购人员培训率
	社会效益	年度对中小企业采购占政府采购的比重 年度对中小企业采购的增长率 年度对绿色产品采购占政府采购的比重 年度对绿色产品采购的增长率 年度对国货采购占政府采购的比重 年度对落后地区企业采购占政府采购的比重 年度对落后地区企业采购的增长率 年度对自主创新产品采购占同类政府采购的比重 年度对自主创新产品采购的增长率

续表

一级指标	二级指标	三级指标
宏观政策	廉洁程度	年度政府采购公开招标率 年度政府采购公开招标公告发布率 年度政府采购腐败案件涉案金额 年度政府采购腐败案件涉案额占政府采购额的比重 年度政府采购投诉率
微观政策	经济效益	与市场价格相比年度政府采购节约率 单位采购额的采购交易成本 年度政府采购人员人均采购经费支出额 年度政府采购人员人均采购额
	相关利益方的反应	年度政府采购供应商满意度 年度政府采购供应商投诉件数占政府采购合同总件数的比重 年度政府采购实体满意度

第五节　政府采购政策的物质与制度基础

政府采购虽然是实现财政支出的方式之一,但因其覆盖面广、利益关系清晰的特征,所产生的政策效果是其他财政支出手段所不能替代的。当然,政府采购政策的落实,需要具备一定的物质与制度的基础,换言之,制定和落实政府采购政策,首先应当为其创造一些基本的条件与环境。

发挥政府采购政策的作用,一般需要具备三个基础条件与环境,即物质基础、法规基础和组织基础。

一、物质基础条件

政府采购政策的物质基础主要是指具有足够量的政府采购额度,唯有如此,政府采购政策的影响力才可能得到较充分的发挥。根据国际经验,一国政府采购的总量在达到约占财政支出 30%、社会销售额的 20% 和 GDP 的 10% 左右时,方可为政府采购政策的实施营造出必要的活动空间并增强有效的调控强度。

我国目前的政府采购政策的物质基础还很薄弱,2006 年全年的政府采购总额达 3680 亿元,分别占当年财政支出、社会消费品零售总额以及 GDP 的

9.15%、4.82%和1.76%。在今后若干年内,我们应当采取措施进一步扩大政府采购规模。首先,要扩大现有的政府采购范围,将行政机关、事业单位和团体组织的办公用品全部纳入政府采购的范围;其次,要严格框定财政资金使用途径,不仅要求财政购买性资金的采购项目实行政府采购,而且对使用财政资金拼盘项目的采购以及财政预算外资金的采购,逐步纳入政府采购的范畴;最后,拓展政府采购的领域,尽快将政府工程项目和政府的服务性项目全部纳入政府采购范围。

二、法规基础环境

政府采购政策的法规基础是指与政府采购基本法相对应的和相配套的法规体系,只有奠定完善的法规体系,才可以提高政府采购政策执行的水平,将政府采购政策的各项功能实施落到实处。虽然我国《政府采购法》已颁布实施,但其《政府采购法实施细则》法案尚未跟上,造成政府采购具体活动以及政策的落实无章可循。由于政府采购制度具有较强的规范性,因此制定对其运作全过程的系统性规则尤为重要,如政府采购招标管理法、政府采购非公开招标采购方式管理法、政府采购信息管理条例、政府采购机构考核及供应商资格管理法、供应商投诉管理法、政府采购管理与执行协调监督法、政府采购代理机构认定及管理法等。

政府采购不仅是财政支出管理的一项活动,而且是执行政府宏观政策的一项有效的工具,因此政府采购政策的履行,还需要一些相关法规予以配合。为达到政府采购政策的最佳效果,还需要制定和完善一些配套法规,如《国家安全法》、《反垄断法》、《环境保护法》、《行政执行法》、《中小企业促进法》等。

三、组织基础条件

政府采购政策的组织基础是指制定和履行政府采购政策的组织结构及其机构职能的划分。政府采购的组织结构包含三个层次,即政策制定组织、采购监督组织和采购运行组织。制定政府采购政策的机构应由相关的政府宏观决策部门协同组成,其主要职能是,拟就政府采购以及与之相关的法规议案、制定政府采购的市场规则、协调政府部门以及各地区之间有关政府采购的政策关系等。

很多国家均设有专门的政府采购政策组织,例如,美国的"联邦政府采购政策办公室(OFPP)"、菲律宾的"政府采购政策局(GPPB)"。我国的政府采购尚未设立独立的政策组织,涉及的有关政府采购的政策问题目前大多是由财政部门在处理,随着我国政府采购事业的发展,这种现状显然跟不上形势发展的需要,所以成立由相关政府部门领导组成的政府采购政策主管机构是非常必要的。政府采购监督组织是政府采购政策顺利实施的制度保障,其目的是保护政府采购活动的行为规范,维护政府采购买卖双方的合法权益等。日本在履行该职能时,基本是采取统一监管的模式,专门设立"政府采购检查办公厅"和"政府采购检查委员会",其业务上隶属于首相办公室,行政上隶属于经济计划署。美国采用的是条块分割监管模式,除了各地方设有专门的监督机构外,联邦设置"总会计办公室",负责处理较大标的或影响较大的政府采购申述和监督。

政府采购运行组织包括管理和执行两个层面的机构。政府采购管理组织应由政府行政机构担当(一般由财政部门负责),其职能主要有制订采购计划、管理采购资金、监督采购过程等;政府采购执行组织应当由社会中介机构担当,其主要职能是发布采购信息、提供政策与技术咨询、以招投标或其他方式为采购双方提供交易平台、受托相关采购管理及申述事宜等。我国当务之急要改变现行的政府组织包揽政府采购的行政管理与具体经营为一体的状况,结合行政体制改革,将与政府采购有关的行政机构与执行机构的组织结构进行科学调整,在此基础上明晰各自的职能,做到各司其职、各尽其能、各负其责。

第六节　政府采购政策的功能界定

政府采购不仅是一项优化财政支出的重要手段,而且是财政政策的重要组成部分。在我国政治经济深化改革以及对外开放力度加强的大背景下,伴随着政府采购数量的增长,政府采购将会对我国的政治与经济运行产生深远的影响,因此制定政府采购政策的关键是对政府采购政策的功能界定。只有明晰政府采购政策的辐射领域与范围,才能发挥出政府采购政策的最佳效应。

我国及国际政府采购实践的经验表明,政府采购政策的功能运行范围主要包括政治、经济及国际领域。

一、政治领域的政策功能

政府采购政策在保障国家安全、治理行政腐败和合理权益配置等政治领域具有较强的功能效应。

1. 国家安全

国家安全问题在一定程度上取决于保障安全的物质基础,包括安全维护所需的必要物资和技术条件,在市场经济前提下,这些条件的满足主要是通过政府采购渠道获得的。"国家安全"是一项特殊的公共物品,具有品质的有效性和效用的内敛性,一方面需要通过对外的政府采购以寻觅其高性能产品,提高维护国家利益的安全系数;另一方面国家安全是内部事务,需要保护国内政府采购市场不外溢,使得国家安全的责任和权益高度一致。所以我们可以通过制定开放与保护相结合的政府采购政策,鼓励采购部门采用公开招标的方式,择优购买维护国家安全的关键技术和高科技产品,而对有关军事设施和一般战略物资等的政府采购,可以采用定点采购与有限招标的政策,以保障国家安全构架的稳固。

2. 治理腐败

行政腐败是制约我国政治经济体制改革的重大问题,治理行政腐败不仅需要运用党纪国法的严厉制裁,而且需要从经济源头加以杜绝。大量的案例表明,政府购买过程中的钱权交易是滋生行政腐败的主要形式,因此,在实现政府采购市场制度化与公开化的基础上,通过政府采购政策,可以促进政府采购主体的行为规范,有效地、及时地铲除行政腐败的幼苗。杜绝行政腐败的政策宗旨是:明晰和公开政府采购的程序与方法,使得政府采购的运行始终处于"阳光"之下。行政腐败包括谋取个人利益的职务腐败、维护利益集团的机构腐败以及保护地方利益的组织腐败等。防范职务腐败,可以采取两条政策线予以控制:一是根据职务的等级与性质,相应进行政府采购的权限的划分;二是设立纵横向的职务监督网络,一方面通过行政授权以实施上下级间的职务监督,另一方面利用市场经济原则来实现政府采购主体间的业务监督。由于机构腐败不以追逐个人利益为目的,更具欺骗性,因此只有通过制定相应的政策措施,才能够有效地治理政府采购的机构腐败问题。防范机构腐败的政策要旨是:首先要切断与政府采购有关的各利益集团的利益纽带关系,在公平、公正的原则下,规范他们的利益博弈关系;其次要按照政府采购专业化的程序,去设置各采购机构的职能,不仅可以提高工作效率,并且还可以防止因权力过于集中而滋生出的利益截留现象。组织腐败是指地方或产业行政组织为了自身的利益,通过各种行政手段,将政府采购活动画地为牢,人为地形成生产要素最佳配置的流动性桎梏。但是由于地方和产业发展的不均衡,适当的政府采购保护政策显然有利于区域经济的协调发展,因此把握好有关政府采购的保护与开放的政策界限是防范组织腐败的基本宗旨。

3. 权益配置

权益配置是否合理是我国经济与政治体制改革的核心问题,而政府部门的权益核心又主要取决于对相关的物资及资金的拥有权和处置权,政府采购显然是经济与行政权益配置的物质主体,同时公正合理的权益配置必须置于全民的监督之中。政府采购的权益大体包括政府采购计划权、政府采购资金使用权、政府采购招投标权、政府采购行政监督与稽查权等。政府采购权限的合理划分,有利于我国政府机构的职能定位和转变;政府采购活动的公开与透明,可以形成有效的社会监督体系,保证我国行政机关的高效率运行。

二、经济领域的政策功能

一般而言,由于政府采购的数额十分巨大、品种十分繁杂,所以必然会对经济活动产生一定的影响,从宏观角度而言,这种影响主要涉及经济增长、经济结构和区域均衡等领域。如果我们制定一套合理的政府采购政策,那么对促进良性经济增长、优化经济结构以及调整区域均衡,必将产生积极的作用。

1. 经济增长

根据国民经济发展的状况,在国家宏观经济政策的指导下,通过政府采购的总量调节,可以直接调升或调减其投资规模,同时还可以诱导社会性投资同方向、成比例的变化。由于政府采购的适度分权,因此就各级政府而言,理论和实际上均存在对部门经济增长和区域经济增长的调节空间。在我国经济增长模式仍然是以投资推动为主导的背景下,随着政府采购规模的不断扩大,结合财政政策的导向,制定符合国情的政府采购政策,无疑可以增强政府对经济增长调控的有效性和可操作性。

2. 经济结构

政府采购不仅与经济总量有关联,而且会对经济结构产生影响,包括市场供求结构、产业结构以及分配结构等。根据宏观经济的走势,政府采购作为一项政策工具,政府完全可以利用其庞大的采购规模和采购网络,通过对政府采购的购买量调整,直接增加或减少社会需求总量,促进市场总供求的平衡。当市场总供给大于总需求时,可以扩大政府采购规模,提高市场总需求水平;反之,当市场总供给小于总需求时,政府则可以缩减政府采购规模,增强市场供给能力。由于政府采购决策意志的高度集中性特点,政府自然成为消费市场的最大的买家,因此,与国家产业政策主旨相一致的政府采购流向,必然能够影响国民经济的产业结构和产品结构。政府采购属财政购买性支付,在解决收入分配瓶颈问题方面,虽然不如财政转移性支付所产生的效应来得直观,但可以产生效用集聚的作用,使得财政受益者得到必要的基本援助,能够较好地实现"物有所值"的目标。美国的"食品券"计划,就是政府通过直接采购,向赤贫阶层提供食物,以解决其基本生计问题。中国有些地方实施的"购买就业"和"购买培训"等方案,通过政府购买工作岗位和培训课程,向低收入者免费或低价提供。

3. 区域均衡

树立科学发展观的重要理念之一是实现区域均衡。国内外的实践证明,单纯依靠自由市场机制,不仅不能消除地区发展差异,而且还可能扩大这一差距;凭借行政干预(例政府直接投资),投资效益低下和投资项目重构的制度性障碍不可能消除。将政府行为与市场工具相结合,可以较好地解决区域经济发展不均衡的问题。政府采购即是一项利用市场机制从事财政投资的手段,政府可以通过制定具有一定政策导向的政府采购政策,有意识地增加对经济落后地区的政府采购量,以刺激该地区的生产规模,带动该地区经济的整体攀升,最终达到促进区域经济的均衡健康发展,并保证社会秩序的长久稳定。但是,在区域经济发展极不平衡的现阶段,要防止地方政府采购政策的极端化倾向,即利用政府采购构筑地方保护的壁垒。

三、国际领域的政策功能

在我国,政府采购融入国际市场的进程正日益加快,我国政府已经向亚太经合组织做出加入其政府采购协议的承诺,关于我国加入 WTO 政府采购协议的工作也已于 2008 年开始进入谈判阶段。这对于我国政府采购市场发展而言,既是机遇也是挑战。"机遇"体现于我们将面对巨大的国际政府采购市场,可以进一步拓展对外贸易的发展空间;"挑战"意味着我们将面临大批国外供应商涌入国内政府采购市场,增大国内企业的竞争压力。所以,我们需要制定一套激励国际市场开拓、适度国内市场保护的政府采购政策,当然在此过程中,主动参与国际间的政策沟通也是必不可少的。

1. 开拓国际市场

国际政府采购市场包括国际组织和外国政府等市场,对于我国的供应商而言,是一个过去基本没有涉及的全新市场,因此在进入该市场的意识、组织以及方法等方面,亟待政府政策的辅导和帮助。树立企业参与国际政府采购市场的意识,一方面要帮助企业了解国内和国际政府采购的政策与制度;另一方面制定有关配套政策,鼓励企业积极主动地参与国际政府采购市场的竞争。开拓国际政府采购市场,不仅需要供应商的积极参与,而且需要高效的中介服务组织,通过制定相关的政府采购组织政策,力求形成专业化的分工协作机制,提高开发国际政府采购市场的效率。

2. 适度保护国内市场

政府采购市场的适度保护是发展中国家在对外开放过程中的必要措施,根据 WTO 的规则,我国的进口关税水平,在今后若干年内将下降到极限,因此非关税保护将会逐步取而代之,其中政府采购即是重要的非关税壁垒之一。按照国际惯例,我们完全可以凭借国家安全及经济欠发达为依据,制定一些具有保护性的政府采购政策及相关的国内配套政策(类似美国的《购买本国产品法》),在国际贸易中,这是保护本国政府采购市场的一个合理、合法的手段。

3. 协调国际经贸关系

无论是大力发展政府采购的国际市场,还是适度保护政府采购的国内市场,均需要通过国际间的政府采购政策沟通与协调,否则极易引发政府间的

"贸易战"（与一般贸易相比较而言）。政府采购政策的国际协调可以从两个角度去考虑，一是围绕国际性政府采购规则的政策协调，二是以国内政府采购规则为中心的政策协调。前者的政策思路是：以既定的国际政府采购制度为核心，制定相应的国内政府采购政策与之相配合，形成良好的国际政府采购关系，当然前提是积极参与有关国际政府采购协议的双边和多边的政策磋商，形成对我国有利的国际政策环境。后者的政策思路是：以国内政府采购制度为中心，使得国际政府采购的政策导向与之并轨；或者在相关领域内，形成不受国际政府采购规则制约的"以我为主"的市场空间。

第七节　政府采购政策功能实现的理论基础

一、政府采购政策功能实现的必要性

1. 政府采购政策功能的社会利益

（1）自主创新的公共利益

毋庸置疑，技术创新在其获得经济效益的同时，必然会产生巨大的并且显著的社会效益。企业技术创新不但能提高产品质量，增加产品性能，降低产品成本，提高企业竞争力，获得丰厚的利润率，而且能降低整个社会生产成本，激发进一步创新，促进社会发展，所以企业技术创新的外部性相当显著。Edwin Mansfield(1977)曾对美国17个创新进行深入分析（见表3—2），得出技术创新的平均社会收益为56%，而平均私人收益为25%，社会收益超过了创新者私人收益的两倍。1989年美国《总统经济报告》也认为研发活动的社会收益率约为私人收益率的两倍。

表3—2　创新项目的社会和私人收益率

创新项目	社会收益率（%）	私人收益率（%）
原料金属创新	17	18
工具机创新	83	35
控制系统构件	29	7
建筑材料	96	9
钻井材料	54	16

续表

创新项目	社会收益率(%)	私人收益率(%)
绘图创新	92	47
造纸创新	82	42
螺纹件创新	307	27
门控制创新	27	37
新电子设备	—	—
化工产品创新	71	9
化学工艺创新	32	25
主要的化学工艺创新	56	31
家居清洁设备	209	214
去污剂	116	4
洗碗液	45	46
平均	56	25

资料来源:Edwin Mansfield, John Rapoport, Anthony Romeo, Samuel Wagner, George Beardsley, "Social and Private Rates of Return from Industrial Innovations", *Quarterly Journal of Economics*, No. 5, p. 233, 1977。

　　自主创新是国家安全的重要保障。国家安全是典型的公共品,包括国防安全、政治安全和经济安全等多个方面,自主创新在这诸多方面都有特殊作用。

　　第一,自主创新是保证技术先进的唯一途径,因为真正先进的技术是买不到的,这在国防技术领域表现得最为突出。如美国作为一个技术先进国家,一直严格限制对我国国防技术出口,近来更有进一步加强的趋势。据报道,2007 年 6 月 15 日美国新发布的对华高科技出口管制条例,将加强军用高科技产品的对华出口限制,航空、激光、特定复合材料等 20 类高新技术产品列入了严格管制清单。美国对华限制带有冷战思维,但日本作为美国的盟国,同样得不到美国最先进的技术,日本采购 F—22A "猛禽" 隐身战机就是一例。由此可见,没有自主创新能力,国防安全就没有保证,大国尤其如此。在民用技术领域,新兴产业的核心技术也是买不到的,要保证国家经济稳定发展,避免受制于人,自主创新同样必不可少。吕政(2006)指出:"我国产业安全面临的突出问题主要是技术密集型产业的自主创新能力不强，核心技术依赖跨国公司，在国际分工体系中处于劣势地位。"因此，增强我国产业安全的主要途径是增强自主创新能力，改变技术密集型产业发展受制于人的状况。

第二，自主创新是信息安全的保证。信息安全是国家安全的重要组成部分，但现代信息技术可能在计算机的关键硬件和软件中安装"后门"，以盗取客户所处理的各种数据，或使计算机在特定时刻失去工作能力，如微软的WGA作为"危急的安全补丁软件"在用户不知情的情况下，被安装到了无数计算机上，它每隔一定时间就将用户计算机的关键信息发送给微软（倪光南，2006），所以，在机密部门使用国外计算机确实存在安全隐患。2006年联想"安全门"事件中，美国政府拒绝在机密领域使用联想PC，从中可见美国对信息安全的重视，因为实际上联想微机的核心技术，包括CPU和操作系统等都是美国的。相比之下，我国信息系统软硬件的核心技术几乎都是外国的，其安全隐患可想而知，但要彻底解决，唯一办法就是自主创新，开发出先进的核心技术。

（2）中小企业发展的社会利益

中小企业生存和发展对社会的贡献主要体现在：

第一，促进就业。据统计，2006年我国中小企业提供的城镇就业岗位已占到75%；1989～2001年，美国小企业新增就业占新增就业总数的60%～80%。

第二，在国民经济中占据重要地位。据统计，2006年我国中小企业已超过4000万户，占全国企业总数的99.6%，中小企业创造的最终产品和服务的价值已占国内生产总值的58.5%，生产的商品占社会销售额的59%，上缴税收占48.2%；美国小企业产值占非农GDP的一半左右。

第三，促进技术创新。盖尔曼曾对美国1969～1975年进入市场的635项创新项目进行研究，发现相对其雇佣人数而言，中小企业创新数量高于大企业2.5倍，将创新引入市场的速度比大企业快27%。阿科斯对1982年美国34个创新最多的行业中不同规模企业的创新数作了比较，发现有20个行业大企业技术创新活动占优势，14个行业中小企业技术创新活动占优势，在一些新兴行业，特别是新兴的高风险行业中小企业表现出更大的优势。美国小企业局(SBA)对 1996 ~ 2000 年专利数在 15 件以上的 1071 家美国公司的调查研究发现,小企业雇员人均专利数是大企业的 13 ~ 14 倍,在 1% 最有影响的专利中,小企业专利数是大企业的两倍,小企业的专利与社会联系更为紧密。据报道,我国科技型中小企业造就约 65% 的专利、75% 以上的技术创新和 80% 以上的新产品。

第四,保持经济竞争性。在一个经济体中,大企业数量很少,如果其所占市场份额过大,很容易形成垄断,造成低效率。虽然单个中小企业无法与大企业竞争,但大量的中小企业在某种产品市场上可削弱大企业的垄断,保持市场的持续竞争性,维护社会整体利益,促进经济效率。

第五,中小企业中孕育着将来的大企业。中小企业有可能抓住市场机会,积极开拓,发展为大企业,这样的例子很多,如世界知名大公司微软在 20 世纪 80 年代初还是一个名不见经传的小企业,但其后抓住了市场机会,公司很快就成长壮大起来。

(3)节能环保的社会利益

环境保护是典型的优质公共品,其社会利益显而易见。

第一,环境污染直接威胁到人类生存,如重金属污染影响人的智力发育,水体富营养化造成饮水困难,二氧化硫造成酸雨,二氧化碳引起温室效应促使海平面上升,淹没人类生存家园,所以只有注意环境保护,才能走可持续发展之路。

第二,环境污染导致巨额的经济损失,《中国绿色 GDP 核算报告(2004)》显示,2004 年,我国环境退化成本(即因环境污染造成的经济损失)为 5118 亿元,占当年 GDP 的 3.05%。

第三,环境保护是提高生活质量的必备条件,青山、绿水、蓝天和洁净的空气,这样的环境才称得上舒适。

节能是环境保护的重要途径之一,当前使用的煤、石油等化石能源,从开采、运输、加工到使用,都会污染环境,并且这些不可再生资源,使用速度越快,枯竭得越早,所以减少使用量、寻找新的洁净替代能源,必须走环境保护和可持续发展之路。

(4)落后地区发展的社会利益

促进落后地区发展对整个社会的利益主要有:

第一,促进经济的协调发展。落后地区的发展能为发达地区提供资源、市场,接受产业转移,是发达地区稳定发展的保证。我国西部地区虽然落后,但资源丰富,充分开发其资源刚好弥补了东部地区发展所需,发展了的西部地区是东部产品的稳定市场。

第二,维持社会稳定,增加就业。经济落后、发展停滞会带来一系列的社会问题,如失业、民族矛盾、贫富差距拉大、治安恶化,这些问题的根本解决,都依赖于经济发展。

第三,落后地区发展是社会道德的要求。从社会道德层面来讲,也应该让落后地区尽快摆脱贫穷,共同富裕。

上面的讨论可简单归结为表3—3。

表3—3　政府采购各项政策功能的社会利益

政策功能 项目	社会利益
自主创新	显著的社会效益,国家经济安全,信息安全,国防安全
中小企业发展	促进就业,促进国民经济发展,促进科技创新,保持经济竞争性,孕育大企业
节能环保	保证人类生存,避免巨额经济损失,提高生活质量,维持经济可持续发展
民族经济发展	促进就业,提高全民生活水平,提高抵抗风险的能力
落后地区发展	经济协调发展,维持社会稳定,符合社会道德
宏观经济稳定	避免大量失业,避免社会资源大量浪费
增加就业	维持社会稳定,符合社会道德,避免社会资源浪费

2. 若干政府干预理论

(1)公共品和外部性理论

西方经济学认为,根据物品特性,可将其分为公共物品和私人物品。公共物品有不同于私人物品的两个基本特征,即消费的非竞争性和受益的非排他性。消费的非竞争性指一个消费者对某物品的消费并不影响其他消费者对该物品的消费,这意味着增加消费者引起的社会边际成本为零。受益的非排他性则是指公共物品一旦提供,提供人不能阻止另外一些人从中受益,所有社会成员都可以同时享有消费利益,也就是说,由于排斥其他受益者在技术上不可行或者经济上不合算,一般很难将不付款的公共物品消费个人排除在公共物品的收益范围之外。由于非竞争性特征,公共物品的市场需求曲线与私人物品不同,私人物品的市场需求曲线为市场中每个人需求曲线的水平加总,而公共物品的市场需求曲线为市场中每个人需求曲线的垂直加总,如图 3—1 所示,S 为市场供给曲线,D 为市场总需求曲线,D_1 为消费者 1 的需求曲线,D_2 为消费者 2 的需求曲线,D 为 D_1 和 D_2 的垂直加总。

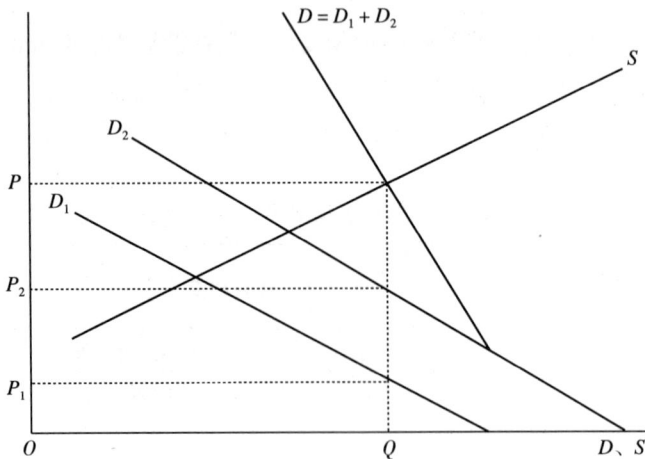

图 3—1　公共物品的最优数量和最优价格

可见,公共物品的最优供应量为 Q,最优价格水平为 P,并要求消费者 1 支付 P_1 的价格,消费者 2 支付 P_2 的价格,$P = P_1 + P_2$,但公共物品的非排他性特征使每个人不支付任何成本就能完全享受到公共物品。在这种"搭便车"的心理作用下,市场无法提供公共物品,并且即使公共物品具有排他性,其非竞争性也意味着消费者的边际成本为 0,若把不付费者排除在外,则是一种无效率的表现。因此,公共物品需要由政府提供,才能达到资源的优化配置。

外部性指一方的行为对其他方造成了有利或不利的影响,但这种影响不能在市场中得到补偿或不需支付成本。如果是有利的影响,则称为外部经济(正外部性)。此时,该行为的社会边际收益(SMR)大于私人边际收益(MR),其差值称之为边际外部收益(EMR)。如果是不利的影响,则称为外部不经济

（负外部性）。此时,该行为的社会边际成本（SMC）大于私人边际成本（MC）,其差值称之为边际外部成本（EMC）。如图 3—2 所示,Q 表示市场提供量,Q' 表示社会要求的最优提供量。

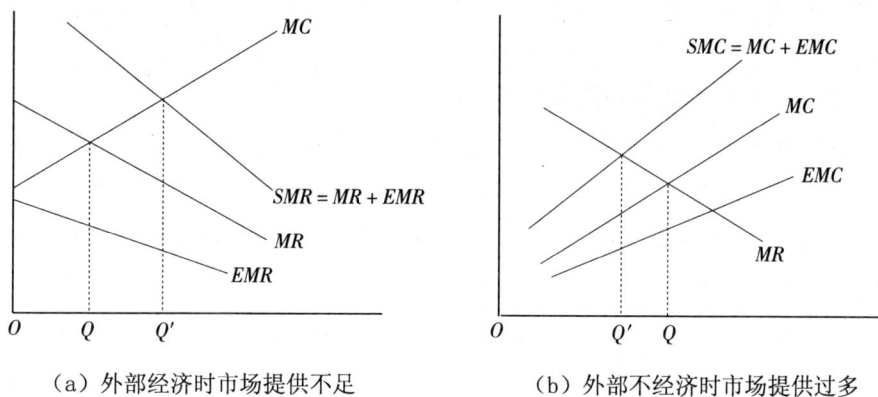

（a）外部经济时市场提供不足　　　　（b）外部不经济时市场提供过多

图 3—2　外部性时的市场情况

如果由市场决定,决策依据是私人边际收益等于私人边际成本,但站在社会的角度,应使社会边际收益等于社会边际成本,此由图 3—2 可知:在外部经济时,市场提供量低于最优社会提供量;而在外部不经济时,市场提供量高于最优社会提供量。所以存在外部性时市场不能实现资源的优化配置,需要政府介入。

（2）凯恩斯主义国家干预理论

西方经济学中的凯恩斯主义主张国家干预经济生活,要求扩大政府职能。该理论认为,市场经济条件下,有效需求不足是一种常态,国家产出经常低于应有水平,导致经济萧条,宏观经济不能实现稳定增长,因此需要政府干预。政府干预的措施主要是通过赤字财政政策,扩大政府支出,包括政府投资和消费,以增加社会总需求,刺激经济增长,实现宏观经济稳定运行。美国"罗斯福新政"的巨大成功,第二次世界大战后西方发达国家经济出现长时间的高速稳定增长,都是在凯恩斯主义理论指导下实现的。但20 世纪 70 年代出现的经济滞胀现象,使人们开始怀疑其正确性,不过随后的新凯恩斯主义把传统的微观经济学和凯恩斯主义的宏观经济学结合起来,为宏观经济学提供了微观基础，使主张国家干预的凯恩斯主义在理论上更加成熟，重新树立了其在经济理论中的主流地位，美国克林顿执政时期经济发展用新凯恩斯主义作指导，实现了八年的高速增长，进一步证明了凯恩斯主义的正确性。

二、政府采购政策功能实现的可行性

国际经验表明,发达国家政府采购一般占到 GDP 的 10% 和财政支出的30%。如美国联邦政府 2001 年采购金额达 2350 亿美元,州和地方政府 2000年采购金额为 3850 亿美元;欧洲委员会估算 2001 年欧洲公共团体采购金额达 1 万亿欧元。Federico Trionfetti(2000)根据美国和 OECD 的《国民核算统计》以及 IMF 的《政府财政统计》资料,选择了奥地利、法国、德国、意大利、挪威、瑞典、美国、日本和韩国等国家,计算其 1983 ~ 1990 年的政府采购占 GDP的比重,计算结果见图 3—3 和图 3—4(除美、日、韩之外的其他国家统一为一组,标记为欧洲)。

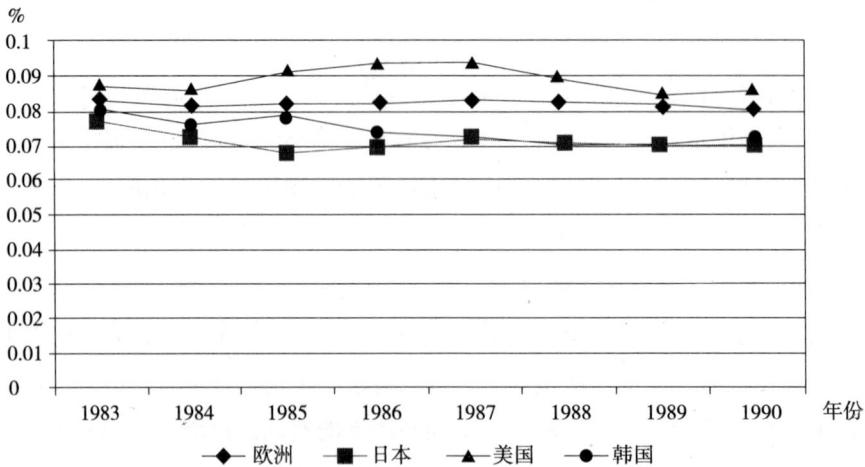

图 3—3　部分发达国家和地区政府采购占 GDP 的比重(1)

资料来源:根据美国和 OECD 的《国民核算统计》资料绘制。

从图 3—3 和图 3—4 中可见,根据不同资料计算的政府采购占 GDP 的比重存在较大差距,但我们可以发现,每个国家政府采购额在 GDP 中都占有较大的比重,并且这一数字是相对稳定的,这充分说明了发达国家政府采购总体

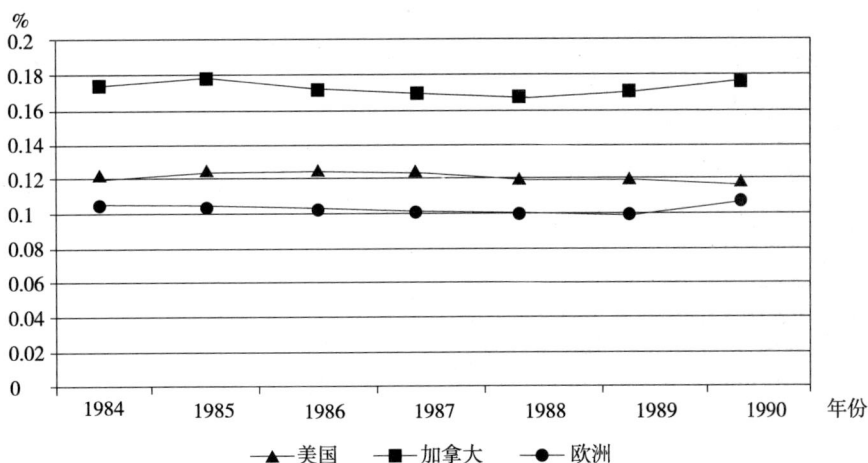

图3—4　部分发达国家和地区政府采购占 GDP 的比重(2)

资料来源:根据 IMF 的《政府财政统计》资料绘制。

规模巨大。

　　我国政府采购起步晚,1996 年开始试点,1998 年正式实行,所以政府采购规模有自己的特点。

表3—4　我国政府采购规模分析

年份\项目	1999	2000	2001	2002	2003	2004	2005
政府采购额(亿元)	131	328	653	1009.6	1659.4	2135.7	2927.6
GDP(亿元)	89677	99215	109655	120333	135823	159878	183085
政府采购/GDP(%)	0.15	0.33	0.60	0.84	1.22	1.34	1.60
财政支出(亿元)	13188	15887	18903	22053	24650	28487	33930
政府采购/财政支出(%)	0.99	0.82	3.45	4.58	6.73	7.50	8.63
GDP 的 10%(亿元)	8968	9922	10966	12033	13582	15988	18309

续表

项目 \ 年份	1999	2000	2001	2002	2003	2004	2005
财政支出的 30%（亿元）	3956	4766	5671	6616	7395	8546	10179
政府购买性支出（亿元）	8782	9697	11720	14216	15900	18262	21320

资料来源：政府采购额数字来源于中国政府采购网；政府购买性支出、GDP、财政支出来源于中华人民共和国统计局网站《中国统计年鉴2006》，其中政府购买性支出为基本建设支出、挖潜改造资金和科技三项费用、地质勘探费、工交和流通部门事业费、支农支出、文教科卫支出、国防支出、行政管理费等支出项目的加总。

　　从表3—4中可见，自我国实行政府采购以来，政府采购绝对规模和相对规模均稳步增长。从绝对规模来看，2007年我国政府采购额已超过4000亿元，实现政府采购的政策功能已有相当的实力。从相对规模来看，我国2005年采购额才占到GDP的1.6%、财政支出的8.63%，与发达国家相比还有相当大的差距，这说明我国政府采购规模还有很大的增长空间。如果相对规模增长到发达国家水平，则绝对规模将达到万亿的天文数字，并随着经济增长还会不断增长。

　　政府采购不仅总体绝对规模大，而且从单一产品来说，其采购额在市场中也占有相当的份额，如2001年欧洲公共团体采购的计算机和监视器达280万台。2000年，我国政府采购小汽车3.95万辆，计算机21.2万台；2001年，地方采购小汽车40322辆，金额为70亿元；2002年，采购小汽车60204辆，采购金额为105.7亿元。2003年，采购小汽车金额为350亿元。2004年，汽车采购额达到了500亿元，2006年达到700亿元，2007年公务用车采购金额突破800亿元。

第四章 中国政府采购政策的应用缺陷分析

对照政府采购政策的客观功能之要求,我国的政府采购政策明显存在着若干方面的不适应。

第一节 政府采购体系缺陷分析

由于我国政府采购范围的地区主导以及采购领域的内向型特征,导致政府采购政策的应用必将遭遇现行政府采购体系的制度性制约和行政性梗阻。

一、政府采购市场的统一度与 WTO 所要求的贸易自由化相距甚远

1. 较严重的地方保护主义

如果没有国内统一开放的政府采购市场的构架,就谈不上与国际大市场的真正对接和融合,而构建国内统一的政府采购市场,必须从根本上消除地方保护、打破地区封锁。我国目前在不少地方都存在着政府采购的市场壁垒,有些地方政府采购政策明文规定只允许采购本地产品,实施严格的"入境"或"准入"限制,同时又禁止本地资源、资金流向外地,美其名曰"肥水不流外人田"。

(1)地方保护的主要表现形式

政府采购市场中的地方保护表现形式多种多样,层出不穷,但综合起来,不外乎以下几种:

①在立法和制度漏洞中制造地方保护。主要表现形式有:其一,部分地方采购部门打着依据法规范本的地区采购市场旗号,利用立法中的漏洞,有意无意地将某些不合理的特权制度化;其二,部分地方采购管理部门由于得到地方供应商的恩惠或碍于情面,制定一些保护地方产品考评制度,优先使用地方名

优产品制度的相关文件,优先录用那些能够使用当地原、辅材料的供应商等,达到保护地方供应商的目的。

②在管理权力中制造地方保护。主要表现形式有:其一,以会议、文件等形式,指令性或暗示性地要求政府部门购买本地方的物品,人为设置市场障碍。其二,行政规定需求的对象,限制不同型号、不同品牌的供应商进入采购市场,以达到政府采购的地方保护。其三,限制信息发布渠道和发布范围,不让外地供应商了解采购市场的需求。在实际工作中,有的采购代理机构将其采购信息发布在一些不畅销的报刊上,时效性极差;有的刊登在人们不易收集到的媒体上,不起任何效果;有的甚至不对外发布任何采购信息等,直接弱化采购信息公开发布的力度,导致隐瞒或封锁采购信息等现象经常发生。其四,在标书发放时采取本地供应商优惠的歧视性价格,让外地供应商对政府采购望而却步,最终丧失进入采购市场的机会。其五,利用价格杠杆,通过提高外地商品的价格削弱外地产品在本地市场的竞争力,或对本地产品实行价格补贴,降低本地产品的价格,提高本地产品的竞争力。

③在执法权力中制造地方保护。主要表现形式有:其一,在供应商资格审查中采取不平等待遇,抬高对外地供应商的资质标准,设立其进入本地采购市场的"门槛";其二,强制外地供应商接受其指定服务或附加条件,最大限度地减少其经济赢利,让外地供应商在无利可图中自告退却;其三,利用年检、验收、质检等强制手段使用户购买其指定的货物或服务,干预市场公平竞争。

④在采购监管中制造地方保护。有些地方的采购监管部门在履行职责时采取内外有别的措施。例如在处理投诉时,有意偏袒本地当事人;有的对其"辖区"内的"欺行霸市"、"排外赶外"等行为"睁一只眼,闭一只眼",听之任之;有的是"虚张打击之势",不出任何实招等。这些行为都有意滋长了"土霸王"的嚣张气焰,不利于公平竞争。

(2)政府采购地方保护的成因

在政府采购中存在地方保护现象,其形成原因也是多方面的。

①地方利益是政府采购存在地方保护的主因。在我国的经济体制改革过程中,地方政府作为独立的经济利益主体地位得到不断的扩张,这一变化使地方保护得到强化。地方利益的地方保护主要有两个领域:其一,地方居民利益的保护,包括较高的工资水平、较多的就业机会、较好的福利待遇以及环境、心

理等方面;其二,地方政府利益的保护,包括地方财政中用于集团消费、个人消费的部分所形成的经济利益以及由于"政绩"所引起的利益。为了提高地方利益,地方财政部门往往会采取一些手段来保护地方企业,主要包括提高地方企业的生产率和竞争力以及通过政府的强制措施,相比较而言,采用强制手段获得利益比提高生产率和竞争力更为简单、有效。因此地方政府在保护地方利益时必然采取后一种手段,从而形成了地方保护主义。

②经济体制上的缺陷是政府采购存在地方保护的重要原因。各地经济发展不平衡,经济落后地区的地方政府由于本地企业经济效益差、竞争力低下等原因,不得不采用行政垄断手段庇护本地企业不受竞争冲击。这种做法表面上使得企业在行政垄断庇护下得以维持一定的经济利益,地方政府的财政收入乃至政府官员的政绩都得到保证或维护,但实质上却阻碍了正常的市场竞争。对于经济行业主管部门来说,由于国家授权机制不健全,欠缺对行政主管部门运用权力的必要监督机制,很难保证行业主管部门不从狭隘的本行业利益出发,运用其被授予的权力实施行政性垄断行为。

③政府采购行为不规范是形成地方保护的直接原因。虽然《政府采购法》已经实施,但在实际操作中,依然还存在大量违规行为,如化整为零、信息公开程度不高、程序不正规、采购方式不合理等,这给政府采购的地方保护提供了土壤,从某种程度上直接导致了地方保护的产生。

④采购执法机构受地方制约太多是政府采购地方保护不容忽视的原因。在政府采购执法机构中,负责人由地方任命或者委派,大多数采购人员属于地方政府管理成员,这就可能使执法机构受地方政府意志左右,而不能独立执法。另外,这些执法部门的利益与地方发展密切相关,采取保护主义能够使财政增收,能够在一定程度上促进地方经济发展,地方经济发展执法部门就会有不少好处(不论财政拨付还是设租所得,都会增加)。因此,执法机构无论是主观上,还是客观上都有实施地方保护主义的利益动机。

(3)政府采购地方保护的危害

地方保护可能在短期内起到促进和保护地方经济的作用,但从长远来看,对一个区域的经济发展是非常有害的,直接影响了整体经济的增长,也阻碍了科技水平和竞争力的提高,同时不利于政府采购走向规范化、正规化。

①从经济发展方面看,地方保护不但危害了地方经济的长远发展,也损害

了地方政府的信誉。从短期看,地方保护主义能解决就业,通过保护地方供应商使本地供应商在竞争中处于有利的地位,保护地方经济的增长。但从长远看,地方保护主义不利于企业的长远发展,增强了本地供应商对政府的依赖,它所酿成的恶果仍是使地方经济受害,因为地方保护其实是保护落后,最终不利于地方经济的发展。

②从市场管理角度看,地方保护导致政府采购市场信息失灵,使得资源浪费和资源配置效率低下。在市场环境下,供应商之间的竞争,通过供需均衡价格的机制,可以排除成本过高的生产者和浪费性的消费者,这就是公平自由导致效率的最简单的描述。而地方保护使市场这只"看不见的手"不再发挥正常作用,人为地提高或压低价格,使价格信号失真,不能真实反映政府采购市场上的供求状况,不能使资源配置到最需要的地方,造成资源配置的效率低下。

③从采购竞争角度看,地方保护不利于外地供应商进入政府采购市场,导致采购市场出现混乱。政府采购理应给供应商提供一个平等的竞争机会,然而地方保护的出现,使外地供应商在一些苛刻条件面前,没有进入采购市场特别是中标的机会。这样使得外地供应商出现两种可能选择:一是丧失对政府采购市场的信心,自动退出;二是利用寻租办法进入政府采购这个具有吸引力的市场,致使采购暗箱操作,滋生政府采购中的商业腐败。

④从采购主体方面看,地方保护阻碍了竞争的引入,不利于实现政府采购的效益及质量的目标。政府采购实行公开招标,虽然操作费用上升了,但最终节省了财政支出,其中最有效的办法就是在供应商之间引入竞争,使其报价更接近于成本,实现政府采购的经济效益。然而,地方保护的出现,有限的供应商使竞争机制失灵,剩下的少数供应商势必产生合谋,导致提高报价或降低产品质量,让采购主体在高价下进行交易,无法实现效益、质量目标。

2. 我国政府采购市场开放与 GPA 要求尚有差距

WTO 的一个重要目标就是要求各成员国和地区相互开放市场,最大限度地实现全球贸易自由化。WTO 框架下的对外开放,无论是开放领域的广度,还是市场准入的深度,都不能与传统意义上一国政府单边开放同日而语。

WTO 的《政府采购协议》(GPA)于 1996 年 1 月 1 日正式生效,它主张贸易自由化,强调非歧视待遇原则,其前言中明确规定:协议的各缔约方承认有必要建立一个有效的关于政府采购的法律、规则、程序和做法方面的权利与义务的多边框架,以实现世界贸易的扩大和更大程度的自由化,改善协调世界贸易运行的国际框架;承认就国内外产品与服务和供应商拟订、采纳与实施的采购法律、规章、程序与做法不应对国内产品与服务和供应商提供保护,并在国外产品与服务和供应商之间实行差别待遇;承认各方期望提高政府采购法规、程序与做法的透明度。

　　GPA 仅对签字成员国有约束力,目前加入的主要是一些发达国家,我国还未加入 GPA,因此,并不受其规定的制约。我国虽非 GPA 成员国,但作为 WTO 的一个大国,已经向国际社会做出了加入的承诺,并于 2007 年年底向 WTO 提交了启动加入谈判的申请书。但是我国现行政府采购中的许多做法,与 GPA 的规定存在较大差距,如我国 2002 年颁布的《政府采购法》第十条规定政府采购应当采购本国货物、工程和服务,这一规定就违背了 GPA 原则。我国政府采购在采购法规的公开、采购信息发布和采购招标的公正方面,也存在不少不规范的做法。在具体操作过程中,由于受到各种因素的影响,存在"暗箱操作"现象,比如,应采取公开招标方式的政府采购项目不招标,而采取其他采购方式;采购信息不在指定媒介发布,人为缩小受众媒介的范围;对有投标机会的信息故意加以限制,使供应商不能平等获取;对机密的竞争信息向特定的供应商提供等。上述这些与 GPA 的差距需要我们较合理地将我国具体情况以及国际社会的要求结合起来,进一步完善符合国际规范的我国政府采购市场。

二、以政府采购的实用主义为主导的采购行为

　　由于我国政府采购的目的大多以实际需求为主,各级政府一般不会明确其政策功能,因此很难体现出政府采购的政策导向。例如,在发挥对高新技术产业的扶持、引导和保护作用方面,并没有形成充分发挥政府采购的主动积极作用。所谓政府采购的主动积极作用,就是通过政府采购的政策,推动高新技术的产业化发展,推动经济的快速稳定的发展。

　　实际上,政府采购有多种功能,这些功能又可分为基本功能和政策功能两大类。政府采购的基本目标是为保证政府日常政务需要,采购到质优价廉的货物、工程和服务。政府采购的基本功能是指政府在购买到合乎质量要求的

产品和服务的同时,降低采购活动的经费投入,最大限度地节约财政资金。政府采购的基本功能是采购活动本身所固有的,只要进行采购活动,它所具有的功能就发挥作用。而政府采购的政策功能是指政府在完成采购任务的同时,利用采购这一手段,通过执行采购政策来实现调节经济运行、保护环境、保护民族经济、扶持中小企业、促进落后地区发展等其他社会经济目标的能力。政府采购的政策性功能是在人们发现了政府采购具有的基本功能之后,通过采购政策的规范、引导使其固有功能得到进一步发挥的结果。也就是说,政府采购的基本功能是采购活动的固有功能,而政策功能则是对基本功能(某一方面)人为"聚焦",然后通过采购政策加以"放大"的基本功能。

政府采购的政策功能能否有效发挥,首先是由政府采购规模大小及范围宽窄决定的。政府采购规模越大、范围越广,通过科学合理的调整政府采购的频率、方向,其政策功能发挥就越直接、越迅速、越显著。我国1998年起实施政府采购制度,最初的目的就是为了节约财政资金,所以对政府采购的考评中,最注重的是政府采购财政资金节约率。这在当时是合适的,因为初始阶段的政府采购规模很小,1998年全国只有31亿,所以政府采购发挥不了其政策功能。之后,我国政府采购规模迅速扩大,到2006年达到了3000亿元,并且根据国际经验,规模还会以很快的速度增长。如此大规模的政府采购,其政策功能不可小看。

我国《政府采购法》第九条明确规定:"政府采购应当有助于实现国家经济和社会发展的政策目标,包括保护环境、扶持不发达地区和少数民族地区、促进中小企业发展等。"只是在实践中没有切实可行的制度保障,在政府采购实践中,评价政府采购的主要标准依然是财政资金节约率,阻碍了政府采购政策功能的发挥。

在美国,政府采购通过购买新技术来开拓市场和降低商业风险。早在20世纪40年代,美国国防部为研制导弹,需要购买体积小、重量轻的电子器件,政府通过采购不惜以任何代价实施其既定政策,其促进力度甚至超过了国家所有计划项目的扶持力度,这对于处于发展初期的美国半导体工业帮助极大。美国政府采购对民用计算机的早期开发也做出了关键的贡献。朝鲜战争期间,IBM公司调查了各种国防研究中对计算机的需要,决定在一种通用计算机的研制上投资300万美元。1952年,该公司完成了701型机的交货,主要出售给政府。战争结束后,其技术大量用于民间,促成了今天 IBM 的辉煌。在美国,发明创造的主体是企业。但是政府的作用也不容忽视。据统计,1980年美国政府采购各种研发项目的支出总额为 876.49 亿美元,占 GDP 的2.3%,1996 年为 1408 亿美元,占 GDP 的 2.5%。这些都为美国的"新经济"的腾飞打下了坚实的基础。

第二节　政府采购的运行机制缺陷分析

由于我国政府采购起步较晚,政府采购的运行机制存在较多的行政色彩,影响到政府采购市场的高效运行。

一、政府采购组织的政企不分

由于政府采购组织的政企不分现象仍普遍存在,因此在其政策扶持方面,必然会受到手段单一以及职能不清的制约。如果我们经常使用财税返还、贴息等政策扶持某些领域与对象,明显不符合 WTO 的有关规则,而对 WTO 所允许的通过政府采购进行扶持的规范手段,又因为我国政府采购组织的政企不分,不仅造成相应政策手段的缺失,而且导致政策制定与执行主体难以界定。

《政府采购法》第十二条规定"各级人民政府财政部门是负责政府采购的监督管理部门",第十六条规定"集中采购部门为代理采购机构",但没有对以上机构的职责作进一步划分,因此造成了实践工作中机构职能交叉,财政部门参与了政府采购的商业性决策,政府集中采购机构则承担了部分政府采购的监管职能。随着政府采购工作逐步走向深入,这种"政企不分"的做法必须得到规范,应当严格划分政府采购管理部门与政府集中采购机构的职责。财政部门应是负责制定政府采购政策、编制政府采购预算、审批采购计划、监督政府采购运作流程和管理政府采购执行机构,不得参与政府采购的具体采购活动,不能干预政府采购执行机构的招投标行为。政府集中采购机构负责政府采购的具体事宜,按照政府采购管理部门和采购单位的要求,直接与供应商实施采购行为,不得参与政府采购的监督管理活动。

在机构设置上,根据政府采购管理的有关规定,财政部门是政府采购的主管部门,主要负责本地区的政府采购管理和监督工作,财政部门不得直接参与和干涉政府采购中的具体商业活动。然而,各地在推行政府采购的过程中,机构的设置往往都是在财政部门内部设立一个政府采购办公室或政府采购中心,属财政部门内部科(股)室,代表财政部门行使政府采购管理监督和具体采购事务双重职能,这就难免会出现与财政职能不相适应的现象,出现财政职能越位和缺位现象。政府采购管理机构和执行机构没有实现完全分离,造成监督机制弱化。政府采购的特点决定了财政部门不应既是"裁判员",又是"运动员"。在实际工作中,不少地区政府采购管理机构和执行机构尚未分离,诸如政府采购工作流程、计划与统计分析制度、政府采购信息库建立等许多工作未建立健全,而这些部门又必须面对集中而至的大量复杂而具体的采购项目,工作非常繁重但效果又不是很好,加之没有运用好采购招标代理机构的力量,使得可用于监管的精力少之又少,缺乏强有力的监督机制。

二、歧视性规则过多

歧视性政府采购政策可以分为显性歧视和隐性歧视两大类别。

显性歧视包括以下方面:第一,对外国企业的投标实施价格差别政策,只有当本国最低投标价高出外国企业投标价一定比例的时候,外国企业才可能中标,如美国、欧盟和以色列采用了该项政策;第二,在企业的投标价格中加入一定比例的"本国内容",以此作为调整后的投标价格,然后在此基础上进行评标;第三,实行选择性的招标政策,在这种情况下只有本国企业被邀请投标;第四,为本国或本地的特定产业和部门留下一定的采购额度,将外国或外地企业直接排除在外;第五,以维护国家安全为由,将一些合同只授予本国企业;第六,彻底地禁止从某国进口产品。除了上述的歧视性做法之外,还有一些做法可以视为显性歧视,如采购实体要求只有本国或本地生产的建筑材料才能用于工程的修建、改装和修补等。

隐性歧视包括以下方面:第一,在公开招标的情况下,提前告知本国或本地企业相关信息,以便其更好地准备投标;第二,缩短接收标书的截止时间,使得外国或外地企业来不及做出反应,或者要求投标企业提供本国或本地的担保,为外部企业制造障碍;第三,要求投标者在本国或本地设有分支机构或营业场所;第四,设定对本国或本地产品明显有利的产品标准;第五,武断地认为本国或本地企业能够快捷地交货并且节省费用。此外,不透明的申述和诉讼机制也会给外国和外地企业参与竞标造成障碍。

由于我国政府采购制度的歧视性规则较多,并且各地政府采购规则的差异性较大,有些属合理范畴,但也存在一些不合常理及规则的方面,尤其是后者势必会产生政策履行的制度障碍。例如,关于设立外资企业的审批和经营许可制度方面,与政府采购政策的公开、公平、公正准则不相适应,由于对其实质性审批的条件过多、过于苛刻,禁止和限制外商参加采购的行业、项目偏多,不符合 WTO 的有关规则,有歧视贸易之嫌。

三、采购方式的单一

1. 政府采购的主要方式

综合来看,国内外的政府采购方式主要有以下几种:

（1）公开招标（竞争性招标）

公开招标是一种国际公认的政府采购方法。其有效运行的主要要求在于公开发布政府采购需求和公平竞争政府采购订单,其特点完全符合政府采购的基本原则,并且充分反映出政府采购政策的公开性原则以及效率性和公正性原则。而公开招标效率性、公开性和公正性反过来又可以增加愿意参与政府采购的合格供应商的数量,从而促进政府采购竞争性原则的实现。因此,竞争性招标作为一种采购方法无论在各国政府采购法中,或是在采购实践中,都已经确立了其牢固的,甚至是优先的地位。这一方法的有效性取决于对特定需求描述的清楚程度、潜在投标商是否能够及时获得准备投标需要的信息,以及是否有多个潜在投标人有能力完成所需求的工作。换句话说,这种采购方法的有效性需要视政府采购市场的竞争状况、采购的时间要求、采购的技术复杂程度和采购的经济性等指标来检验。

（2）选择性招标

与公开招标的要求最接近的两种采购方法是选择性招标和两阶段招标。实际上,这两种方法都可以被看成是公开招标方法的变体。选择性招标（限制性招标或限制程序）与公开招标的不同之处在于政府采购机构邀请投标的方式不是通过发布广告,而是将投标邀请直接发给有限特定的潜在投标商,其他程序则和公开招标完全一样。就其本质特点而言,选择性招标主要是为了弥补竞争性招标由于客观上供应商的数量不足而产生的市场竞争有限性而设计的一种方法。因此,此类采购方法也可以被看成是公开招标方法的变体,是针对不同的政府采购环境对公开招标方法的修正和补充。

政府采购选择性招标方式的特点是:其一,存在着客观上的竞争限制,因为,即使采用公开招标方法,实际上能够符合采购要求的供应商数量也依然可能是直接邀请的那几家;其二,存在一定的竞争,一般至少需要三家以上供应商,否则就适用其他采购方法进行采购。

当然,选择性招标也有其内在的潜在缺陷:其一,对采购者的要求高,要求采购者对供应商市场的竞争状况有充分的了解(这是采购者决定适用此方法的依据);其二,与公开招标方法类似,很容易获得采购管理者的好感,容易被不加严格限制地采用,为采购者留下较大裁量空间;其三,如果管理不严,很容易被采购者作为规避公开招标方法的途径而滥用。因此,对这种方法的适用应施加严格的限制条件和要求。

(3)两阶段招标

两阶段招标是在已经确定公开招标方法但采购物品技术标准很难确定的情况下,专为确定技术标准而设计的招标方法。一旦技术标准确定后,则完全按照公开招标立法进行采购。因此,两阶段招标其实也是公开招标方法之变通方法。与选择性招标相比,两阶段招标更接近于公开招标,其目的在于通过第一阶段的技术磋商工作,使采购者能够确定技术规格,最终使公开招标方法得以适用。

(4)谈判采购

谈判采购是私营领域普遍采用的主要采购方法。在公共领域中,谈判采购在国防和服务采购中也是主要的采购方法。由于谈判方法在竞争性、透明度以及评判程序主观性等方面存在的潜在缺陷,常常存在着很高的贿赂和利诱的危险,尤其是非竞争性谈判采购。但谈判采购方法本身所固有的灵活性和适应性,又使它在特定条件下具有不可替代的优越性。在某些敏感性领域,谈判采购方法尤其是竞争性谈判采购方法,在现代采购法上获得了不可替代的地位。

(5)征求建议书

征求建议书是这样的一种采购程序,采购实体通常与少数的供应商接洽,提出征求建议,再与他们谈判有无可能对其建议书的实质内容做出更改,再从中提出"最佳和最后建议"的要求,然后按照原先公开的评价标准,以及根据原先向供应商或承包商公开透露的相对比重和方式,对那些最佳和最后的建议进行评价和比较,选出最能满足采购实体需求的供应商或承包商。

(6)询价采购

对合同价值较低的标准化货物或服务可以采用询价采购的方式。询价采购(或称邀请报价或"选购")是对几个供货商(通常至少三家)的报价进行比较以确保价格具有竞争性的一种采购方式。邀请报价是一种非正式的邀请形式,包括供应商的口头(电话)或书面报价,而无须正式的广告和密封投标。因为邀请报价不仅促进了价格竞争,而且其灵活性以及对快速变化的时间和条件的适应性较强,通常被认为是一种良好的政府采购实践。

2. 政府采购方式的法律规定

2002年颁布的《中华人民共和国政府采购法》规定政府采购采用以下六种方式,即公开招标、邀请招标、竞争性谈判、单一来源采购、询价以及国务院政府采购监督管理部门认定的其他采购方式,其中公开招标应作为政府采购的主要采购方式。

(1)公开招标方式

我国《政府采购法》规定:采购人采购货物或者服务应当采用公开招标方式的,其具体数额标准,属于中央预算的政府采购项目,由国务院规定;属于地方预算的政府采购项目,由省、自治区、直辖市人民政府规定;因特殊情况需要采用公开招标以外的采购方式的,应当在采购活动开始前获得设区的市、自治州以上人民政府采购监督管理部门的批准。采购人不得将应当以公开招标方式采购的货物或者服务化整为零或者以其他任何方式规避公开招标采购。

(2)邀请招标方式

我国《政府采购法》规定,符合下列情形之一的货物或者服务采用邀请招标方式采购:具有特殊性,只能从有限范围的供应商处采购的;采用公开招标方式的费用占政府采购项目总价值的比例过大的。

(3)竞争性谈判方式

我国《政府采购法》规定,符合下列情形之一的货物或者服务,可以依照本法采用竞争性谈判方式采购:招标后没有供应商投标或者没有合格标的或者重新招标未能成立的;技术复杂或者性质特殊,不能确定详细规格或者具体要求的;采用招标所需时间不能满足用户紧急需要的;不能事先计算出价格总额的。

(4)单一来源采购方式

我国《政府采购法》规定,符合下列情形之一的货物或者服务,可以依照本法采用单一来源方式采购:只能从唯一供应商处采购的;发生了不可预见的紧急情况不能从其他供应商处采购的;必须保证原有采购项目一致性或者服务配套的要求,需要继续从原供应商处添购,且添购资金总额不超过原合同采购金额百分之十的。

(5)询价方式

我国《政府采购法》规定,采购的货物规格、标准统一、现货货源充足且价格变化幅度小的政府采购项目,可以依照本法采用询价方式采购。

3. 我国政府采购方式存在的问题

(1)过分倚重公开招标方式

我国《政府采购法》规定了多种政府采购方式及其适用范围,但这些规定都是原则性的,在采购实践中运用,还需要具体的实施办法。在我国的政府采购实践中,采用的基本上是公开招标采购方式,其他方式因缺乏相应的具体规定,在操作过程中很难得到规范执行。一些地方在政府采购方式运作中,有的过分强调公开招标采购方式,将采购商的竞价范围及程度无限化,致使出现恶性竞争或"自杀性"竞争。虽然公开招标采购在公平、公正和竞争性方有其独特优势,但其采购周期长、程序复杂、效率较低,采购成本也较大。有的地方对待政府采购的方式随意化,采购行为缺乏规范性和公平性,没有按照各种采购方式的实施条件进行选择使用,为图方便,随意简化招标程序,甚至还掺杂行政意志,使招标走过场,从而使政府采购活动及其物品的确定失去了有效的竞争性,导致表面公平所掩盖的实质不公平的现象时有发生。

(2)采购方式适用界限不准确

很多地方确定政府采购方式的唯一标准就是采购项目的数额大小,数额大的就采用招标方式,数额中等的就采用竞争性谈判,数额小的就采用询价,太小的就采用单一来源甚至自购。这种政府采购适用方式的选择忽视了项目的特殊性和各种方式的适用范围及情形,忽视了集中采购的规模,造成在政府采购的项目中,采用公开招标方式项目少、采用其他方式项目多,集中采购项目少、分散采购项目多,显然不利于政府采购政策的施行。

(3)有意规避公开招标

公开招标作为政府采购的首选方式,采购人不得以各种方式回避执行公开招标方式。但是在政府采购方式选择的实践中,有的采购人受集团利益或其他利益驱动,甚至为实现与特定供应商串通的目的,往往将达到数额标准以上的采购项目(货物或服务)化整为零或者以其他方式回避公开招标采购;或者把达到公开招标数额的采购项目分割为几个小项目,使每个项目的数额都低于公开招标数额标准;或以时间紧、任务急为借口,改为其他采购方式。这些有意规避公开招标采购方式的目的,显然不是为了提高政府采购的效率,也不是实现政府采购政策意图。

(4)采购方式变更不规范

有些采购人对采购方式变更随意性太大,对政府采购集中目录以内并达到法定公开招标数额标准的项目,本应采用公开招标方式,但出于种种考虑,有的自行变更为其他方式,既不执行《政府采购法》的有关规定,也不履行审批手续;有的采购人采用"先斩后奏"的方法,随意变更采购方式;还有的政府采购监督管理部门在审批变更手续时,不能严格审查、严格把关。

(5)采购方式混用

有的采购人在某一政府采购项目中,同时将两种甚至两种以上的政府采购方式混用。例如,已经明确是采用公开招标方式的,但在招标公告发布后,却又向熟悉的供应商发放邀请函;有的采购人已经采用了邀请招标方式,但在评标时,却又能就某一项内容与投标供应商进行谈判。还有的采购人采用所谓的多轮报价机制,形成公开招标不像招标、邀请招标的只邀请不招标、竞争性谈判既不竞争又不谈判的"四不像"政府采购方式。

根据我国现行《招标投标法》的规定,我国招标采用的是最低价标中标制度,这就会使得某些不良供应商以投机心态进行投标,故意压低合理价格,削价竞标,因此很难保证项目的质量。因此,这种制度的弊端难以充分拓展政府采购政策实施的领域与空间。

四、政府采购监督机制不完善

我国《政府采购法》规定:"各级人民政府财政部门是负责政府采购监督管理的部门,依法履行对政府采购活动的监督管理职责。"财政部门有义务依法监督《政府采购法》的落实情况和政府采购行为的全过程。但在实际工作中,由于没有一套完整的政府采购监督管理和审查纠正制度,政府采购监督缺乏明确的监督客体、监督内容、监督措施及其制约机制。因此承担监督职能的部门难以系统开展此项工作,而将工作重点放在了具体采购事项的审批和管理上,导致财政部门整天忙于政府采购的事务性操作,而忽略了政府采购预算的编制、采购性支出资金的管理和监督等基本的职能,造成了一定程度上的职能越位和缺位现象。

政府采购工作的每一个阶段和环节有其明确规范的职责分工和操作程序,都应接受相关监督主体的跟踪监督。采购人、供应商及采购中介组织,只有接受系统的监督,才能保证政府采购工作的公开、公平、公正。《政府采购法》虽已实施多年,但在实际执行中普遍存在不够到位的地方,比如,我国不少地方将政府采购的管理机构和操作机构职责全部放在采购中心,财政部门参与政府采购的商业性决策,导致财政部门放松了对政府采购活动的宏观管理和执行监督,产生政府采购资金分配与使用严重脱节。

五、政府采购队伍的专业化人才缺乏

政府采购是一项集政策性、技术性、全面性、复杂性、多样性等特点于一身的全新的财政工作,因此需要政府采购人员掌握全新的知识。政府采购工作人员只有懂得财经、科技含量高的网络工程、建筑工程等方面的知识和市场操作的技能,以及与招投标有关的法定程序和文件规定,才能切实履行好政府采购职能,提高政府采购的工作效率和采购效益。然而,各地在成立政府采购机构时,人员配备的专业素质考虑过少,或者受人员编制的约束,往往都是在财政部门内部调剂产生,这些人员除能够熟练掌握财经知识外,对其他行业管理知识和高新产品专业技术知之甚少,影响了政府采购效益和运作质量。目前我国政府采购队伍的专业化水平比较薄弱以及知识结构普遍老化的现象,主要是缺乏专业化的高素质人才。在增量人才不足的条件下,对存量人才的培

训是十分重要的,不仅要加强对招投标、合同、商业谈判、市场调查及商品、工程和服务等方面的有关知识和技能的学习,而且要培养大量通晓国际通行采购方式的采购管理干部和专业人员。

六、政府采购运行管理不规范

政府采购运行管理的不规范现象主要表现在以下五个方面:

(1)政府采购政策法规的宣传力度不够,招标信息的公开范围较小,供应商对政府采购的运作方式和运作过程不熟悉,造成供应商的选择范围受到限制,影响了价格信息的来源。有的政府采购机关对供应商的选择仅限于指定的几家,有时只对单独一家供应商采购,极易出现暗箱操作。

(2)招投标机制不健全,供应商库、专家库、资料库等基础信息系统尚未建立,招标程序不够规范,存在少数政府采购机关与供应商相勾结,打着"公开"的幌子搞"暗箱操作"或"预先内定"等手段。在中央和地方的政府采购活动中,还经常发生分割市场、歧视供应商的现象。有些地方通过地区封锁、部门垄断等方式排斥其他供应商参与竞标。

(3)对政府采购商品的验收及售后服务缺乏有效的管理和监督,存在采购项目不及时、供应商品不合标和售后服务不配套等问题,影响了采购项目的实际效益,降低了政府采购政策的效力。

(4)政府采购周期过长,往往一个政府采购项目需要几个部门审批,手续繁琐,从申报采购开始到部门单位收到采购物品,花费的时间较长,既影响到政府采购的效益,又降低了政府采购项目的有效性。

(5)信息公布不充分,政府采购透明度不高。尽管有的已经在网站、刊物和报纸上公布政府采购信息,但公布的信息与实际采购活动需要相差甚远,还有的地方在采购信息发布上还存在不规范的做法,致使政府采购透明度降低。

七、政府采购资金预算约束力不强、结算控管不严格

目前我国政府采购预算尚未作为一个单独的内容纳入财政预算编制的范畴,因此造成与部门预算脱节、预算编制简单粗糙等情况,导致政府采购机关难以从全局上把握全年采购规模和采购单位具体的政府采购资金额度,一定程度上存在着随意性、临时性和盲目性。政府采购活动的计划性不强,使得政

府采购资金失去应有的约束力,给一些部门和单位造成可乘之机,导致预算追加频繁,重复采购和超标采购现象时有发生。

由于对政府采购资金使用过程缺乏必要的监督机制,政府采购资金未严格按财政部、中国人民银行制定的《政府采购资金财政直接拨付管理办法》的有关规定,通过财政国库部门在银行开设"政府采购资金专户",并由国库(预算)部门通过专户完成政府采购机关与供应商的全部或部分结算,而是采取采购单位与供应商直接进行资金结算的办法,因此削弱了政府采购中心及有关部门对政府采购项目的监督与管理力度。对于大额采购,特别是工程系列的政府采购,由于监督机构过多地注重采购程序的规范,而忽略了采购资金的结算过程,致使有些工程出现项目决算突破预算等问题。

第三节　法律法规体系缺陷分析

我国政府采购法律体系不完善,主要表现在政府采购的法律法规体系不健全、政府采购法规层次较低、法律效力不高以及政府采购立法建设明显滞后于政府采购制度改革等方面。虽然我国的政府采购基本法已于2002年颁布,但时隔多年之后,其实施细则迟迟不见出台,相关的配套法规也不甚完善,显然不利于政府采购政策的制定与实施。

一、法律体系不健全

在政府采购实践中,无法可依或法律依据不足的现象相当普遍,《政府采购法》的实施细则迟迟不见踪影,致使政府采购政策的基础非常不稳固。我国的政府采购相关法规也不完善,例如我国的《投标法》内容含糊不清、规定过于笼统、解释空间过大,造成执法难、随意性大的现象经常发生。在实践中,还存在着部门规章和地方法规相互矛盾,甚至否认法律的现象。

1. 法律的操作性及法律之间的协调性不强

我国政府采购法律制度之间存在协调性不足、法律适用范围较窄的问题,法律条文本身在公共政策、信息发布等环节因过于抽象而缺乏操作性。

我国《政府采购法》自生效之日起就存在与我国《投标法》之间的协调度不够、政府采购合同的性质与适用等方面的法律规定不明确、适用范围较窄、在法律限额规定方面存在法律空白等方面的问题,且至今仍未得到解决。《政府采购法》部分条文过于原则、简单,而《政府采购法》至今仍无具体实施细则和其他具体的法律法规与之相配套。

《政府采购法》的合理性与可操作性不强。如《政府采购法》第一条规定,在境内使用财政性资金采购限额标准以上工程(指建设工程,包括建筑物和构筑物的新建、改建、扩建、装修、拆除、修缮等)的行为属于政府采购,应由各级人民政府财政部门负责监督管理。《国务院有关部门实施招投标活动行政监督的职责分工意见》中规定,各类房屋建筑物及其附属设施的建造与其配套的线路、管道及其设备的安装项目和市政工程项目的招标活动的执法监督由建设行政主管部门负责,"从事各类工程建设招标代理业务的招标代理机构的资格,由建设行政主管部门认定",这两个规定存在明显的交叉,造成财政部门在工程采购方面难以有更大的作为。《政府采购法》第十条规定,政府采购应当采购本国货物、工程和服务。但有下列情形之一的除外:第一,需要采购的货物、工程或者服务在中国境内无法获取或者无法以合理的商业条件获取的;第二,为在中国境外使用而进行采购的;第三,其他法律、行政法规另有规定的。但《政府采购法》没有界定何为本国货物、工程和服务,只是说"依照国务院有关规定执行",所以相关的政府采购项目的具体操作无法进行。

我国地方政府采购立法也存在着许多问题。一些地方(如上海、北京等)的地方政府采购立法是在《政府采购法》颁布之前制定实施的,《政府采购法》无法有效规制地方政府的具体采购行为,而另外一些地方是在《政府采购法》生效以后制定的,因此其地方政府采购条例大多又和《政府采购法》几乎完全相同,只是对《政府采购法》的简单搬用。地方政府立法活动缺乏必要的理论研究与足够的实践试点探索,导致地方政府采购管理规章不仅缺乏与《政府采购法》的协调性,而且自身也不具备科学性。各地方政府之间由于对政府采购的认识存在偏差,所以政府采购制度的设计也就各不相同。又因缺乏必要的理论论证,导致大多数地方政府采购实施效果较差。在政府采购实践中,既无法从国家政府采购基本法获得可操作性的法律依据,也无法从地方立法中寻找到统一而合理的法律指导。

在政府采购信息披露方面也存在诸多的制度冲突。我国政府采购披露的法律依据是《政府采购法》和《招标投标法》以及财政部颁布的《政府采购信息公告管理办法》和国家发改委颁布的《招标公告公布暂行办法》。《政府采购法》规定,政府采购的信息应当在政府采购监督管理部门指定的媒体上及时向社会公开发布,但涉及商业秘密的除外。依照法定授权,我国财政部于2004年8月颁发了《政府采购信息公告管理办法》,界定了政府采购信息的概念、规定了信息披露的内容和范围、明确了政府采购信息的发布渠道以及违法披露政府采购信息所应承担的法律责任等内容,并指定《中国财经报》、《中国政府采购》杂志、《经济日报政府采购周刊》、中国政府采购网等报刊和网络为披露政府采购信息的权威媒体。但是在《政府采购法》实施之前,我国的《招标投标法》也规定了公共采购的信息披露制度。根据《招标投标法》第十六条规定,招标人采用公开招标方式的,应当发布招标公告。《招标投标法》实施后,根据有关的规定,国家发展和改革委员会是我国招标投标活动的指导协调部门,有权指定信息披露媒体的部门。为此,国家发展和改革委员会专门出台了一部《招标公告公布暂行办法》的行政法规,指定《中国经济导报》、《中国建设报》、《中国日报》、《国际商报》、中国招标与采购网等报刊和网络为发布公共招标采购信息的权威媒介。因此,在政府采购信息披露的执行依据上存在不统一,执行的结果必然会产生冲突。

2. 政府采购监督的法律机制不健全

作为我国政府采购法律制度重要组成部分的政府采购监督、政府采购质疑与投诉等相关法律制度,其法律程序设计既不具体也不甚合理,法律实施效果难尽如人意,缺乏特色型与外向型法律体制创新。

成熟的政府采购法律制度离不开规范与完整的政府采购程序、有效而健全的质疑与救济制度。国外政府采购制度比较完善的国家几乎都建立了一套以招投标程序为主、适应各种采购环境的政府采购程序,并且十分重视以保障"公开、公平、公正"原则为目标的监督和救济程序。在我国政府采购实践中,很多地方政府采购在程序上存在一些不规范的问题,主要表现在:第一,政府采购信息发布欠公平。由于政府采购信息发布机制尚未完全统一,许多地方的政府采购机构并没有切实采取多种公开方式向社会公布采购信息,致使供应商因客观条件的限制而无法公平地获得信息,造成应标供应商较少,政府采购竞争机制未能充分发挥。特别是在实行邀请招标采购和竞争性谈判采购过程中,透明度更加不高。第二,供应商审核程序、答复制度不规范,出现了一些地方采取地方歧视态度选择供应商;还有一些地方由于过分追求节约资金,简化供应商的资格审查程序,导致虚假中标或中标后违约的现象时有发生。对于这些问题的处罚,《政府采购法》仅在第七十一条进行了简单规定。第三,虽然国内大部分地方的招标程序较为公正,但是在具体的评标、定标程序中,则既不透明又缺乏公平。因为国内尚无统一的评标参考测定标准,加上许多地方政府因政府采购专业人才缺乏而导致评标委员会的组成人员并不精通相关知识,导致在评标过程中出现单纯重价格而轻质量的现象。

虽然各级政府采购部门都各自根据本地的实际情况制定了一系列的操作程序,但各种监督机构的职能和使用还没有充分发动起来。例如,政府采购的事后监督机制、追踪问效制度以及投诉和仲裁机制等均没有很好地建立起来,缺乏对《政府采购法》落实情况的有力监督,特别是缺乏对政府采购行为的全过程监督、审查与纠正机制,造成政府采购监督的力度弱化,必然影响政府采购的质量,并滋生出诸如合谋、假招标、专家腐败等这样或那样的违法行为。

概括而言,我国在政府采购监督方面存在的主要问题有:第一,监督机构很难有效了解财政性资金的来源、数额及用途,所以对采购资金特别是预算外用于政府采购的资金监督缺乏必要的措施和有效的手段;第二,由于我国的政府采购相关法律制度建设大多是围绕集中采购而设计的,所以在政府采购具体实践中对小额采购和分散采购的监督不力;第三,政府采购内部监督和社会监督制度的不健全也是我国政府采购监督机制存在的重要问题;第四,政府采购质疑和投诉机制的缺失,使得我国政府采购的信誉受到了严重影响;第五,我国《政府采购法》对政府采购救济问题的规定相对过于原则,仅简单规定当事人有起诉的权利,缺乏如何实施的具体规定。

二、政府采购范围制度界定不清晰

政府采购的范围包括三个层次:即政府采购的资金范围(指采购资金来源、资金渠道等)、政府采购的主体范围(或称采购人,指采购方的组织性质、组织类别等)与政府采购的对象范围(指采购目的物的属性、形式等)。

1. 现行政府采购范围制度的规定

根据《中华人民共和国政府采购法》的规定,我国对政府采购的范围制度界定做出下述客观描述:

（1）采购资金专指"财政性资金"（见《中国政府采购法》第一章第二条），包括预算内和预算外资金（见《财政部关于中央单位政府采购工作中有关执行问题的通知》，财政部办公厅财办库〔2003〕56号）。

（2）采购主体范围包括"各级国家机关、事业单位和团体组织"（见《中国政府采购法》第一章第二条），"采购人是指依法进行政府采购的国家机关、事业单位、团体组织"（见《中国政府采购法》第二章第十五条）。

其中，采购人延伸范围包括两种情形：第一，同质主体转移，即指"采购人采购纳入集中采购目录的政府采购项目，必须委托集中采购机构代理采购；采购未纳入集中采购目录的政府采购项目，可以自行采购，也可以委托集中采购机构在委托的范围内代理采购（见《中国政府采购法》第二章第十八条）"。第二，非同质主体转移，即指"采购人可以委托经国务院有关部门或者省级人民政府有关部门认定资格的采购代理机构，在委托的范围内办理政府采购事宜。采购人有权自行选择采购代理机构，任何单位和个人不得以任何方式为采购人指定采购代理机构（见《中国政府采购法》第二章第十九条）"。

（3）采购对象范围是指"以合同方式有偿取得货物、工程和服务的行为，包括购买、租赁、委托、雇用等（见《中国政府采购法》第一章第二条）"。

其中，"货物"是指各种形态和种类的物品，包括原材料、燃料、设备、产品等；"工程"是指建设工程，包括建筑物和构筑物的新建、改建、扩建、装修、拆除、修缮等；"服务"是指除货物和工程以外的其他政府采购对象。

2. 政府采购范围制度的问题分析

现行政府采购实际操作的众多困惑，很大程度上是政府采购范围制度的法律规定过于宽泛以及不甚严谨所致，具体表现如下：

（1）关于采购资金范围

我国政府采购资金范围制度的现行规定存在以下四个方面的缺陷与困惑：

①政府采购的"财政性资金"界定太笼统，制度中规定的"预算内、预算外资金"的界定仅适用于中央部门，而非中央政府部门的政府采购资金则没有明确的法规界定。

②对于购买同一目的物的"混合型资金"（含财政及非财政资金），如何进行界定？政府采购基本法没有规定，使得实际操作工作失去目标。

③由于对地方政府的债务资金所实行的购买没有界定,必然致使大量的地方政府采购形成制度外循环的局面。

④对于各级政府、事业单位和团体组织所接受的各类赠捐款资金所发生的购买行为,政府采购制度中也没有界定,自然可能造成政府采购监督的盲区。

(2)关于采购主体范围

我国政府采购主体范围制度的现行规定存在以下四个方面的缺陷与困惑:

①现行政府采购法所规定的采购主体中,由于对有关事业单位的营利与非营利性质没有明确界定。所以事业单位尤其是营利性事业单位的采购如果完全纳入政府采购计划,似乎不符合效率原则;如果视事业单位的性质决定是否纳入政府采购计划,可是在执行中又没有明确法律依据。

②"团体组织"被政府采购法界定为采购主体,但对"团体组织"的类型没有区分,因为团体组织有社会团体、群众团体、法人团体等类型。一般而言,不同的团体其政府采购的主体地位应当是有差异的,否则会将政府采购的社会经济效果相互混淆,不利于各类团体积极性的发挥。

③由于委托代理关系的存在,法律所规定的政府采购主体可能发生其主体的延伸,自然出现所谓的"延伸采购主体"(或称二级主体)。然而现行政府采购法对延伸采购主体的权责范围没有明确的界定,不利于政府采购组织体系的建设,必然会影响到政府采购活动链的完整和有效。

④依据政府采购法的精神,凡使用财政资金者均应纳入政府采购制度范围。可是对那些接受财政资金的非政府采购主体组织而言,按照政府采购法规定,可以不纳入政府采购的操作规程。这类采购主体地位如何界定? 由于相关法规没有说明,造成制度规则之间的矛盾,因此严重制约了政府采购各主体功能的发挥。

(3)关于采购对象范围

我国政府采购对象范围制度的现行规定存在以下四个方面的缺陷与困惑:

①虽然政府采购法对采购对象——"货物"范围的规定较具体,但是概括不甚全面,例如没有涵盖技术、专利和以知识产权为标志的一系列无形资产,

还有新兴的金融及其衍生产品等。所以在政府采购实践中,对于那些没有列入政府采购对象范围内的"货物",将可能游离于政府采购计划之外,显然有悖于政府采购事业发展的宗旨。

②政府采购法对采购对象——"服务"的界定比较模糊,与其他两类定义的思路方式不一致,"服务"采购对象的法律定义采用的是排除法,而"货物"和"工程"采购对象则采用列举法。如此规定的结果,可能会导致出现"服务"采购的非服务化,形成服务采购范围的"大杂烩",不利于服务类政府采购的规范化管理。

③虽然政府采购法对采购对象——"工程"范围的性质标准做出了定性规定,但是没有相应的定量标准,即"工程"规模大小的标准不明确。如果小型工程也按照政府采购的程序操作,由于采购过程周期长、采购程序繁琐,可能会产生效率低下的现象。

④随着高科技及现代服务业的发展,出现大量的包含两项以上的"混合型"采购对象,对此情况,现行政府采购法规对此没有明确的界定和划分。现实中,如果将混合型采购进行强制分类化管理,那么有可能不仅破坏了采购对象的完整性,而且导致采购成本增加;如果同一模式采购,不仅模式标准难以抉择,而且没有制度标准予以参照。

三、法规和政策的透明度和可预见性较差

按照国际通行约定,政府采购政策应该具有相当的透明度。乌拉圭回合达成的《服务贸易总协定(GATS)》中,对透明度原则作了明确规定:"各国政府必须公布所有与服务贸易有关的法律和规定,并且必须在1997年年底前,在政府机构中建立咨询点。……此外,对于已做出具体承诺的服务部门所适用的法律法规,各国政府还必须将任何变动情况通知WTO。"

我国《政府采购法》第三条规定:"政府采购应当遵循公开透明原则、公平竞争原则、公正原则和诚实信用原则。"可见我国《政府采购法》中所规定的公开透明原则与WTO《政府采购协议》规定的透明度原则在性质上大体一致。透明度原则是政府采购过程中必不可少的程序要求,程序的不公正必然导致实体不正义。虽然我国政府采购的很多现行法规主要是以行政文件和规定作为管理依据的,政策本身透明度不高,因此导致政策执行程序透明度较低,而

且存在着严重的长官意识。此外,法规、政策的统一性、稳定性、连续性不够,也影响我国政府采购政策功能的发挥。在实践中,由于我国实行政府采购的透明度不高,供应商在政府采购中处于不利地位,政府采购招投标主体缺乏自我约束机制,这种弱势地位就决定了供应商即使受到了不公平待遇也欲诉无门。如某政府采购中心在采购汽车时,标书中明确写到采购金杯海狮客车、解放轻型货车、91225北京吉普,标书明确要求采购具体品牌的产品,而把别的品牌排斥在外。又如某部委委托其所属的信息中心采购一批计算机,而投标供应商中就有中心下属公司,信息中心在标书制作、评标中明显偏袒下属公司,并且信息中心的主任就是下属公司的法定代表人。WTO《政府采购协议》的非歧视原则要求政府采购实体保证所有有兴趣的供应商参加竞争的机会均等、待遇同等,政府采购监督管理机关对所有供应商应一视同仁而非厚此薄彼,通过竞争形成有利于买方的竞争局面,最大可能地实现提升采购效率的目标。但是国内政府采购中存在地方保护主义和部门本位主义等歧视现象,受地方、部门利益机制的驱动,一些地方政府和部门常常强制本地区的支出单位购买本地区产品,有些地方通过地区封锁、部门垄断等方式排斥其他供应商参与竞标,大型工程也存在本地区、本部门承担的现象,基本上不进行价格和质量的比较,形成不完全竞争。一些地方政府以小企业实力不够、资金不足、信用不良为借口,限制中小企业参与政府采购。WTO《政府采购协议》中明确提到,缔约各方期望提高政府采购法规、程序与做法的透明化,包括政府采购的法律政策公开,采购合同条件的公开,供应商资格预审和评标标准的公开,合同授予结果的公开等,杜绝"暗箱操作"。对于供应商而言,只有在政府采购法律和政策保持高度透明的情况下,才能对采购活动有合理的预测,并对竞争成本与效益进行有效的计算,显然这方面实施情况在我国政府采购过程中难如人意。据统计,在政府采购中有较大比例是通过公开招标方式完成的,但实际工作中存在着招标信息只在地方性媒体披露,而不在全国性指定媒体披露的现象,信息披露的范围和广度还很有限。

第五章　国外及国际政府采购政策分析

现代政府采购制度起源于18世纪末19世纪初的西方资本主义国家。由于各国在自然资源、历史传统、政策法律、经济制度、社会价值观等方面存在着差异,形成了各具特色的政府采购政策模式。

1782年英国政府设立了文具公用局,专门负责采购政府部门所需办公用品和投资建设项目。同时英国对政府采购开始立法,规定了一套政府特有的采购程序及规章制度,例如对超过一定金额的政府采购合同,要求必须使用公开的、竞争的程序进行,即实行公开招标制度。1861年,美国通过了一项联邦政府采购法,规定了采购机构、采购官员所应遵循的程序和方法,政府部门也对采购行为建立了专门机构和制度,实行立法管理。这些政府采购的立法以及政府采购机构的确立与规范,标志着现代政府采购政策的初步形成。因此说,现代政府采购政策的形成是政府加强市场干预与国家走向法制管理的产物。

第一次世界大战后,政府采购的主体逐步由中央政府、地方政府向其他公共组织扩展,政府采购的范围也相应得以扩大。20世纪30年代以后,随着市场经济国家政府广泛运用经济手段和法律手段干预经济活动,政府采购制度在西方国家大范围地发展并日趋完善起来。在美国,政府开始广泛运用政府采购手段举办公共事业,刺激需求。第二次世界大战后,西方政府采购的政策作用逐步向海外发展,各国主动运用政府采购政策干预经济,特别是在20世纪60年代到70年代之间,一些发展中国家大规模兴建基础设施和发展重点工业,国际招标开始得到应用;同时,政府采购还被用做保护本国产业发展的手段,使本来作为财政政策的政府采购具有了外贸政策的功能。但总的来说,这一时期的政府采购仍是封闭的,采购对象主要是国内产品,政府采购政策还未能走向国际化。

随着世界贸易竞争日趋激烈,各国相继构筑更多的贸易壁垒,为限制对外国产品的采购,政府采购被融入政府的外贸政策之中,致使贸易壁垒不断增加。显而易见的结果是不仅损害了发展中国家的利益,更损害了发达国家的利益。一些工业化国家为了自身的利益,需要更广泛地开拓海外市场,因此贸易自由化的呼声日趋强烈,日益重视政府采购这个潜在的巨大市场,纷纷要求将政府采购纳入国际协议。在关贸总协定乌拉圭回合中,经过国际社会的协商,于1980年制定了政府采购的国际规则,即《政府采购协议》(GPA)。国际政府采购协议的出台,标志着各国政府采购市场的开放,政府采购政策最终走向了国际化。当然,政府采购政策走向国际化还有一个重要的原因,这就是政府采购合同金额巨大,已成为各国经济发展中的最大“黑洞”,如果不实行严格的采购制度,腐败就会层出不穷,严重干扰国内、国际经济秩序,妨碍国际贸易的公平竞争,不仅损害发达国家的利益,同时也会损害发展中国家利益。

GPA由各缔约国自愿签署,通过谈判确定政府采购开放的程度,其性质是非强制性的。在关贸总协定乌拉圭回合谈判期间,对GPA又进行了大幅度修改。修改后的GPA规定,采购单位不仅包括中央政府,还包括地方政府以及公用事业单位,并相应规定了各政府组织的货物、工程和服务采购的门槛价。GPA于1996年1月1日正式生效实施。

在关贸总协定就政府采购市场的开放问题进行多边谈判的同时,一些区域性国际经济组织也将政府采购纳入地区贸易自由化之中,如亚太经济合作组织在1995年12月通过的《大阪行动议程》,将政府采购列为其贸易投资自由化与便利化的15个具体领域之一。

第一节　美国政府采购政策

美国是世界上较早实行政府采购的国家之一,1861年曾通过一项联邦法案,规定超过一定金额的联邦政府采购,必须使用公开招标的程序。考察美国政府采购发展史,不难看出,美国政府采购政策的建立与完善,是以完整的政府采购法律体系为基础的。政府采购的基本政策,以及有关的政府采购价值目标、方式程序、救济途径等都以法律、法规和程序加以规范,使美国政府采购政策在法律规范的前提下得以有效运作。此外,美国是联邦制国家,除联邦政府制定完整的政府采购法律、法规和程序外,各州和地方政府都有其自己的一套政府采购的法律、法规和程序。

一、美国政府采购的法律体系

美国涉及联邦政府采购的法律、法规相当广泛,有联邦政府采购的基本法规,还有与政府采购直接和间接相关的专门法规,数量多达 4000 多个,可谓浩如烟海。在美国,签发政府采购合同的权力来自宪法。《美利坚合众国宪法》"序言"中陈述,联邦政府应"提供共同防务、促进公共福利和确保自由带来的幸福",这一陈述被认为是联邦政府签发政府采购合同的权力来源。在此基础上,国会、联邦行政部门(主要是联邦政府采购政策办公室和依法设立的行政机构)和司法系统,在各自的职权范围内制定了大量的政府采购的法律、法规和程序。

1. 政府采购基本法

《联邦政府采购规则》(*Federal Acquisition Regulation*,"FAR")是美国政府采购的基本法规,其主要内容分为两大部分:第一部分是关于联邦政府的采购规定,第二部分是关于州和地方政府以及其他公共部门的采购规定。在《联邦政府采购规则》中比较详细地规定了基本的采购政策,目的是引导各级政府机构按照该法规具体实施政府采购。FAR 由联邦政府采购政策办公室负责指导实施,对 FAR 的修改由政府采购专家组成的委员会来进行;然后提交美国总统行政办公厅内设联邦行政管理和预算局进行最后的修订;最后,在所有法规修改生效前要接受公众的评议。联邦政府机构根据 FAR 制定自己的采购条例,针对其特定的要求和合同做出规定。

2. 政府采购的相关法规

在美国,与政府采购直接或间接相关的其他联邦法律主要有:

(1)1949 年颁布的《联邦政府行政服务和财产法》(*Federal Administrative Services and Property Act*)。该法案规定了许多监管联邦政府合同的程序性要求,诸如制订政府采购计划、鼓励中小企业参与政府采购等政策。

(2)1984 年颁布的《合同竞争法》(*Competition in Contracting Act*)。该法案规定政府采购合同的签发必须采用全面、开放的竞争方式,符合条件的供应商都有权利参与政府采购合同的竞争。

　　（3）《购买美国产品法》（*Buy American Act*）。该法案已经实施了 70 多年，是美国政府采购重要的法律。该法律根据行政命令实施，要求政府机构在一定的条件下购买本国的货物和服务。该法律所认定为的美国产品必须具备两个条件：一是拟采购的项目即"最终产品"必须是在美国制造；二是最终产品采用的"实质上全部的"组件也必须是在美国制造。例外的情形是，本国所供应的货物和服务的价格不合理，或者政府机构确认它们不符合政府的最佳利益，可以采购外国的产品。在美国成为 GPA 成员后，通过《贸易协定法》，废止了《购买美国产品法》中指定从特定国家购买产品和物资条款的适用性，并且禁止不公平对待外国企业。

　　（4）《信息自由法》（*Freedom Information Act*）。该法案要求政府机构应当将所有有关的政府采购信息充分、及时在有关媒体公布，或向任何有兴趣的人提供所有的采购信息和合同信息，但涉及有关承包商的商业秘密除外。

　　（5）1962 年颁布的《诚实谈判法》（*Truth in Negotiations Act*）。该法案要求投标人有义务向政府机构提供准确的、现行和完整的成本或价格数据来支持其竞标方案，这样才能使政府机构做出公平的决策。如果投标人提供虚假的或误导性的数据，将受到罚款和刑事处罚。

　　（6）《小企业法》（*Small Business Act*）。美国政府采购的一项非常重要的政策是实现社会和谐目标，因此该法案要求政府机构将一定比例的合同给予小型企业和社会弱势群体（如妇女和少数民族）拥有的企业，以保证上述企业有更多的机会获得政府采购合同，保障其生存，扶持其发展。

　　除《小企业法》外，还有一些促进政府采购社会政策目标的法律，例如《戴维斯—培根法令》。为促进公共政策目标的实现，许多劳动法内容都融入进了政府采购合同中。例如，就业机会平等和实施公平劳动（如加班补贴和安全的工作环境等），如果承包方未能遵守这些法律，将会失去政府采购合同并受到处罚。

　　此外，美国还颁布了一系列规制政府官员和承包商之间的贪污和欺诈行为的法令，如《贪污受贿、渎职及利益冲突法令》、《反回扣法令》和《虚假赔偿法令》等。规范政府采购合同履行过程和政府采购赔偿方面的法令主要有《及时支付法令》、《司法平等法令》等。

　　美国属于英美法系，判例在法律体系中起主导作用。在政府采购法律体系中还包括行政和司法判例。总审计署办公室、合同上诉理事会、美国联邦赔偿法院和美国联邦上诉巡回法院,都发布有关政府采购事务适用法律的规章制度、判例和法律解释的权力。如果这些判例被归入普通法律制度,这些规章制度和司法解释都对政府采购事务产生普遍的约束力。

二、美国政府采购的组织体系

美国政府采购的组织体系划分为执行机构、监管机构和救济机构三部分。

1. 政府采购执行机构

(1)集中采购机构

1949 年以前,美国的政府采购由各部门依法自主采购。1949 年胡佛委员会(议会以牵头议员命名的专项调查组)对政府采购的情况进行了调查,指出分散采购有五大缺点:一是缺乏有效的采购组织,采购效率低;二是采购价格高于私营部门采购价格;三是多层采购形式浪费;四是采购人员素质低;五是无法进行有效的监督和评价。在此报告的基础上,1949 年国会通过了《联邦财产与行政服务法案》,依据此法设立了联邦事务服务总局(以下称服务总局),在全国设十一个地方分局,负责联邦政府的采购工作。

服务总局依据有关法律制定了《政府采购条例》,统一了政府采购政策和方法。实行政府采购的范围包括工程、货物和服务三项。在集中采购的程度上,该局实行"放大集小"和"集大放小"相结合的政府采购体制。所谓"放大集小":一是将政府采购业务量大的部门,例如,对于能源部、农业部、商业部、内务部、司法部、财政部、退伍军人事务部、田纳西峡谷管理局等部门,授予完全的依法自行采购权;二是将采购业务量相对少的部门,由服务总局集中采购。所谓"集大放小":一是将实行集中采购的各部门中的采购量大、需要专业技能的采购项目,例如,汽车购买和维修,办公用房的新建、扩建、改建及装修维护,信息系统购买及维护,实行集中采购;二是将其余各类小额采购由各部门依法自行采购,这类采购,也可以委托该局代为采购,但要收取一定的服务费用,一般货物收 1%,信息系统采购收 7%。2000 年美国联邦政府采购1047 万项(包括军事采购),采购总额 1987.5 亿美元,占全国 GDP 的 1.99%。其中国防部 1333 亿美元、能源部 156 亿美元、航空航天部 111 亿美元,三个部门的采购额即达 1600 亿美元,占联邦政府采购总额的 80.5%。服务总局的采购额为 76 亿美元,占政府采购总额的 3.8%,占扣除上述三部门采购额后的政府采购额 387.5 亿美元的 19.6%。

美国一般服务管理办公室是专门的采购机构,它可以代表联邦政府中的许多民事机关购买货物和服务、处理房地产购买、租用和建设等工作。联邦政府中许多小机关,由于缺乏采购信息来源而无法进行直接采购,也可以委托一般服务管理办公室进行采购。

(2)分散采购机构

美国联邦的大部分政府采购项目采取非集中化的组织方式,绝大多数的政府采购项目由联邦政府中的行政部门直接进行采购。美国每年通过政府采购合同购买的各种商品和服务超过 2300 亿美元,其中包括从一般的办公用品到武器装备的采购,以及建筑物和设施建设等工程采购。联邦政府的采购工作由 60 多家政府采购机构的 27000 名员工来执行。

美国政府采购的具体营运采用合同官员制度,将采购合同的权力授予确定的合同官员,可为整个政府采购系统带来稳定性。联邦承包合同制度的实施是通过政府授权任命的"合同官员"进行的。对合同官员的授权范围和界限是明确的,并且向所有的承包商明示。合同官员严格按照联邦政府采购的法规、制度和程序进行采购活动,只有合同官员才有权力代表政府与承包商签订合同,该合同对政府产生法律的约束力。合同官员通过建立对采购系统的高效管理和监督确保政府采购法律、法规的有效实施,同时维护公众利益和承包商的合法权益。

2. 政府采购监管机构

美国联邦政府采购的监管机构主要有两个部门,一是美国国会下属的联邦会计总署(General Accounting Office,GAO);二是美国总统行政办公厅内设的行政管理与预算局(the Office of Management and Budget,OMB)。

(1)联邦会计总署(GAO)成立于 1921 年,是美国国会下属的一个机关,直接对美国国会负责,根据美国宪法,它有权力处理国家支出情况。GAO 通过总审计署办公室执行对政府采购活动的监督。总审计署办公室可以接触所有的政府采购文件,有权力对行政机关的采购计划进行评估,为行政机关的采购计划提出建议,对政府采购项目进行审计。此外,GAO 还是受理承包商投诉的最具权威的机构,目前,GAO 雇佣 28 名律师,他们都是资深的政府采购法律专家,属于政府公务员。GAO 每年受理 1100 多件的政府采购投诉。GAO 的独立、高效和权威,在美国政府采购监督机制中起了非常重要的作用。

（2）行政管理与预算局（OMB）是美国总统行政办公厅内设机构,负责制定每年的预算并送交国会审议和颁布,以及发布有关各种管理领域的政府内部政策。为加强对联邦政府采购的管理,1974 年 OMB 内设联邦政府采购政策办公室（the Office of Federal Procurement Policy,OFPP）,设立 OFPP 的目的是"在行政机关采购制度的制定过程中起到总体的指导和领导功能"。该部门设在总统行政办公厅,由此突出了政府采购政策在联邦政府运作中的重要性。OFPP 负责通过发布普遍适用于各个行政机关的规章制度,协调具体采购活动的实施情况。目前,OFPP 雇佣 20 人,包括采购分析师、会计师和律师,由 OFPP 主任领导,而主任由总统提名并经美国参议院批准。OFPP 代表总统参与可以影响政府采购以及与政府采购有关的政策、程序和法规的立法工作。如果出现与政府采购合同相关的问题,OFPP 将分析其原因并出台补救措施,并对政府采购机构产生约束力。

3. 政府采购救济机构

美国政府采购法对于合同形成过程中所产生的争议称为"合同授予争议"。对于合同授予争议的处理,可以向政府采购机构、联邦会计总署或美国联邦赔偿法院或美国联邦巡回上诉法院提起。

（1）合同上诉理事会。合同上诉理事会是在采购机关内部设立的一个行政法庭,美国联邦政府绝大多数行政机关内部都设立合同上诉理事会,接受承包商的投诉,裁定政府和承包商之间的合同纠纷。合同上诉理事会的运作与法庭类似,但程序比较简易。听证的官员必须是从事政府合同事务五年以上的政府合同方面的专家。

（2）美国联邦赔偿法院。美国联邦法院一般不受理政府合同纠纷,而联邦赔偿法院是听证、处理政府合同纠纷和处理其他事务的专门联邦法院。政府采购合同的赔偿可以投诉到合同上诉理事会,也可以向联邦赔偿法院起诉。

（3）美国联邦巡回上诉法院。对合同上诉理事会,或者联邦赔偿法院裁决不服的,可以上诉美国联邦巡回上诉法院。联邦巡回上诉法院一般审查法律问题。

三、基于激励与创新的政府采购政策

1. 有效激励的政府采购政策

竞争原则是政府采购中的一条重要原则,美国政府通过设置一定的政府采购目标,促进供应商、承包商或服务提供者之间最大限度的竞争,以最大限度地提高采购效率并有效实现政府的政策意图。

有效激励的政府采购政策,其具体实施取决于采购的性质、数量、频率以及竞争策略和法律要求。

(1)为提高行政效率,美国政府机构希望小额的政府采购不仅要做到价格低廉,而且要使得采购程序简单易行。美国国会一直要求各级立法机构根据较规范的程序制定相应的法律制度,对采购金额低于2500美元的,鼓励各级政府机构使用"采购卡"的方式,便捷和有效地从市场上买到价格合理的商品或服务。如果采购金额在2500~25000美元之间,各级机构一般可采用"三盘报价"式程序,卖主基于自己对当地贸易的了解,对小额商品报出有竞争力的优惠价格(如果没有同种小额商品,或价格不具竞争力,可以报有价格竞争力的其他商品)来满足各级政府的需要,并根据电话联系,通过三次报价发出采购订单;如果采购的总金额较大,政府机构往往在合同中不规定交货日期,也不规定采购数量,运用一些简单的技巧,使合同签约各方展开激烈的竞争,最后才决定交货。这种方法简单有效,能充分运用竞争的手段,使政府采购达到低价采购商品的目的。

(2)一般来说,对政府采购金额超过25000美元的(合同中不规定订货数量的采购例外)的大额合同,一般采取两种方式之一进行,即公开投标采购及协商采购。如果采用密封投标的采购方式,与政府签约的报价方一定是报价最低、最负责任的一方;供应商必须满足采购方的一切要求,投标一经开始不得重新更改投标。如果采用协商采购的方式,政府可以根据商品的质量对价格进行协商,只要报价方商品的质量可靠,政府还可以适当提高采购价格。协商采购方式不但灵活多变,而且可以保证各级政府买到货真价实的商品及高质量的服务。现今,美国有越来越多的政府机构垂青这种采购方式。为了更有效地运用协商采购过程中的竞争优势,各级政府对法律制度也作了相应的调整,《1996年克林格尔—科亨法案》规定:政府对最初的采购提案做出评估

后,可以在协商采购中减少供货方的数目。这一规定为签约可能性不大的报价方节约了时间,避免了其进行不必要的提案修正,同时也使政府避免对不必要的提案进行评估,达到节省时间和经费的目的。

协商采购方式开始并不受青睐。50多年前,美国国会通过的《武器服务采购法》,鼓励各级政府使用密封投标的方式,而对协商采购方式却大加限制。根据该法案,除非政府收到的投标为不合理或不完整的投标,各级政府不得擅自将"密封投标"转为"协商采购"方式;在这种方式下,政府与报价最低的一方签订合同。这种情况到1962年方逐渐发生改变,1962年美国国会对《武装服务采购法案》进行了修正,肯定了"建立竞争氛围并与报价方协商"这一原则的重要性。1984年,美国国会更加旗帜鲜明地肯定了协商采购的优点,指出了密封投标的缺陷,并强调竞争是政府采购的制胜法宝。同年,美国国会又通过《合同竞争法案》,该法案指出:公开竞争是美国政府采购制度的基石,只有一方报价的采购方式应该予以取缔。《合同竞争法案》使通过合理竞争的政府多方签约的做法进一步合法化。

(3)《合同竞争法案》颁布以后,国会还颁布了很多其他的法令,鼓励政府机构充分而有效地利用《合同竞争法案》倡导公开竞争。1994年的《美国联邦采购合理化法案》,授权政府机构可以同时与几家报价方签订"计件交提货单合同"(即具体履约内容在合同签订后根据具体"计件订单"来决定的合同),并与满足具体要求的签约方展开迅速而合理的公开竞争,从而更好地跟踪市场的变化。而在此之前,政府往往经过一轮预先的竞争后便很快地与某方签订合同,这样,该签约方在整个合同有效期内都可毫不费劲地获得政府的所有"计件订单"。按照新的协商采购方式,由竞争所带来的压力日趋激烈,这必然使采购的商品或服务达到价格低、质量好、交货及时的效果。

(4)近年来,美国政府正在进一步学习和完善商业化操作的成功经验。一方面,美国政府通过消除一些人为障碍,加大商业竞争力度,拓宽从非官方获得产品及服务的途径;另一方面,美国政府部门采用了一些商业采购中的成功经验及宝贵策略。其中最主要的有两种:一是"苛刻交易"法的使用。由于近年的法律制度允许在签约对象选择过程中进行更为有效的信息交流,这就使得政府采购中的竞争更为激烈,各级政府机构可以一次与不同的签约对象签订多项内容相同的合同,然后通过具体的"计件订单"使不同的签约对象展开竞争。因此,在整个合同的有效期内,政府机构始终可以坐享商业竞争所带来的好处。二是考察签约对象过去的经营业绩。这种办法使政府部门不必对不同报价方的相对优势与缺点进行详细的比较,而只须考察其过去的经营业绩。同时,这种方法还可以促使报价方努力改善自己的经营业绩。

2. 鼓励创新的政府采购政策

(1)鼓励企业研发事业

美国政府在政府采购制度中设计出较大的竞争空间,鼓励新兴企业参与重大战略性技术的开发。在美国政府采购政策中,十分注意扶持新兴企业参与重大战略性技术的研发。尤其在美国政府的研发以及采购计划中,鼓励更多的新兴企业的参与。鼓励新兴企业参与重大技术研发的重要性在于为那些能够满足采购要求的企业提供不断的激励,促使"老"企业不敢懈怠,"新"企业得到发展空间(见表5—1)。

表5—1　1959年美国不同类型企业的研发投资及销售

企业类型	政府研发投资		企业研发投资		半导体销售	
	百万美元	百分比	百万美元	百分比	百万美元	百分比
"老"企业	12.7	78	27.2	50	149.5	37
"新"企业	3.5	22	26.8	50	252.1	63
总计	16.2	100	54.0	100	401.6	100

资料来源:转引自张缨:《运用政府采购工具,推动重大战略性技术发展》,载《财政研究》2001年第11期。

(2)鼓励行政管理方式的创新

美国加利福尼亚州有3500万人口,总财富超过1万亿美元,是全球第5大经济区,在贸易、商务、高等教育、科研以及其他体现创新与创业能力的领域一直有突出的表现。尽管加州取得了瞩目的成就并作为高科技中心享誉全球,但加州政府却在利用高科技的能力上落后于州内的科技企业,也落后于美国的大多数地区。1999年1月,新的州政府成立不久,州长克雷·达维斯提出了利用加州的技术优势来推动经济增长,改进政府服务,并为全州人民提供同等教育机会的构想。

加州共有130个政府部门,20多万名政府雇员,改进政府服务对于一个大规模以及地域广阔的政府来说并非易事。在成功渡过"计算机千年问题"的难关之后,加州政府开始考虑如何将信息技术战略性地应用到整个州政府的工作中。达维斯将加州全年总额为 970 亿美元的预算中的 17 亿美元用于信息化建设,他还和同事们一起,研究高科技企业应用互联网的模式。加州因此成立了政府革新办公室,并下设电子政务办公室。达维斯要求电子政务办公室在不到 4 个月的时间内创建州政府的新门户网站,并在 2001 年 1 月正式开通。

为了实现这个目标,加州必须建立强大且可扩展的互联网基础设施,并与主要联邦政府部门建立合作关系,这样才能在网上快速地提供政府服务。加州电子政务办公室主任阿伦·巴霍迪说:"我们希望通过互联网改进人们与政府打交道的方式,从而改变他们对政府的看法,这是我们真正的驱动力。"加州政府了解到,加州人希望通过网络完成驾驶执照年审、购买垂钓许可证等必须当面办理的手续。

企业是加州政府的主要经济支柱,通过新近成立的电子商务中心的调查发现,企业纷纷抱怨加州政府的办事方式过于复杂和繁琐。加州电子政务办公室的工作组走访了位于圣何塞市的思科系统公司总部,寻求电子政务解决方案,并咨询电子政务的实施流程。工作组在思科了解了企业如何通过电子商务服务客户,其他州如何实现电子政务,以及联邦政府如何利用互联网。工作组对思科划分工作的优先级思路尤其印象深刻,即通过 30 天、60 天及 90 天几个阶段逐步实施信息化的做法。思科的互联网商业解决方案部帮助加州政府向电子政务战略过渡,此后,他们一直与这个工作组密切合作,共同设计和开发网络服务。

回去以后,工作组学以致用,仅在 110 天内就开通了新的加州政府服务门户网站及 12 项服务。该网站(http://my.ca.gov/或 http://www.ca.gov/)提供的服务包括:如何做出能源安排(编者注:因电力改革,加州常常停电),如何办理子女入学,如何免受恐怖主义攻击,以及办理各种证件等服务。新的服务内容从 2001 年 1 月开始启动,网站的点击率一下子从每天 3 万次增加至每天 260 万次。网站的一位负责人说:"这是加州人对我们充满信心的迹象。当我们在网上提供炭疽病毒邮件处理方法的录像时,前 8 个小时就有 40 多万人上网观看。在我们通过网络提供能源信息的前 70 天内,网站的点击量高达

6400 万次。想想看,这里边只要有 1% 的人不是上网,而是到州政府来或拨打电话,会出现什么样的情形?"

加州的电子政务改革继续推进,网上的服务项目现在已经扩展到 54 项,加州人可以在网上获得电子邮件、寻呼机或移动电话三位一体的通讯及提醒服务。网上的电子业务中心简化了在加州开创公司或业务的流程,可以在网上进行专业执照更新和招募员工。基于互联网的政府采购系统,每年将价值 60 亿美元的政府采购放到网上自动进行。

加州的电子政务建设得到了各界的认可。在对加州人的调查访问中,92.6% 的加州人认为州政府门户网站使得大家的生活变得更加便利,95.4% 的用户认为互联网"非常重要"或者"很重要",97.2% 的用户回答说愿意再次使用网上服务,88% 的企业为州政府服务打了高分。2001 年,加州政府网站被评选为全美最受欢迎的州政府网站,网上政府采购服务获得了美国国家 CIO 协会颁发的"数字政府"奖。同年,加州政府又在"数字州政府"调查中名列有效信息化管理第 6 名,而加州在 2000 年的排名仅为第 38 名。

加州电子政务的成功关键在于小步快跑,保证了实施的速度。加州政府网站的负责人胡戈说:"在我们的说服下,越来越多的政府部门开始对短期项目充满信心。在 110 天内建立州门户网站是重大的成功,也是取得未来成就的重要基础。"

四、促进中小企业发展的政府采购政策

在 1940 年以前,美国中小企业参加政府采购问题,并没有成为人们所关注的焦点。但是,20 世纪 30 年代的经济大萧条为促进中小企业政策的出台奠定了实践基础。20 世纪 30 年代以前,流行于美国的是古典经济学指导下的理财思想,主张低税收,否定大政府,强调自由放任,反对宏观干预,显然这与自由资本主义的发展阶段相适应的。在这种背景下,经济运行几乎完全由市场调节,政府职能狭窄,财政收入规模和支出规模都十分有限。20 世纪 30 年代初期的经济大危机宣告了市场万能论的破产,罗斯福新政把联邦政府的作用提高到了救世主的地位。自此,美国以凯恩斯主义的财政扩张理论作为制定财政政策的重要依据,财政支出规模加速膨胀,政府职能范围延伸到了经济领域,国家宏观调控作用得到了提高。1902 年美国政府(包括各级政府)财

政支出总额为 15 亿美元,占 GDP 的比重仅为 7. 3% ;1929 年支出额为 107 亿美元,比重为 10. 4% ;1950 年支出额为 659 亿美元,比重上升为 23. 1% ;1970 年支出额为 3134 亿美元,比重进一步上升为 32. 2%。①

　　在此背景下,到 20 世纪 30 年代的时候,中小企业普遍受到的不公正的待遇,处于不利竞争地位的境遇引发了广泛的争议,中小企业的代言人也开始在国会出现,因此有关中小企业的政策被提上了议事日程。人们通过对政策的比较发现,美国政府在 20 世纪 30 年代的中小企业的政策,实际是将中小企业与农村生产者联系起来对待的,没有纳入现代工业的体系。现今,此问题引起了广泛的争论,更多的人认识到中小企业在社会经济发展中的不可或缺作用。美国国家复兴管理委员会(NRA)以及新成立的计划委员会开始对大企业和中小企业的政策进行评估。在该评估的结果中发现,过去有关 NRA 法案,涉及的大量内容只与大企业、大财团相关,其中有些法案,招致了中小企业的抗议。经过中小企业的努力以及政府在反托拉斯方面的考虑,使国会终止了 NRA 的工作。但在 1935 年以前,由于国会未取得最高法院的授权,NRA 仍继续扮演着一种不符合宪法精神的代表大财团势力的角色。

　　随后,国会成立于 1932 年的经济重建金融公司(RFC)对政府的大财团和中小企业的不同政策进行了比较后决定,通过直接贷款的方式对美国的农业以及中小商业、中小工业企业提供帮助。1934 年,国会拓展了 RFC 的职权范围,允许它对中小企业进行直接贷款。与此同时,反托拉斯领域的有效进展也是有利于中小企业发展的。在这个政策领域,国会于 1936 年通过了 Robinson-Patman 法案,1937 年,又通过了 Miller-Tydings 法案,以此来保护中小企业免遭大企业的盘剥以及对市场的控制。1938 年,罗斯福总统扩展了反托拉斯司法管理的力度,并且对市场中不正常经济势力的集聚展开调查,这次行动导致美国成立了一个名为"国家临时经济委员会"的临时性机构。这个委员会将立法与行政融合为一体,对大财团和中小企业均展开调查。该委员会后来发表了一个有关中小企业所面临问题的专题报告。针对有关中小企业的问题,在 1933 ~ 1942 年间,国会有 390 个提案与此有关。

　　1940 年,参议院成立了一个特殊委员会来评估美国的中小企业问题,以

---

① 　苏明:《财政支出政策研究》,中国财政经济出版社 1999 年版,第 91 页。

此对抗共和党人的攻击。在提交给参议院的报告中,詹姆斯(James)成为新委员会的主席。他强调政府对中小企业的政策要重新进行审查。当时,在这个报告中并未提及政府采购问题,但不久以后,政府采购成了一个中心议题。1942年,大约75%的陆军、海军的采购合同落入56家制造商手中,它们都是巨型企业,而全国的相关制造商有184230家。从理论上讲,政府作为一个潜在的客户,应为中小企业获得政府合同创造有利条件。但是,由于中小企业缺乏有效的组织,实际上参议院小企业委员会在协助其获得政府采购合同方面并不成功。1941年,美国参议院成立了一个特别委员会来对国家的防御计划进行研究,其中的议题之一就是探讨如何利用美国的中小企业来帮助国防建设。在其主席杜鲁门的领导下,该委员会在11月份提交了一个报告,该报告认为,在国防建设的初期,大企业由于担心生产军需产品与它们所生产的民用产品发生冲突,而不愿接受政府的订单,这种做法不仅减少了中小企业获得政府订单的机会,而且加剧了原材料的短缺及交货期的拖延。

在1940~1941年间,为反击国会的指责,罗斯福政府成立了3个不同的与中小企业有关的单位,这些单位的成立是为了帮助中小企业获得政府合同,但是这些机构只是咨询性质的,并没有起多大作用。在"珍珠港事件"后不久,1942年1月,罗斯福总统授予新成立的战争生产委员会(WPB)以极大的权力,而在这个战争委员会里成立了一个中小企业办公室,在"珍珠港事件"的前几天,白宫又成立了一个中小企业特别委员会,这个委员会的职责与早期参议院成立的类似委员会有很大差别,后者成立的时候,美国还未就战争进行工业总动员,白宫主要关注的是进行一项研究来对中小企业在国防中的作用进行探讨。在同一个月,参议院的中小企业委员会举行了特别听证会,就有关工业总动员的事项展开听证,而其中的政府采购问题是一个中心议题。1942年年初,这个委员会尽管缺乏立法程序的授权,但还是给银行与货币委员会提交了一项动议,要求采取一系列措施,帮助中小企业获得政府采购合同,使人们更加关注中小企业参与政府采购的问题。

1942年6月11日,罗斯福总统签署了《中小企业法》(PL77—603)。国会通过这个法案的目的是为了在战争期间利用中小企业的生产能力来获得最大的产出,同时,也能使中小企业生存下来。到底是什么原因使中小企业难以获得合同?国会银行与货币委员会在1942年的一份报告中解释说:其主要原因是在战争动员的初期,政府认为可以依靠的力量主要是大企业,但现在是到应该重视中小企业的时候了。但是在此过程中的争论一直不断,有些国会的议员认为:"依靠大企业是一个符合自然法则的事情,虽然这很残酷,但这却是一种趋势。"有些议员甚至提出了所谓的"社会改革计划"(Congressional Record,May 25,1942,p. 4493),以紧急状态的名义把中小企业"挤压"出政府合同的考虑范围。有些参议员与议会的代表坚持政府采购的供应商应该来自大企业,因为大企业对政府产生的影响大。很快,对中小企业不利的政策效应就出现了,例如,政府采购条例经常使中小企业感到困惑,各个不同的政府部门在对待中小企业的态度上经常是官僚的,中小企业的利益受到了忽视,它们甚至不能顺利获得政府采购的相关信息(参见《1942 年 5 月美国国会会议纪要》第 4496 ~ 4499 页)。有些人士指出,大企业甚至能得到与它们的生产范围不相关的生产合同。

在对以上问题的讨论中,有关政府采购问题中的公平原则始终是受到重视的。美国参议院特别委员会在仔细地考虑了美国中小企业的困难以后,指出:"在美国的历史上,不管一个中小企业拥有如何高的生产效率,美国政府都没有为其建过一个工厂。"

美国参议院中小企业委员会,就中小企业获得政府合同的问题考虑了多种方案。例如,先让大企业获得合同,而后再转包给中小企业的方案。最后立法通过的方案是授权战争生产委员会(WPB)帮助那些有能力的中小企业来获得政府采购合同。国会令政府采购代理机构在中小企业有证明其有能力完成政府的某项合同的时候,就要把合同授予它们。

战争结束后不久,该政府采购政策仍然继续对今后的政策产生着影响,这些影响的突出表现是针对军队的 1947 年《采购法》、1948 年《选择服务法》以及 1949 年的《联邦财产与行政服务法》而引发的,这些法律均认为,中小企业应该在政府采购合同的分配中享受到一个公平的份额。虽然中小企业参与政府采购的问题是由大萧条与战争而引发的,国会的专门委员会坚持不懈地提交议案,希望"复活"第二次世界大战中的中小企业代表处或者创立一个新的中小企业代表处。

朝鲜战争的爆发使中小企业参与政府采购的问题又被重新提了出来,由此引起人们面临第二次世界大战期间出现过的同样问题,即政府对待中小企业与大企业的不同政策倾向进行新的讨论。讨论是由参众两院中小企业委员会展开的,而后,众议院中小企业委员会下属的机构在20个州举行了听证会,对中小企业在新的形式下面临的困难展开了听证。

以上活动最后在政策上的体现就是又成立了一个中小企业代理机构,即国防部中小型工厂管理局(SDPA)。这个机构是一个反映了国会新意图的独立的机构,因为国会对第二次世界大战中类似机构效率的低下存在着疑虑。当国会通过立法程序成立了SDPA以后,同时宣布了在将来的政府采购合同中要给予中小企业以公平待遇的相关政策,并且国会要求该机构对中小企业是否有足够的能力来完成政府的合同进行评估。SDPA通常的做法是由它出面获得政府的大合同,然后再将它们划分为若干个小合同供中小企业投标,最终分包给中小企业。这就是后来被人们所熟悉的政府采购合向中小企业倾斜计划中的"联合"决定机制。但国会指责在政府采购合同的分配中仍然存在着不利于中小企业的情况,因为通过SDPA转移给中小企业的政府采购合同的类型是属于需要供应商与政府采购部门进行谈判的,而中小企业在这类合同的获得方面是不具备像大企业那样的优势,因为只有少数符合政府准入标准的企业才会被邀请参加谈判。有五位参议员,包括Hubert H. Humphrey,Herbert H. Lehman和Warren G. Magnuson,认为政府采购存在着向大企业倾斜的现象,同时那些有大企业背景的政府采购人员也对中小企业存在着偏见,"形成了一股摧毁中小企业的势力"。①

1953年就中小企业问题的立法明确地显示了美国政府政策上的新意图,在激励市场竞争方面,政府不再仅仅依靠反托拉斯法来帮助中小企业,而是在保持反托拉斯法的传统法规框架下,在鼓励企业之间竞争的同时,保证各类企业的机会均等。因此,1953年的《小企业法》(PL83—163)宣布,政府在制定政策的时候应该本着"帮助、商议、协助及保护"的原则来对待中小企业,并要为中小企业获得政府采购合同提供"公平的份额"。参议院的银行与货币委员会在1953年的报告中指出,在对待中小企业的时候,应该为其提供与其他类型企业同等的机会。

综观美国政府采购中的中小企业政策的演变,可以看出,在相关法案实行

---

① *Congressional Record*, June 28, 1951, p. 7381.

以前,联邦政府有关涉及中小企业保护的政策,主要与反托拉斯有关。由于中小企业被视为大财团的牺牲品,所以反托拉斯法被人们期待用来帮助中小企业对抗大财团,寻求一种企业间的组织均衡。1942法案的通过是新旧政策的一个分水岭。特别是1953年以后,政府在帮助中小企业方面开始采取实质性的步骤,例如将帮助中小企业获得政府采购合同的职能转移到新成立的中小企业管理局(SBA),随着该部门职能的扩展以及有关章程的修订,中小企业管理局从那时起,就成为政府协助中小企业发展的有力工具。现在,美国联邦政府帮助中小企业获得政府采购合同的做法主要是预留出一部分的政府合同,专门用于中小企业以及其代理人和主要承包商的招标活动,其目的是为这些机构获得稳定的政府采购合同。也正因为以上这些方面的努力,在1992年财政年度中,美国联邦、州和地方当局的政府采购额达到1100亿美元左右,占财政支出的比重约为19%,其中,中小企业获得了142.2亿美元的政府采购合同和120.8亿美元的转包合同。

五、国内市场保护的政府采购政策

虽然美国是一个高度市场开放的国家,但在保护中小企业方面却显得尤为保守,其主要原因是美国的大型企业已经具备了全球竞争的能力,而中小企业的竞争力相对较弱势,因此希望通过政府采购市场的适度保护来维护中小企业的利益。

在政府采购本国产品方面,美国表现得比较明显。美国于1933年颁布《购买美国产品法》,其立法宗旨体现出保护本国市场的明显意图,尤其对中小企业更加青睐。

(1)《购买美国产品法》规定,联邦各政府机构除在境外使用、价格过高、对国产产品优惠不符合公共利益以及国产产品数量不够或者质量不高等特殊情况外,必须购买本国产品,工程和服务也必须由国内供应商提供。很显然,《购买美国产品法》是扶持和保护美国产业、美国企业和美国资本的保护性政府采购政策。

(2)《联邦采购条例》中就美国产品做出了界定。对美国产品标准的定义是,"在美国生产或者制造的零部件的成本要超过所有零部件成本的50%","零部件成本包括运输费和税收"。《美国预算补充法案》等法律都规定了执行《购买美国产品法》的义务。例如,《道路运输效率法》规定,各州接受联邦运输部补助采购包括车辆等大众运输机械时,60% 以上的资金必须购买美国产品,而且车辆必须最后在美国组装;各州如果接受联邦高速道路局的补助,必须使用美国生产的钢铁等。

(3)美国成为 WTO《政府采购协议》成员后,《对外贸易法》规定《购买美国产品法》对未纳入开放范围的采购项目以及对所有非成员仍然适用。

(4)《购买美国产品法》规定,在政府采购项目的国外报价中,如果本国供应商的报价比外国供应商的报价高出不超过 6% 的幅度,那么必须优先交由本国供应商采购;而对中小企业则更优待,它们可以享受高达 12% 的报价优惠,也就是说,美国中小企业的报价只要高于不超过外国供应商报价的 12% 和本国大企业报价的 6% ,即可获得政府采购合同的订单,这对增加中小企业在美国政府采购市场中的竞争力是十分明显的。

六、绿色政府采购政策

1. 政府绿色采购行政法规体系

美国早在 1976 年卡特执政时期就颁布了《资源保护与回收法案》(RCRA),其中的 6962 部分是专门针对联邦政府采购做出的规定,该法要求政府采购额超过 1 万美元或在一个财政年度内超过 1 万美元的联邦机构必须遵守。该法规定主要内容有:

(1)政府应当采购含可回收成分最大的产品,具体产品由环境保护署(EPA)指定;

(2)所采购的纸张应是使用了一定比例的可回收原材料,并对可回收原材料作了详细规定;

(3)采购人要制订确定的计划来确保各项绿色采购规定在采购实践中的执行,并每年对执行情况进行评估;

(4)从 1984 年起,联邦政府每两年要向国会报告其绿色采购行动及对该法的遵守情况;

(5)为保持竞争,该法还规定了不采购环境保护署指定产品的例外情况为:成本不合理、存在不完全竞争、在合理的时间内不能得到所需物品以及不能满足指定要求等。

　　为确保该法案的贯彻执行,同时也随着环保范围的拓宽,美国政府还颁布了一系列的行政命令,对政府绿色采购作了更加详细的规定(见表5—2)。

表5—2　行政命令对联邦政府绿色采购的主要规定

行政命令	发布时间	名称	有关政府绿色采购的主要内容
12843	1993 年 4 月	联邦机构对保护臭氧层物质的采购要求和政策(Procurement Requirements and Policies for Federal Agencies for Ozone-depleting Substances)	在经济上可行时,对破坏臭氧层的第一类物质的采购最小化,最大可能地采购替代品,并逐步减少对第二类物质的采购。每个联邦采购机构要向预算管理办公室报告其执行情况
12856	1993 年 8 月	联邦遵从知情权法和污染防止要求法(Federal Compliance with Right-to-know Laws and Pollution Prevention Requirements)	每个联邦采购机构都要制订计划,采购由 EPA 制定的含有毒物质更少的产品,要促进污染防止技术的进步
12873	1993 年 10 月	联邦采购、回收和废物防止(Federal Acquisition, Recycling, and Waste Prevention)	要求联邦采购机构制订确定的绿色采购计划;建立联邦环境执行处和环境执行机构,督促绿色采购并每年提出报告
13031	1996 年 12 月	联邦在可替代燃料交通工具中的领导作用(Federal Alternative Fueled Vehicle Leadership)	规定联邦机构采购可替代燃料交通工具在以后四年中至少要达到的比例;要求综合服务局(GSA)应向可替代燃料交通工具潜在生产商提供计划信息;综合服务局和能源部要向相关机构提供技术帮助;要求对电交通工具提供资金帮助
13101	1998 年 9 月	通过废物防止、回收和联邦采购来绿化政府(Greening the Government Through Waste Prevention, Recycling, and Federal Acquisition)	系统地阐述了政府绿色采购的政策,组织机构设置,执行和报告要求。确定成立政府采购指导委员会(Steering Committee)和任务组(Task Force);明确联邦环境执行处的职责;要求建立示范工程(Pilot Projects);由 EPA 制定详细采购指南,建立一个资料信息库并在网上公布;制定生物基产品目录
13123	1999 年 6 月	通过有效的能源管理来绿化政府(Greening the Government Through Efficient Energy Management)	要求联邦机构采购时利用生命周期成本分析法评估;主张开发和利用非化石能源;要求每个联邦机构要有节能计划,并实行报告制度

续表

行政命令	发布时间	名称	有关政府绿色采购的主要内容
13134	1999 年 8 月	发展和促进生物基产品和生物能源（Developing and Promoting Biobased Products and Bioenergy）	鼓励联邦采购机构采购生物基产品和生物能源；建立生物基产品和生物能源理事会、咨询委员会、国家生物基产品和生物能源协作办公室
13148	2000 年 4 月	通过环境管理领导来绿化政府（Greening the Government Through Leadership in Environmental Management）	要求各级行政长官直接对环境问题负责；要求到 2005 年年底，每个联邦机构都要依据自己的情况建立环境管理系统，其中包括可计量的目标并每年提升，这些指标应进入审计体系
13149	2000 年 4 月	通过交通工具来绿化政府（Greening the Government Through Federal Fleet and Transportation Efficiency）	要求联邦采购节能、使用翻新轮胎、使用替代燃料的交通工具

资料来源：根据 http://www.epa.gov，http://www.whitehouse.gov/news/orders，http://www.ofee.gov/eo/eo.htm，https://www.denix.osd.mil/denix/public/es-programs/pollution/procurement 等网站上公布的行政命令整理而成。

　　由此可见，美国联邦政府绿色采购行政法规主要有三个特点：一是构成了一个完整的体系，对政府绿色采购的所有方面，包括保护臭氧层物质、节能产品、可替代燃料、生物基产品、可回收物质、更有利于环境产品等，都颁布了相应的法规；二是规定得比较详细，对联邦机构在各绿色采购领域的采购目标、实现目标的步骤和时间限定、组织机构设置和职责、采购实施效果的监督检查等都有明确规定；三是遵循了循序渐进原则，做到绿色采购行政法规颁布的先易后难，在条件成熟的领域先行制定颁布，逐步拓展政府绿色采购范围。

　　2. 政府绿色采购行政组织体系

　　为保证联邦绿色采购政策的贯彻执行，美国十分重视绿色政府采购的行政组织建设。

　　（1）建立四个专门的政府绿色采购机构

　　对于所设立的政府绿色采购机构，明确规定了各自职责，并配备专职人员，组成了一个从上层管理者到具体执行者的较为完备的政府绿色采购行政组织体系。

　　①政府绿色采购指导委员会（Steering Committee）。其成员包括环境质量

理事会(CEQ)主席、联邦环境执行处长官、联邦采购政策办公室(OFPP)执行官等,并由环境质量理事会主席担任主席。指导委员会认为有必要时,可成立任务组开展工作,执行指导委员会的命令,指导委员会对任务组进行政策指导。

②任务组(Task Force)。由政府绿色采购指导委员会在必要时设立,其工作人员和所需资源由指导委员会与政府采购机构协商后决定,成员来自联邦环境执行处和主要采购机构,并由联邦环境执行处人员担任主席,要求主要采购机构应在力所能及和法律许可的范围内向工作组提供资源,在执行指导委员会的命令时,任务组有责任协助联邦采购执行处和主要采购机构开展工作,任务组通过联邦采购执行处向政府绿色采购指导委员会报告。

③联邦环境执行处(FEE)。该处设置于环境保护署内,其人员由总统任命,至少要有四名全职人员,其中一名有规则修订经验,一名有采购实践经验,一名有固体废物防止和回收经验。联邦环境执行处的职责是:第一,制订战略计划,其中包括制订确定性采购计划、对产品说明的评论和修改、对政策遵守情况的评估、发展和执行新的环境技术等;第二,与白宫环境政策主管保持协商关系,采取所有必要措施以确保采购机构执行相关政策;第三,与联邦采购政策办公室、环境保护署、综合服务局、农业部协作密切合作,召集采购经理和地方政府采购环境主管来共同提高政府绿色采购;第四,协调采购机构的绿色采购教育和培训计划;第五,每年向预算管理办公室做出报告,并每两年向总统报告一次。

④环境执行机构(AEE)。该机构是在联邦采购机构内建立的专司环境执行的组织,从其现有工作人员中任命专职人员,并向环境质量理事会主席和联邦环境执行处报告其任命情况。环境执行机构的职责为:第一,将战略计划贯彻到采购机构的具体计划中;第二,执行采购机构的具体计划;第三,跟踪采购机构的绿色采购行为,并向联邦环境执行处报告;第四,和联邦环境执行处、任务组联动执行相关任务。

(2)建立与政府绿色采购有关的联邦机构

这些机构包括有预算管理办公室(OMB)、环境保护署、综合服务局(GSA)、能源部和农业部(USDA)等,在需要时都有专门人员来处理政府绿色采购事宜,包括制定绿色采购政策、绿色采购标准,提供人力、物力确保绿色采购政策的贯彻执行等。

（3）建立环境管理系统

美国要求每个联邦机构都要依据自己的情况建立环境管理系统，提出量化目标并纳入审计体系。采购机构要制订确定性采购计划确保有关绿色采购政策的执行，并要求各级行政长官直接对环境问题负责。

综合而言，美国政府绿色采购行政组织体系有三个方面的特点：

第一，行政组织体系齐全。从政策指导到政策的具体执行和信息反馈，从绿色采购的重大问题到日常管理事宜，以及绿色采购各部门的协调和协作，都有行政组织机构和专门人员负责。

第二，行政组织级别较高。例如指导委员会的成员中包括了几个高级别联邦机构的负责人，联邦环境执行处的人员由总统任命，并直接向总统提交报告，环境执行机构在采购机构中也享有较高的级别。

第三，行政组织中的工作人员专业技术性强。组织中相当一部分为研究环境问题专家，并有政府采购的实践经验。

3. 比较完整、严谨的政府绿色采购标准体系

为保证政府绿色采购在实践中可行，美国联邦政府特别注意政府绿色采购标准的制定。其标准体系有三个方面的特点。

（1）构成了政府绿色采购标准的完整体系

美国联邦政府把绿色采购划分为七个部分，包括含可回收成分产品、保护臭氧层产品、节能节水产品、替代燃料交通工具、生物基产品、有利于环境改良的产品以及有毒化学物质替代产品，并对以上每一类产品都制定绿色采购标准，使之成为一个完整的体系。例如，在含可回收成分产品方面，环境保护署制定了详尽的采购指南，列举了绿色产品采购清单；在更有利于环境改良产品方面，环境保护署1999年提出了五条采购原则，即环境、价格和绩效原则、防止污染原则、生命周期和多重属性原则、环境效果的比较原则以及环境绩效信息原则；在节能产品方面，美国要求各级政府部门采购有能源之星①标志的产品；在生物基产品方面，2005年由美国农业部制定了生物基产品目录。

---

① 能源之星（Enegy Star）是20世纪90年代初环境保护署与能源部合作开展的项目，它详细规定了产品节能标准，只有符合标准的产品才能贴上能源之星的标签。

（2）政府绿色采购标准的严谨与动态变化的结合

美国对各类产品绿色采购标准的制定往往经历了较长时间，在实践中不断改进，不断完善。对含可回收成分产品标准的制定，环境保护署从20世纪80年代开始，为纸、翻新轮胎和水泥等五种产品的可回收成分制定指导原则，一直到目前为止，已为8类60种产品制定了详尽的采购指南。在更有利于环境改良产品方面，环境保护署经过多年的努力，1995年提出了7条原则建议，之后，与综合服务局合作了三年，选取在联邦政府中有广泛应用的项目，建立示范工程（Pilot Projects），采用各种新技术，从中获取经验，建立数据库，在实践中辨别这些原则，于1999年将其改为5条，按照这些原则，有关机构验证了各种产品，但因为不同地区看重产品的不同属性，对是否发布一份验证后的绿色产品清单问题，环境保护署采取了谨慎的处理方法，即对符合标准的产品贴上绿色标签，同时厂商用属性矩阵描述其在各种特殊标准下的表现。在节能产品标准上，能源之星最初是在家用电器上，而后范围扩展到办公设备、建筑、学校和医院等多个领域的诸多产品上，节能标准也不断完善提高。

（3）政府绿色采购标准的网络化管理

供应商可以很方便地在网上及时获得美国政府绿色采购标准。环境保护署制定的可回收产品采购指南和能源之星标志产品、农业部制定的生物基产品目录等等政府绿色采购标准，普通公众都能在网上免费获得，并且当这些标准发生变化时，网上也会及时更新。

4. 注重政府绿色采购教育，培养绿色采购意识

美国采取课堂教学、培训、举办研讨会和发行出版物等多种途径，对联邦政府采购政策制定人员和执行人员经常进行绿色采购教育，以培养其绿色采购意识。

（1）制订专业培训计划

美国环境执行机构每年为其所在的联邦采购机构制订详细的绿色采购培训计划，对政府采购具体执行人员进行培训，培训内容主要为政府绿色采购法规、绿色采购标准和政府绿色采购中的成功案例介绍，目的是提高采购人员对绿色采购政策的把握，增强其绿色采购技能。为保证绿色采购培训有效实施，联邦采购政策办公室和联邦环境执行处对联邦采购机构的绿色采购培训计划、培训内容、培训执行情况进行监督和评估。

（2）组织政策研讨

美国联邦采购政策办公室经常举办研讨会,就政府绿色采购中的一些重大问题,邀请政府采购相关机构负责人、相关领域的专家学者参加研讨,通过专家学者对问题的深入分析,提高了政府采购政策制定人员和政策执行主管人员的绿色意识。

（3）开展专题教育

美国大学开设的政府采购专业中,政府绿色采购是一门必不可少的专业课程。美国联邦采购协会通过在网上开办免费政府绿色采购培训课程、出版发行政府绿色采购刊物并向相关机构和人员免费发放等各种方式介绍绿色采购知识,推广绿色采购成功经验。

5. 灵活多样的政府绿色采购方法

美国联邦政府在其长期绿色采购实践中发展了多种绿色采购方法,并根据政策法规要求和具体产品特性灵活运用,其方法主要有：

（1）最低价格法

在制定政府采购说明书时,规定所采购的物品应符合相关环境要求,达到相应的环境标准。如联邦机构采购纸张时,要求所采购的纸张在制造时必须采用30%以上的回收材料;采购节能产品要求贴有能源之星标志;采购电子产品时规定其中某些有害成分含量的最高标准等。在此基础上,采购方选择最低报价者。

（2）生命周期成本法

政府采购不仅考虑采购时的成本,而且考虑使用者的成本,在综合计算产品生命周期成本后选择成本最小者,因为这些生命周期成本更小的产品往往更符合环境要求。如政府采购节能产品,对节能效果好、使用成本较低的产品,虽然采购时的成本较高,但也会考虑选择;对耐用、可循环使用的产品,虽然采购时的初始成本高,但考虑到其维护成本和处理成本的降低,也会考虑优先采购。

（3）价格优惠法

政府采购时,在环保产品和其他产品竞争的情况下,对环保产品给予价格优惠。当环保产品的生产成本更高时,为弥补环保产品在竞争中的不利处境,美国政府采购较多地使用了这种方法,视情况给予绿色产品 3% ~ 15% 的优惠。

(4)最优价值法

政府采购机构首先建立一系列环境标准,同时考虑价格和性能,给每个指标一定的权重,并在采购说明文件中予以明确,然后采购方根据供应商产品情况计算出分数,选择得分最高者中标。

第二节　英国政府采购政策

英国是政府采购的发源地,经过长期的政府采购实践,不仅积累了丰富的运作经验,而且具备了较完整的政府采购政策体系。

一、政府采购基本政策

英国政府采购的基本政策是:政府部门和其他公共机构的所有物资、服务及公共设施的采购都必须建立在"物有所值"的基础上。所谓"物有所值",就是既要充分考虑价值因素,又要考虑质量因素,二者有机结合以满足使用者的需要。政府期望通过竞争实现"物有所值"(有特殊理由不必竞争的除外)。根据立法协议,如欧盟规定,政府各部门可以决定最符合合同价值及复杂情况的竞争形式,随时都须记住部门自己和供应商的费用。只有有效的采购才能激起供应商之间的竞争,才能真正做到"物有所值",这是一条核心原则,这条原则在竞争的市场中会确保政府所需服务的安全供应。

英国政府采购基本政策的内涵贯穿于各相关的法律条款之中。英国的现行法律条款源于设在欧盟组织和各种国际公约的规定,大致包括如下内容:一般合同与商业法律;法定职责,指遵守国际条例的职责;专门法律规定,如对行贿受贿或不公正合同条款的处理;旨在消除国别歧视、增强欧洲单一市场内物资和设施自由流动的欧盟条约及规定;世贸组织政府采购协议和其他国际协定,欧洲联盟是这些签订的协约方之一。

在政府采购基本政策的框架内,英国政府尤其重视杜绝商业贿赂以及维护市场公正的政府采购政策功能:

1. 反商业贿赂政策

虽然政府的各个部门可以自由地根据各自的环境政策特点选购友好合作

方的产品,但绝不允许政府部门滥用职权去追求私人利益或别的好处。

2. 保护市场公正政策

一般而言,政府会在政府采购中公平地对待所有企业,为构建公平竞争的环境,政府保证拒绝与不友好的供应商往来,包括拒绝同犯有严重职业犯罪行为或经济信誉不好的供应商做生意。

3. 弱势群体优先政策

政府定义的弱势群体主要包括两大类,即中小企业和残疾人组织。政府鼓励采购方消除不利于中小公司参与竞争的障碍,但并不意味着歧视大公司。虽然不存在地方优惠政策,但对于经过注册登记的残疾人工厂,在参与政府采购投标合同时,视不同的情况,其报价可以低于欧盟规定的最低价,享有竞争最优标的机会。

二、政府采购政策的执行基础

多年来,英国政府各部门的采购都是在其政策指引的前提下进行的,而政府采购政策的具体实施则必须建立在预算控制、个人责任和议会监控的基础之上。

1. 预算控制

国家预算的功能除了控制政府支出之外,种种合法的政府采购方式都被视为必要。各政府部门对自己的政府采购决策负责,但这些决策必须在财政预算的范围之内;同时,它们还必须就其所有政府采购支付情况向议会负责。

财政部通过预算,制定出收入和借贷额度,对未来三年中每年的公共支出作一个“总预算”,并在各部门支出和应急备用资金之间做出预算分配建议。这些建议包括“供应估算”,最终成为政府向议会提出的资金要求,在每年的“公共支出核查”中得到解决。下议院通过对“供应决议”的投票来批准这些“供应估算”,而议会则是通过“拨款条例”对其进行批准,“拨款条例”赋予各政府部门政府采购拨款的正式权力。

政府部门的所有支出都要求有议会的授权,这是一条基本原则。如果必要,政府部门可通过“追加预算”制度获得资金,但只能专款专用。各部门的政府采购都要受资金规模的限制,而且只能在资金划拨的财政年度之内支出。在“预算控制”的前提下,政府部门的小额政府采购支出可在法律规定的范围内一次性使用。

2. 个人责任

每个政府部门都会有一名会计官员,对政府采购的运行进行恰当的管理并对政府采购资金的使用负责。该会计官员必须保证政府采购支出的各方面都周全合理,做到物有所值。根据政府会计条例,会计官员们必须深刻领会财政部颁布的《采购政策指南》和《采购实施指南》的内容和精神,这样方能保证政府采购政策落到实处。

3. 议会监督

各部门的政府采购受议会"公共支出委员会"的监控,该委员会又要受"全国审计办公室"的监督,而"全国审计办公室"则要受"部门审计员兼总审计长"的领导。部门审计员兼总审计长享有高度的独立工作权,可以独自决定审计程序及方式,也可履行其他属于其职能范围的检查,决定其向议会所做报告的内容,对政府采购资金的使用情况拥有充分的监督权,这些检查与监督的标准,一般是以是否符合既定的政府采购政策为依据的。

三、政府采购政策的执行效率

英国政府非常重视政府采购政策的执行效率,力图通过制度创新、计划与预算控制以及强化责任制与评估制度等措施,实现政府采购的"物有所值"政策目标。

政府采购管理的制度创新有利于政府采购效率的不断提高。英国政府的主要措施有:第一,通过对政府采购组织以及政府采购过程的职业化改造,提高政府采购的行政效率,降低政府采购的营运成本;第二,通过对政府采购职业机构的私有化或公私合伙改制,在降低政府采购业务成本的同时,提高政府采购资金的使用效率;第三,通过进一步开放政府采购市场的竞争领域,例如将原来在内部承包的政府采购项目或战略性合同订购转为与私人部门的公开竞争,以激励国有供应商提升效率的意识。

英国政府采购政策的落实主要依靠政府各职能部门及其采购代理机构,政府期望它们能在职责范围内认真而准确地履行政策,以引起其他公益事业单位的重视。例如,政府各部门可以为非国家机关的公益单位的活动提供资金,进而表明政府采购的预算报告和提供资金安排的政策导向,即必须要体现物有所值的要求。英国政府采购的主要职能部门有国防部、社会保险与公益事业代理部、卫生部及全国卫生服务机构、环境、交通区域部、教育及就业部、内政部,包括监狱等服务机构、内陆税务局、海关及国内货物税收总署、北爱尔兰办公室、苏格兰办公室及威尔士办公室。在欧盟政府采购协议附录1的附件1中,可以找到中央政府机构及其他机关的名单,内阁办公室每年都要公布非部门的政府公共机关的名单。

英国的预算控制的资金(包括文职人员的报酬、项目基金和采购金额)大约占国内生产总值的40%。在很大程度上,财政部的授权支出可在一定范围内使用(在资金总额内),但在大项目和特殊项目上的支出通常需要同财政部经费小组协商。在财政部门内通常有一个政府采购牵头人,负责制定部门政府采购策略。政府采购牵头人要向高级官员和各部部长提一些建议,例如,该怎样在部门内部组织采购、哪些合同需要中央的签订、怎样发展或获得必需的采购技巧等。在财政部的领导下安排政府采购牵头人不定期的经验交流,解决一些共同问题。

四、制度创新与政策评估

近年来,英国出台了一些有关政府采购制度创新的政策,主要有责任细化政策和私有化政策。为了促进政府部门对它们使用的资产负有日益增加的直接责任,因此需要责任细化。例如,将部分政府采购的责任从一些中央部门转移到了地方部门,或者从政府的大机构转移到小机构,进一步地明确各自的责任,强化政府采购政策的执行效果。早在1984年英国政府就认为,政府采购实施方案需要发展和改善,以达到和私营部门的最佳实施方案相匹配。为了使得政府采购更贴近市场,达到较理想的效率,选择一些组织进行其采购操作的私有化改造,包括文职人员的膳食组织、各级资产服务机构等,将这些机构所需提供的商品和设施转交给私营部门采购。另一种改革方式是将国有部门直接改造为私有部门,例如英国的国有交通、电讯、能源和水力部门已经完成了私有化的改造,自然它们的产品和设施的采购是完全市场化的。

英国财政部是政府采购政策履行的最高行政部门,专设有与采购事务有利益关系的私有财金部门,专司处理关于私营财金方案的政策和实践问题。该部门授权配置了一个特别工作组,其组员是从私营部门抽出的临时文职人员,特别工作组的职能是专为私营财金方案所提的特别提案进行审查,以确保其切实可行。

英国财政部在面临政府监督费用膨胀的情况下,在支出上采取了更具有战略性的方式。通过对所有更多限额进行征税来实行控制,在一定程度上限制了有些部门购买欲的盲目扩张。但是,对各采购单位而言,政府采购数量的减少并不一定意味着政府采购政策目标水平的下降。在此认识基础上,必须强调政府采购的"物有所值"原则,所以政府的管理重点应当更着重于各部门政府采购活动的事前与事后评估,除了对其采购效益评估外,而且尤其要重视对政府采购政策的执行效果评估,而不仅局限于简单地对政府采购的活动过程的日常性管理。

为了提高政府采购政策的效果,仅仅依靠政府采购的制度创新与评估措施是不够的,还需要配之以必要的组织保障。财政部组建了一个负责购买的中央单位,名为政府采购实施小组,其目的是为了吸取私营部门的专门知识和在政府内促进最佳实施方案。该组织的人员由政府文职文员和来自私营部门的职员共同构成。政府采购实施小组的主要任务是为政府部门的采购人员提供有关政策与操作执行的一系列指导意见。政府采购实施小组和采购政策制定组织同驻一地,采购政策制定组织在国内政策、商务谈判、履行和运用欧盟及国际义务,乃至对来自欧盟委员会的垂询做出一致答复和去欧洲法庭之前采取程序进行调整等方面都起了牵头人的作用。

五、政府采购政策的差异

一般而言,中央政府和地方政府的政府采购政策相差无几,但地方政府对地方政府采购的政策执行具有一定的调整权。1972 年的《地方政府条例》要求地方当局颁布有法律效力的命令,规范对合同的裁决;1980 年的地方政府的《房屋及土地条例》针对机构内部对有关建筑和交通的各种政府采购活动进行强制竞争投标(CCT)的做法提出了一些特殊要求;1988 年,《地方政府条例》扩大了政府采购竞争性投标的范围,包括人力、行政及专业设施;1992 年的《地方政府条例》指示相关的地方政府部门该怎样进行强制性竞争投标。

英国国内的政府采购政策基本与国际政府采购政策相一致,没有太大的差别,当然也存在一些例外情况。国内政府采购规定只要在欧盟规定政府采购协议基准线以下的合同,通常可以不在欧盟公报上刊登,也就是说,这部分国内政府采购可以自行制定招标规则。非欧洲国家的供应商虽然有权投标取得政府采购的合同,但这种权利仅限于签署政府采购协议成员国的供应商,而且在签署政府采购协议时明确提出此类要求。在政府采购招标时,当欧盟产品和非欧盟产品的报价相当时,并且在签署政府采购协议时并没有提出申请的情况下,提供欧盟产品的供应商有优先权。

第三节　亚太国家的政府采购政策

由于地缘关系以及历史与经济的渊源等特征,亚太国家与我国的国情有一定的相似性,所以列举的新加坡、韩国、日本与澳大利亚等国的政府采购政策以及其特色,也许对我国具有更现实的借鉴意义。

一、新加坡的政府采购政策

1. 政府采购概况

1995 年前,新加坡政府实行的是集中采购制度,由中央采购处负责采购,而法定机构则实行自行采购制度。1995 年 5 月后,除个别项目外,实行了分散采购制度,即由各个政府机构自行采购。1997 年 9 月,新加坡签署了国际贸易组织的《政府采购协定》,该协议适用于所有新加坡政府部门和 25 个法定机构。

作为一个城市国家,新加坡不存在地方政府或次一级中央政府的采购机构。新加坡政府采购活动大多数是分权给各个部门和法定机构操作,根据自己的安排进行采购。但是,它们必须遵守由财政部所制定的指导方针。

对于大量消费的货品和服务必须进行集中采购,集中政府采购的对象、内容及额度须符合中央采购条例的有关规定,例如财政部安全管理和国家电脑委员会等部门的支出与采购政策。

(1)政府采购机构

新加坡的政府采购活动是由以下采购机构执行的:

①政府机构。即指政府行政机关,如国防部、外交部等。

②法定机构。它是依据特别设立的法案成立的,以执行特定的政府政策。

法定采购机构相对于政府行政机构有较大的自主权。

新加坡审计总长负责政府采购的审计,确保政府采购政策的有效实行,如发现违规行为,则向公共账目委员会报告。

(2)政府采购过程

新加坡的政府采购过程包括下述几个方面:

①确定购买要求。政府采购机构根据所规定的程序确定所需购买的项目、数量及品质等要求。

②取得采购批准。政府采购机构根据所规定的程序以取得所需的相关批准手续。

③计算采购价值。计算政府采购价值通常采用《政府采购协定》规定的计算方法来估算所需采购的价值。

④确定采购项目性质。要明确确定所需采购项目的类型,是属于商品、服务还是其他。

⑤确定《政府采购协定》的实施过程。

(3)政府采购类型

新加坡政府提供的采购程序有三种类型,对于不同额度的采购项目,其采购方式有不同的规定。

①对于1000新元以下的采购,一般采用小额定点或分散的采购方法。

②对于1000新元以上、3000新元以下的采购,一般采用询价或竞争报价的采购方式。

③对于3000新元以上的采购,主要采用招标的方式,包括有公开招标、选择招标和有限招标几种类型。

2. 政府采购政策概要

新加坡的《政府采购条例》是在世贸组织帮助下于1994年由各党派所达成的共识。新加坡政府每年提供大约总值100亿新元(约合60.7亿美元)的政府采购额度,占该国GDP比重约为3.4%,对供应商而言是一块巨大的"蛋糕"。新加坡政府采购政策的基本原则是公平、公开和竞争,希望将政府采购项目授权于能给公共部门带来最大利益的投标者。

(1)效率优先政策

新加坡的政府采购工作充分利用先进的信息网络技术,使得整个政府采购过程更加科学、准确和便捷。政府在国际互联网上专门设立了招标信息服务网站，采购和供应双方可以非常方便、迅速地获取自己所需的采购项目、日程、报价及合同授予等信息。新加坡政府还利用互联网建立了一种双向的、交互式的电子交易系统，从根本上解决了过去采购程序烦琐、手工操作复杂、数据不够准确、缺少透明度等问题，使招标工作更加科学化、规范化、公开化，从而提高了政府采购工作的效率。

（2）促进中小企业发展政策

2005年以前，新加坡的政府采购对国内供应商并无优惠政策，除非在执行政府工程方面业绩一直很好的业主，可以享受邀请招标的待遇，所以这类供应商基本都是有实力的大公司。政府对中小企业没有任何优惠政策。

由于中小企业日益凸显出的重大作用，又因中小企业规模较小且缺乏资源，很多时候无法掌握政府采购市场的商机。新加坡政府于2005年11月对现有的政府采购政策进行调整，将陆续放宽九项相关条例，以便中小企业有机会平等地与大公司竞争。政府希望通过放宽一系列条例来鼓励更多中小企业及起步公司参与政府采购招标活动。此次放宽的政策主要包括：第一，政府采购政策处不再以供应商的营业记录作评估标准，以便起步公司可以申请注册；第二，以比较容易理解的有形资产净值代替资本净值作为供应商注册的标准，鼓励中小企业积极参与政府采购；第三，允许参与标的为7万新元（约合4.2万美元）以下招标的供应商不必注册，通过降低供应商的开支，有利于中小企业获得政府采购合同。

（3）反腐倡廉政策

新加坡政府认为，政府采购是反腐倡廉的重要手段之一，通过确保政府采购招投标合同的公平、公开程序以及符合规格的最低价投标商合同授予制度等方式，减少政府部门在整个采购过程中可能出现的腐败现象，尽量消除政府采购官员的贪污机会。

二、澳大利亚的政府采购政策

1. 政府采购政策组织体系

澳大利亚政府采购政策的主管机构是全国政府采购委员会，该委员会的主要职责包括：制定政府采购政策，实施各政府部门遵守国家政府采购政策情况的监督,为供应商提供有关政府采购政策问题的咨询。该委员会的具体工作包括:第一,对战略性的政府采购项目,要求实行集中采购,突出其规模效益;第二,要求在最大限度上公开采购信息,鼓励实行政府采购的电子交易,便于政府对履行政府采购政策情况的监管;第三,规定采购官员资质标准,严格限定只有达到相应的资质标准的人,才能从事政府采购业务;第四,认定采购机构资质,要求各级组织或机构,必须根据资格等级从事相应的政府采购活动;第五,强调政府采购官员的道德规范,要求政府采购官员保持高度的道德标准,如有违犯,将受到《公务员行为法》的制裁。

2. 政府采购的申诉体制

为保障政府采购各项政策的顺利执行,澳大利亚政府非常重视政府采购申诉体制的建设。在联邦一级,当事人可向两个机构提交其申诉状,以防止所谓的"官官相护"现象。第一个机构是联邦调查官,其可以就政府采购机构的不当行为或决定提出纠正建议,虽然调查官的建议不是强制性的,但如果政府采购部门没有适当地纠正其不当行为或决定,调查官有权向总理和议会提出请求强制执行的报告;第二个机构为联邦政府行政服务部,该部门有权直接利用行政手段来纠正政府采购政策执行中的偏差与失误。

三、韩国的政府采购政策

1. 政府采购概况

韩国政府的经济活动在国民经济中占有较大比例。1994 年的政府经济占国民生产总值的 40%,主要包括中央、地方机关团体和其他政府组织(包括韩国一些大的国有企业)的经济活动以及政府投资的项目。与世界许多国家一样,韩国一直实行公共市场集中采购制度,具体包括由专门的政府机构负责公共部门所需物资的计划审批、合同的制定、价格的确定、签订合同以及货物的供应。1994 年,韩国政府采购总额达 18.9 万亿韩元,其中政府机关的采购占 19.9%,地方自治团体的采购占 40.7%,政府投资的其他部门的采购占 39.4%。

按照韩国《国家合同法》规定,金额超过 5 千万韩元的政府采购合同应由中央政府专设的采购部门"采购供应厅"(调达厅)执行。1995 年,通过采购供应厅集中进行的政府采购总额为 4.4 万亿韩元。合同金额在 2000 万韩元以上时,必须使用竞争的程序授予合同。政府采购合同的签约方式有四种:一是公开竞争合同,即通过公开招标授予政府物资、劳务和工程采购合同;二是有限竞争合同,指通过有限竞争招标授予采购合同,即在一定的范围内发出招标通告,进行投标人资格预审限定投标人数量,经过投标、评标,选出合格中标人并授予合同;三是邀请竞争合同,即对于有特殊规格、技术要求的采购,特邀数个企业参与投标;四是随意合同,特指当采购金额在 2000 万韩元以下,或有采购内容机密等其他特别情况,符合有关法律规定的条件时,可用直接洽谈的方式签约。

韩国采购供应厅的工作业务范围很广,该厅不仅负责政府采购的招标组织过程,同时承担签订合同前后的各项工作,包括品质的检验、运输、仓储、供货的监督和追查,此外采购供应厅还负责采购物资的价格以及规格、标准的确定。另外,韩国政府认为,政府采购合同中有关规格和标准的制定,不但涉及采购品的质量和技术性能,同时也关系国内标准化的执行问题。因此,该机构下设由特聘专家与顾问为主要成员的"规格制定委员",直接由厅长管辖,要负责招标文件和合同文本规格的设计和监督。

2. 政府采购政策概要

韩国的政府采购政策的重点主要突出在提高效率和适度保护国内市场两个方面。

(1)效率优先政策

近 40 年来,韩国始终致力于政府管理的效率问题。在政府采购方面,通过完善政府采购方法、优化组织管理结构以及注重部门、环节间的协调,不仅在经济上取得了巨大的收益,在政府采购方面获得可观的节省,而且在行政管理领域取得了不可估量的业绩,大大提高了工作效率,具体表现在以下四个方面:

①通过招标管理以及行使政府采购作业标准化、专业化,带动了相关部门工作效率的极大提高;

②适度加强政府采购组织机构的集中度,方便了统一管理,各部门的采购政策趋向完整一致;

③由于部门集中、管理集中,管理人员和招标采购操作人员分工更细,突出了工作人员的专长,同时考核了其能力,为科学化人事管理奠定了基础;

④对每一个招标采购环节,规定相应的法规细则和工作程序,加强了各部门之间的联系,在改善部门工作方法的同时也推动了其他部门工作效率的提高。

(2)保护国内市场政策

韩国对外经济政策一贯采取奖出限入的方针,在政府采购的问题上更是坚持以国内采购为主的态度。因此在政府采购中,只要国内有同类的产品,且符合用户的要求时,一般不鼓励对外采购。韩国通过国际招标程序完成的政府采购仅占全部政府采购的少部分,1995 年政府采购中的进口比例只为15.9%。1997 年,韩国加入了世贸组织的《政府采购协议》,按照透明、公开的原则,虽然修改了本国有关政府采购的法令规定,逐步开放了本国的政府采购市场,但仍然没有从根本上改变国内市场的保护政策。其保护政策的主要方法是通过对政府采购国际招标的额度限制,例如,金额超过 1 亿韩元(约 13 万特别提款权)的物资采购、50 亿韩元(约 500 万特提权)以上的工程采购,方可向国际公开招标,因此韩国政府通过划小招标金额,将大部分国外有意图的招标者排除于政府采购市场之外,达到保护本国供应商利益的目的。

四、日本的政府采购政策

1. 政府采购政策概况

在日本,政府采购是以各个采购人分别订立采购合同的方式进行管理的。中央政府有关的采购程序规定体现在《日本国会计法》及相关法规之中,地方政府有关的政府采购程序规定体现在《地方自治法》及相关法规之中,但是中央政府有权力对所有的政府采购进行监督。由于日本是 WTO《政府采购协议》的签字国之一,所以国内所有的有关政府采购法律和法规中的规定都和WTO《政府采购协议》相一致。

日本法律规定了三种类型的政府采购招标程序:

(1)公开招标。在"公开招标程序"中,每个采购机关必须在官方政府公告 Kampo 或者和地方政府相应的公告上对其准备进行的采购事项进行公告,并邀请合格的供应商参加招标程序。出价最低的投标人将获得订立合同的机会。对政府采购价值高于 10 万特别提款权时,无论是货物采购还是服务采购一般都要求采用公开招标的方式进行,但建筑工程项目和相关技术服务项目除外。

（2）选择性招标。在选择性招标中，政府采购机关也须在政府公告或地方政府相应的公告上对其拟进行的采购项目予以公告，并说明选择投标人的条件要求。政府采购机关通过审查，在符合条件的供应商中确认参加竞标的供应商。最终在这些参加竞标的供应商中，出价最低的将获得订立合同的机会。

（3）单独招标或限制性招标。在单独招标中，基于特殊的情况，政府采购机关可以不通过竞争性程序而直接和选定的供应商订立合同。原则上，要想参加单独招标或是限制性招标，供应商必须从采购机关处得到资格认证，必须持续若干年均名列于供应商名单中，并且得到采购机关的确认。

2. 政府采购基本政策

日本政府采购基本政策的主旨体现在规范管理和促进公平竞争等方面。

（1）规范管理政策

日本首相办公室内专门设立了政府采购复审办公室，负责实施 WTO《政府采购协议》规定的相关招标投标程序问题。中央政府机构的采购事宜则由政府采购复审委员会主管，为了保证对合同的争议能够得到公正和中立的处理，政府采购复审委员会建立了特别程序，一些政府机构和城市则建立了自己的独立程序来处理和《政府采购协议》有关的采购进程中发生的争议。

（2）非歧视政策

在政府采购领域，日本很久以来没有对货物原产地或是供应商国籍进行过限制。日本政府执行的是以"公开招标"为基础的非歧视性政策。日本一直采用公平、公开、透明的政府采购程序，自 1996 年以来，这种程序的运用已经扩展到了服务采购领域以及地方政府和其他机关的采购过程中。国内的供应商没有被授予任何特权或者地方性的保护，在诸如计算机产品和服务、电信产品和服务、医药产品和服务、建筑业等重要产业方面，日本的中央政府机构和其他机构的政府采购都服从于 WTO《政府采购协议》（地方政府机构的采购除外），日本已经自愿采取了措施，主动承担了比《政府采购协议》所要求的更多的义务。

3. 适当产业保护政策

虽然日本的政府采购开放度比较高，但是其对某些重要产品（包括国防产品)及服务仍然有一些保护措施,这些政策主要是通过政府采购法规的例外条款实施的。

日本充分利用其国内以及 WTO 政府采购法规的各种例外条款,对本国产业发展和供应商利益实施保护。日本国内政府采购法规中的例外条款主要有三项:

(1)以有偿转让为目的取得的货物或为转让该货物所必须直接确定的服务合同;

(2)以防卫厅经费采购的货物合同;

(3)货物采购合同或者特定服务采购合同涉及国家秘密的。

以上例外性合同不适用日本政府采购的有关法律法规,也就是说,上述政府采购事项可以限制外国供应商的进入。

日本政府通过谈判,将相关机构列为 WTO《政府采购协议》中所明确的例外,例如第二十三条是"协议"成员方共同适用的例外条款,所以日本将以下机构排除在"协议适用对象"之外:

(1)主要事业以营利为目的,在法律和实体上不属于垄断的,未得到国家全资支持和补贴的机构;

(2)主要事业以营利为目的,对民间出资人负有分红义务的机构;

(3)在实体上已经实现民间法人化的机构。

这些机构实施的所有采购,都可以不履行协议规定的公开招标义务。在审批的特殊法人中,日本还将其国内一些固有的"例外"放到"协议"的附件中以注释形式表示,从而为"例外"获取法律地位。

此外,日本还擅长利用"第三种机构"完成政府负有责任的物品和服务的采购。所谓"第三种机构",就是政府机构与民间企业联合兴办的、性质接近于政府组织的机构。根据日本 1993 年的统计资料,仅地方政府出资的"第三种机构"就有 6659 家,占 25%以上,如果加上中央一级的机构,其数目是十分巨大的。这些机构每年承担着巨额采购任务,但并没有纳入《政府采购协议》和日本国内政府采购法规的适用范围。这些对"协议"中未明确的"例外"运用,实质上是对于国外产品服务和供应商的一种歧视待遇,构成了日本政府采购贸易的非关税壁垒,使日本可以充分利用它们回避国内产业和产品面临的竞争,对于其内倾性的财政支出政策也是有力的支持。

第四节　国际组织的政府采购政策

国际组织的政府采购包括全球性的组织与区域性的组织所从事的与自身有直接关联的采购,除此之外,国际组织还要肩负国际政府采购规则制定以及国与国之间的政府采购协调等问题,所以国际政府采购政策是处理此类问题的指导方针。

一、联合国的《采购示范法》及《立法指南》

联合国是全世界最大的国际组织之一,同时也是一个巨大的商业市场。联合国及其主要附属机构一年的采购金额高达33亿到34亿美元,其采购的商品种类很多,从纸张到车辆,从计算机到食品、药品,非常多样化。目前,联合国采购的上万种商品大部分来自发达国家。为了建立一个地区更广泛、分布更平衡的采购市场,联合国系统各组织正在发展中国家努力寻求新的供货渠道。

1. 政府采购组织

联合国系统采购业务由以下两个部分组成:

(1)总部设在纽约的联合国采购司(UNPD,UN Procurement Division)

该部门负责为联合国总部、分散于世界各地的维持和平部队、各区域委员会(如亚太经济社会委员会、非洲经济委员会等)、国际法庭、特派团和其他一些负责诸如"伊拉克石油换食品计划"等联合国组织所进行的各种货物和服务的采购。

(2)联合国主要职能组织

这类组织包括联合国秘书处以及附属机构、联合国各专门机构等,它们根据各自的采购政策所进行各自的采购。同时,还有总部设在哥本哈根的机构间采购办公室(IAPSO,The Inter-Agency Procurement Services Office),总部设在日内瓦的联合国日内瓦办事处(UNOG,UN Office at Geneva)和联合国项目服务厅(纽约总部负责采购政策制定、哥本哈根办公室负责具体采购)为众多机构的货物和服务采购提供协调和统一管理服务。

尽管联合国每年发布超过13亿采购合同和订单,数额总计几十亿美元,但是每份典型的联合国合同金额都不大,大约在 2 万美元,只有不超过 2% 的联合国采购订单价值在 10 亿美元以上。其中 1/3 为当地采购,即在项目所在地进行的采购;另 1/3 左右为固定渠道采购,主要是计算机(以美国为主)和医药产品(主要在欧洲)的采购;最后一部分约 10 亿美元的采购才通过国际招标来完成。采购任务通过报纸、杂志公开发标,已注册并取得供货资格的生产厂家、贸易公司可免费得到标书,参加投标。

联合国的采购资金主要来源于联合国开发计划署、联合国人口基金核心资源、信托基金、联合国专门机构固定预算及其他资金渠道。

2. 政府采购政策

联合国的政府采购不仅为了满足自身的需要,而且还要有利于全球政府采购活动的规范性运行,所以联合国的政府采购法规具有政策上的双重功能。

(1)促公平、反歧视政策

根据《示范法》的基本观念,即越是广泛的公平竞争,越能使财政开支收到更好的效益,为此《示范法》将其公平竞争和透明度作为一条总的规则,无论任何国籍的供应商和承包商均应被允许参与采购进程,采购单位不得设立任何对供应商的国籍歧视的标准、规定和程序。

(2)适度保护性政策

考虑到国别经济发展的差异情况,允许在公平竞争的原则下进行适度的保护。《示范法》规定,各国在某些情况下可以限制外国人参与本国的政府采购,目的在于保护本国的某些关键性产业部门,使本国的工业能力避免由于过多的外国竞争而受到损害。但是此种限制必须遵从有关规定,即采购实体只能根据采购条例具体规定的理由来施加限制,或遵照其他法律规定办事。该项要求意在促进透明度,防止擅自滥用对外国人的限制政策。在对外国供应商实行限制政策时,必须符合一般规定,如考虑到国家安全、国防等的需要。《示范法》还照顾到下述情况,即对那些来自于附有条件的双边援助安排政府采购款,可以允许该款项的采购必须局限于捐助国国内的供应商和承包商。同样地,《示范法》确认,在区域经济一体化组织范围内,也可做出基于国籍的限制,优先照顾该区域经济集团其他成员国的供应商和承包商。此外,还有因联合国安全理事会决定施加经济制裁而产生的限制。

在特殊情况下,《示范法》还规定可以给予本国供应商或承包商一定的优惠。《示范法》第三十四条和第三十九条规定,可以使用"优惠幅度"的手段,优先照顾本国的供应商和承包商,使得颁布国可以设法同时兼顾到国际参与采购过程和促进本国工业能力的目标,而无须采用单纯的国内采购方法。优惠幅度办法使采购实体得以选定国内某一供应商或承包商的最低价投标或服务建议,只要该投标或建议相对于总的最低价投标或建议而言,价格差额不超出所定优惠幅度范围。《示范法》允许采购实体照顾到有能力接近国际竞争价格的本国供应商和承包商,同时又不简单地一概排除外国竞争。实行优惠幅度的方法,并不是鼓励以排除外国竞争的方法来长期维持本国某些工业部门的低效益、低效率和低竞争能力,而是一种在保护和促进国内供应商竞争的同时,促进本国供应商和承包商提高竞争能力的可取手段。借此手段不仅可使它们能够有效而经济地满足采购实体的采购需要,而且可以逐步增强其出口产品的竞争力。

(3)促进国际贸易发展政策

联合国一贯致力于国际贸易的自由化。在政府采购领域,通过促进和鼓励不论任何国籍的供应商和承包商的参与,从而达到促进国际贸易发展的目的。为符合贸易法委员会促进国际贸易的职责,在采用招标方法以及采用服务采购的主要方法时,为使该项规则得以实现,还规定了一系列的程序,确保投标的邀请书或征求建议的邀请书以及资格预审的邀请书都能发布给国际上的有兴趣供应商和承包商知晓并为他们所能理解,尽其可能地扩大政府采购参与商的范围与领域。

二、世界银行的《采购指南》

世界银行是世界银行集团(The World Bank Group)的简称,最初为国际复兴开发银行(The International Bank for Reconstruction and Development),国际复兴开发银行成立于1945年12月。世界银行集团包括五个成员组织:国际复兴开发银行、国际开发协会(The International Development Association)、国际金融公司(The International Finance Cooperation)、解决投资争端国际中心(The International Centre for Settlement of Investment Dispute)和多边担保机构(The Multilateral Investment Agency)。我们通常说的世界银行,主要是指国际开发银行和国际开发协会。国际开发银行的主要业务是,向发展中国家提供中、长

期贷款,通常其贷款利率低于市场利率。国际开发协会的主要业务是专门向低收入的发展中国家提供长期无息贷款。

1.《采购指南》概述

世界银行每年都要向发展中国家提供大量的贷款,为了加强对这些贷款的管理,世界银行于1985年制定了《国际复兴开发银行和国际开发协会信贷采购指南》(简称《采购指南》,下同),并分别于1992年和1996年进行了修订。

《采购指南》对政府采购的目的、适用范围、投标商资格审查以及审查范围等问题做出明确的界定。政府采购的主要目的是使项目实施人员了解和利用世行贷款安排的有关货物和土建工程(包括相关服务)采购所遵循的政策和规则。政府采购的适用范围,是指适用于全部或部分由银行贷款资助的货物和工程合同,包括 BOT(Building-Operating-Transference,建设、经营和转让)合同和其他特许合同。对于不是由世界银行贷款资助的货物和土建合同的采购,借款人可以采用其他采购程序。

2. 政府采购政策

世界银行制定《采购指南》是要达到其一定的政策意图的。这些采购政策包括:

(1)经济性和有效性政策

经济性和有效性是指采购的货物、工程和服务应具有良好的质量、合理的价格,并在合同规定的合理时间内完成采购任务。世界银行的主要活动是为发展项目提供资金,为借款的会员国提供技术援助,因此项目贷款是其主要的活动。由于世行的资金来自各会员国以及从国际资本市场的借贷资金,协定条款专门列有这样一条,即要求世行保证它贷出的款项只能用于提供贷款所规定的目的,并且要讲求节约和效率。

(2)公平竞争政策

世界银行认为,在政府采购活动中,应给予所有符合要求的投标商公平竞争的机会。世界银行是一个国际性的组织,每个成员都向世界银行缴纳会员费,所以,对于每个成员,无论是发达国家的还是发展中国家的合格供应商均应享有参加公平竞争的机会。另一方面,世界银行往往是被少数发达国家所控制,它们可以凭借其强有力的经济和技术实力拿到合同,从而通过贷款项目的实施其增加出口、创造就业和促进经济增长的战略。当然,对借款国来说,也可以通过充分竞争,获得价廉物美的商品和先进的技术。因此,采购规则必须为所有会员国的公司提供赢得合同的公平机会。

(3)促进借款国发展政策

为鼓励借款国本国制造业和承包业的发展,借款国可以通过世界银行规定的评标中的国内优惠政策,赢得较多的中标机会,促进本国经济的发展。

(4)发展中国家扶持政策

世界银行是一个国际开发机构,其根本任务是帮助发展中国家发展经济,贷款项目的最终目的是促进发展中国家的经济发展。世界银行的贷款项目在考虑所有会员国利益的同时,尤其要重视发展中国家的利益。世界银行规定所有会员国对世界银行贷款项目的采购招标均有公平竞争的机会,但由于发展中国家企业无论资金实力或是技术水平、管理能力等都与发达国家有很大差别,所以世界银行规定,发展中国家的本国投标商可以享受一定优惠。这一政策有利于发展中国家产业和承包业的发展,既符合发展中国家发展经济的要求,也合乎国际惯例。

三、欧盟的《公共指令》

欧洲联盟是一个立足相互开放、相互依存、相互保护和相互扶持的国际区域市场,它们的最终目标是:通过关税同盟、货币同盟以及政治同盟,实现欧洲各国的经济一体化和政治一体化。欧盟的《公共指令》规定,成员国的政府部门、公共组织,以及政府投资占50%以上的公共项目,当其采购的商品、劳务的金额超过20万欧洲货币单位、建设工程(包括设计、装修)合同金额超过500万欧洲货币单位,应按照该法所规定的程序,使用公开的、竞争的采购程序。

1. 政府采购法律体系

政府采购市场的相互开放是欧盟努力的方向之一,因此,在世界各类国际经济组织中,欧盟最早开始着手消除区域内的有关政府采购障碍。作为欧盟的前身,欧共体成立之后,为了消除贸易壁垒,促进货物、资本和人员流动的目标,通过了一系列协议和指令,其中包括政府采购的立法。欧共体的政府采购协议远远超前于其他经济组织,早在1966年,欧共体就通过了有关政府采购的专门规定,比 GATT 的《政府采购协议》还要早 13 年。

为了在欧共体范围内彻底消除货物自由流通的障碍,欧共体(欧盟)相继颁布了关于公共采购各个领域的公共指令,构成了目前欧盟的公共采购法律体系。在这个法律体系中有四部《指令》是关于政府采购的实体性法律,有两部是程序性法律。这六部《指令》是适用于欧盟范围内的公共采购的主要规则。其中针对政府采购的四个《指令》是:《关于协调授予公共服务合同程序的指令》(1992 年颁布,简称《服务指令》)、《关于协调授予公共供应品合同的指令》(1993 年颁布,简称《供应指令》)、《关于协调授予公共工程合同的程序的指令》(1993 年颁布,简称《工程指令》)和《关于协调有关对公共供应品合同和公共工程合同授予及审查程序的法律、规则和行政条款的指令》(1989 年颁布,简称《公共救济指令》)。针对公共事业的有两个指令:《关于协调有关水、能源、交通运输和电信部门采购程序的指令》(简称《公共事业指令》)、《关于协调有关水、能源、交通运输和电信部门的采购程序执行共同体规则的法律、规则和行政条款的指令》(简称《公用事业救济指令》)。

2. 政府采购政策原则

《公共指令》的目标是确保各成员国遵守关于在单一市场中货物和服务的自由流动,因此需要相应的政策予以保障,通过政策规范统一的政府采购制度和程序。

欧盟政府采购政策的原则包括:

(1)在共同体范围内增加政府采购程序和活动的透明度;

(2)促进成员国之间货物和服务的自由流动;

(3)改善公共供应和服务合同有效竞争的条件。

按此原则要求,政府采购的政策目标主要是:为各成员国的供应商或承包商提供公开平等竞争机会,实现政府采购市场内部自由化;同时,有助于成员国公共部门资金的使用得到监督和节约,从而达到降低政府部门开支,进而减低国内税负的目的。

四、亚太经济合作组织的《政府采购非约束性原则》

政府采购纳入亚太经济合作组织(APEC)的历史并不长,始于 1995 年年底。为了促进 APEC 各成员之间贸易市场的进一步开放,并与世界贸易组织的《政府采购协议》接轨,1995 年 12 月,在日本的大阪举行 APEC 部长级会议和领导人非正式会议上,通过了《大阪行动议程》,将政府采购列为 APEC 贸易投资自由化与便利化的 15 个具体领域之一。会后,APEC 投资贸易委员会成立了由各成员参加的政府采购专家组,负责具体落实《大阪行动议程》中有关政府采购要求的相关工作。

1. 政府采购非约束性原则

根据 1994 年《茂物宣言》确定的 APEC 贸易自由化时间表,政府采购的总目标是要求 APEC 各成员最迟于 2020 年相互开放政府采购市场。其阶段性目标之一是:在 2000 年以前,制定 APEC 的《政府采购非约束性原则》;发达成员国于 2010 年开始执行非约束性原则;到 2020 年,政府采购非约束性原则将成为约束性原则,各成员必须统一执行。

所谓非约束性原则(Non-Binding Principles),就是非强制性原则,类似于指导办法,指导对象可以执行,也可以不执行。制定非约束性原则,是与欠发达成员国的据理力争分不开的。就政府采购而言,因为发展中国家成员的市场经济还不发达,各项制度也不完善,而发达国家成员都有非常长的政府采购实践,其市场比较规范、制度比较健全,而发展中国家的政府采购大都作为一种新制度处在尝试性阶段,所以在政府采购市场差异如此之大的情况下,不可能实行一刀切。

2. 政府采购政策的认识

(1)一般性政策共识

APEC 政府采购专家组制定的政府采购非约束性原则,实际上是 APEC 的政府采购的政策准则,是许多具体原则和要求的总称。在广泛征求各成员国意见的基础上,提出进行讨论的具体政策原则包括有:透明度原则、公开和有效竞争原则、物有所值原则、公平交易原则、国民待遇原则等。

1997 年 8 月 22 日在加拿大纽芬岛召开的 APEC 政府采购专家组第六次会议上,APEC 政府采购专家组正式开始讨论非约束性原则,确定了 APEC 政府采购非约束性原则之一的透明度原则,即有关采购的信息应通过各种稳定、广泛的媒介,持续、及时地向所有有兴趣的团体发布。基本原则对政府采购的所有方面都是适用的,包括总体运行环境、采购机会、购买要求、评标标准以及授予合同等。此外,在 1998 年 2 月的马来西亚第七次专家组会议上,讨论了非约束性原则的其他几个具体原则,即公开和有效竞争及物有所值原则等。

(2)政策协调思路

鉴于发达国家成员与发展中国家成员的现实差异以及发展中成员的强烈要求,APEC开展了成员情况调查,并举办一些培训活动,促进交流和理解,同时制定出非约束性原则。通过非约束性原则的制定,让发展中国家成员进一步理解政府采购政策,找出发展中国家的现行政府采购政策与非约束原则之间的差异,并迅速采取措施,消除差异,尽快将APEC各成员的政府采购政策统一起来。

五、WTO《政府采购协议》

随着国际贸易的发展,政府采购的规模越来越大。特别是到了20世纪80年代,无论在发达国家还是在发展中国家,政府都成为货物贸易和服务贸易中的最大买主。据估计,国际政府采购总额每年都达数万亿美元,占世界贸易总额的10%以上。但由于许多国家的政府采购不受WTO国民待遇的限制,也不适用其最惠国待遇条款,各国可自由优待本国产品或歧视外国产品,导致大量国际贸易活动背离WTO的规则。歧视性政府采购日益发展为国际贸易中的一个严重阻碍,越来越受到国际社会的关注,因此各国经过长期的讨价还价,世界贸易组织(WTO)的前身关贸总协定于1979年4月12日在日内瓦进行了"东京回合"多边贸易谈判,最终签订了《政府采购协议》,该协议是处理国际政府采购以及指导各国政府采购关系的重要国际法文件。

1. WTO《政府采购协议》概况

为了消除政府采购中的国际贸易壁垒,关贸总协定的多数缔约方都感到有必要把政府采购政策予以约束与监督。早在20世纪60年代初,"经济合作与发展组织"(OECD)率先开始就政府采购问题进行谈判。由于各方的利害冲突和分歧很大,谈判未能取得实质性结果,只是起草了一份"关于政府采购政策、程序和做法的文件草案"。在关贸总协定第七轮多边谈判中,政府采购问题被纳入东京回合谈判范围,并于1976年7月成立了政府采购的专家组,专门研究政府采购问题。WTO《政府采购协议》于1981年1月1日起对届时已接受或加入该《协议》的各国政府开始生效。

1987年,《协议》的缔约方对1979年《协议》作了修改。1993年,各缔约国在"乌拉圭回合"的谈判上,又在"东京回合"的基础上就《政府采购协议》扩充了新的内容,扩大了适用范围。到1993年年底,参加该协议的有12个缔约方,欧盟作为一个缔约方参加,其他的缔约方分别是:奥地利、加拿大、芬兰、中国香港、以色列、日本、挪威、新加坡、瑞典、瑞士和美国。此外,还有30多个关贸总协定缔约方和非缔约方以及国际货币基金组织、联合国贸发会议等派观察员参加委员会会议。1994年9月15日在摩洛哥马拉喀什会议上,以诸边协议方式经乌拉圭回合谈判各方签署,成为世界贸易组织负责管辖协议的一部分。WTO的《政府采购协议》是在政府采购领域首次达成的有关各缔约国权利义务的法律框架,为政府采购在法律、规则、程序和措施方面设立了统一的国际标准。经过多年来各国的努力,政府采购市场的开放已经取得了实质性的进展,目前《政府采购协议》成员国已达到14个国家、地区和区域。随着成员国的增加,以及该协议调整范围的扩大,越来越多的发展中国家开始关注这个协议。政府采购市场的相互开放,已经成为世界贸易组织追求贸易自由的重要目标。

WTO《政府采购协议》对世界贸易组织各缔约国政府和欧共体开放,非《协议》缔约方政府可按照该政府和缔约方之间议定好的条件加入《协议》。《协议》也可向任何其他政府开放加入,但其前提条件是按照该政府与各缔约方共同商定的一定条件,有效实施《协议》的权利和义务,并将说明议定条件的加入书交存总协定缔约国总干事,对《协议》的任何条款均不得提出保留。

2.《政府采购协议》的适用范围

从采购主体而言,WTO《政府采购协议》的框架适用于一国政府部门、机构或其代理机构。各国可在加入《协议》时提交一份清单,列明本国适用《协议》的有关单位。这样做的目的在于,只有列入清单的单位才接受《协议》约束和支配,名单以外的其他政府部门或地方政府的政府采购则不受约束。由于世界各国政府采购的领域有很大差别,签署国在适用《协议》的主体范围上各有不同是很正常的。例如日本,对于WTO《政府采购协议》的适用范围是所有中央政府机关(包括司法、立法机关)、47个都道府县和12个政令制定城市政府机关以及84个特殊法人;而美国,适用于WTO《政府采购协定》的政府采购的主体为所有的中央政府机关、37个州政府机关以及包括田纳西河流管理局和圣劳伦斯航路开发公司在内的11个政府下属机构;在欧盟,WTO《政府采购协定》的适用范围包括所有的中央政府机关(欧盟部长会议、委员会)、所有的地方政府机关以及电力、港口、机场等机构;在加拿大,则为所有的中央政府机关(包括部分司法机关,但不含立法机关)和9个联邦下属企业。

从采购对象来看,WTO《政府采购协议》适用于以任何契约形式采购产品、建筑工程和服务(以及产品与服务的联合采购),包括购买、租赁、分期付款购买、有无期权购买等。但《协议》不适用于基本建设工程的特许合同的采购,如BOT(Build Operate Transfer)等。

从采购限额上看,WTO《政府采购协议》的适用限额规定体现在附件中,对各签署国中央政府而言,达到13万特别提款权以上的采购均要适用《协议》;对于地方政府和其他主体,由各签署国根据本国的实际情况做出承诺。国际货币基金组织于1969年9月正式通过的10国集团提出的"特别提款权"方案后开始发行的。它是一项新的国际储备货币记账单位,为货币定值的标准和国际货币储备资产,为会员国的账面资产和会员国原有提款权以外权利。1969年,开始发行时规定含金量为0.888671克,与美元等值,即"纸黄金"(Papergold)。从1974年到1980年改用16种货币。1981年简化为5种货币(即美元、西德马克、日元、英镑和法国法郎)。特别提款权只用于政府间的结算,向其他成员国换取外汇,弥补国际收支逆差,偿还国际组织的贷款与利息,但不能直接用于国际间的贸易和非贸易的支付。

WTO《政府采购协议》第二十三条规定了一些例外条款,即不适用于《协议》的几种情形:一是缔约方有权在采购武器、弹药或战争物资,或采购为国家安全或国防目的所需的行动;二是缔约方政府有权采取必要措施以维护公共道德、秩序或安全,人类、动植物的生命与健康、知识产权或为保护残疾人、慈善机构或劳改产品而采取必要措施。

政府采购合同估价问题涉及"协议"的适用范围,即确定某一项合同是否达到了《协议》规定的限额,也就是说,限额之下的采购可以不受协定的制约。WTO《政府采购协议》第二条确定了限额范围及估价方法的几项基本原则:

(1)采购额度应考虑一切形式的酬金、包括奖金、佣金及应收利息等在内。

(2)采购实体不得为逃避适用《协议》而分割合同或选择估价方法。

(3)如果签订一个以上的合同或分几部分签订合同,则根据前一财政年度所签署类似合同的实际价值,或根据后 12 个月内数量和价格可能发生的变化对类似合同的 12 个月价值进行调整后的价值,或本财政年度(或首批合同后 12 个月)内重复签署合同的估计值为准。

(4)对于租赁、分期付款合同或未规定总价值的合同,如合同期为 12 个月或多于(少于)12 个月,则以这些合同有效期内的总价值加上估计的剩余价值为准;无固定期限的,应是各月摊付款额与 48 的乘积。

3.《政府采购协议》的政策准则

WTO《政府采购协议》不仅是一个世界各国制定政府采购制度的框架性文件,而且是各国政府采购市场相互联系的纽带,所以其基本政策宗旨是推进世界贸易自由化,当然在此过程中要充分考虑各国国情以及经济阶段发展的客观差异等因素。

(1)政策宗旨

WTO 通过建立一个有效的关于政府采购的法律、规则、程序和措施方面的权利与义务的多边框架,实现世界贸易的扩大和更大程度的自由化,改善协调世界贸易运行的环境。

(2)提高透明度政策

WTO《政府采购协议》规定,每一缔约方应鼓励其实体说明受理来自非缔约方国家投标的条件,以确保各实体授予合同的透明度。其具体要求主要有:

①必须按有关技术规格的规定来拟定合同。

②必须用 WTO 的一种官方语言公布采购通告及其摘要,以及受理虽来自非缔约方但具有供应商投标条件的机构。

③确保一般不在采购过程中改变其采购规则,一旦这种改变不可避免,应保证有满意的补救措施。

④采购实体不得在技术要求上故意设置障碍,因此要求遵守三项规定:第一,在拟定、采纳或说明所采购产品特征的技术要求,诸如质量、性能、安全度、试验及试验办法、符号、术语包装、商标及标签时,不得故意设置障碍;第二,规定的技术要求内容应是性能方面而不是技术方面的,应以国际标准、国家技术规定或公认的国家标准为依据;第三,招标时一般不应要求或提及商标或名称、专利权、设计或型号、具体的原产地或生产者,但在无法准确清楚地说明采购要求时例外。

（3）国民待遇和非歧视性待遇政策

WTO《政府采购协议》认为，各缔约方应保证无条件地向来自另一方的产品、服务及供应商提供不低于向国内产品、服务及供应商所提供的待遇；不低于向任何其他一方的产品、服务及供应商所提供的待遇。各缔约方还应保证，不能基于外国属性和所有权成分的比重而在当地设立的供应商之间实行差别待遇；如果该生产国是《协议》的缔约方，不能基于被提供的产品与服务的生产国别而歧视在当地设立的供应商。WTO 要求各国放弃对本国供应者及产品的价格优惠，并对政府采购合同的投标与开标程序做出详细规定，以确保政府的各种规章政策不被用来偏袒和保护本国厂商及本国产品，而对外国供应者及其产品实行差别待遇。

（4）维护国家安全和世界和谐发展政策

为各国出于维护国家安全和世界和谐发展的考虑，对于 WTO《政府采购协议》的任何内容，均可以不用解释国家出于国防安全目的所需的采购，不用解释施行或实施为保护公共道德、秩序或安全、人类保护、动植物生命与健康以及保护知识产权所需的采购，以及实施有关残疾人、慈善机构或监督劳动产品的采购。因此 WTO《政府采购协议》规定基于国家安全而采购的必要物品或是根据维持公共秩序、卫生防疫上的需要而采取的限制措施可以例外，即可以不适用于《协议》的要求。

（5）发展中国家的特殊与差别待遇政策

基于促进发展中国家特别是最不发达国家的发展以及财政与贸易需要，WTO 认为应给予特别的考虑。WTO《政府采购协议》要求对发展中国家实行特殊与差别待遇。其目的在于：第一，保障发展中国家的国际收支平衡，保证它们有足够的外汇储备来执行经济发展方案；第二，促进发展中国家国内工业的建立和发展，包括促进农村或落后地区的小型工业和家庭手工业的发展及其他经济部门的发展；第三，扶持发展中国家的一些完全或基本上依赖政府采购的工业单位；第四，在向世贸组织部长会议提出并征得同意的情况下，鼓励发展中国家通过区域或全球安排来发展经济。

4. WTO 政府采购政策的启示

（1）政策启示一：政府采购市场是国际贸易自由化的"盲区"

世界贸易组织作为全球性的国际组织，对整个世界经济发展发挥着举足轻重的作用。在全球贸易中,政府采购市场占有较大的份额,对贸易自由化进程影响越来越大。但各国政府为了促进本国产业的发展,对国内企业实行优惠价格,在采购立法上利用例外条款,或使用不公开或不透明的采购程序,使外国供应商无法与国内企业竞争,特别是使用不透明合同授予程序。这种歧视性的政府采购政策导致国际贸易的扭曲。由于政府采购市场的特殊性,1947 年的"关税和贸易总协定"曾明确地将政府采购规则排除在外。

由于政府采购没有包括在 WTO 多边贸易规则之内,政府采购市场便具有很大的歧视性和封闭性,在国际贸易自由化的多边体制中形成了一个贸易开放的"盲区"。"经济合作发展组织"(简称 OECD)的国家首先意识到,各国政府的歧视性购买导致了政府采购的低效,减少了社会总财富,同时也成为贸易自由化的巨大障碍。为了限制政府歧视性采购,促进政府采购市场的开放,20 世纪 70 年代,在多边协议的框架下,开始了对政府采购的谈判。在 1978 年"关贸总协定"的"东京回合"的谈判中,第一个《政府采购协议》在 1979 年签订,1981 年开始实施。该协议被称为"诸边"协议,世界贸易组织(WTO)的成员自愿参加。"政府采购协议"建立了一个从国际到国内政府采购的法律框架,协议的基石是非歧视原则以及最惠国待遇(MFN)和国民待遇。各成员国在进行政府采购时,要平等对待该协议的成员方的投标者。为了落实非歧视性原则,协议特别强调透明的采购程序。

(2)政策启示二:开放政府采购市场是贸易自由化的必然趋势

目前,WTO《政府采购协议》的成员国多为经济发达的国家和地区,一般而言这些国家和地区的企业竞争能力较强,在开放政府采购市场后,并未出现外国供应商蜂拥而入的情况,在英美等经济大国,外国供应商想进入该政府采购市场绝非易事。据统计,在临界值以上的政府采购市场中,外国产品所占的比例,日本为 16%,美国为 9%,加拿大为 20%。据专家研究,加拿大、欧盟、日本和美国,平均的政府采购份额的 90% 是由国内供应商提供的,而其他成员国国内采购仅约占 60%,一些小的成员国的政府采购反而更加国际化。

随着经济全球化和贸易自由化的进程,很多发展中国家感到保护政府采购市场越来越力不从心,歧视性购买受到更多的限制,这是因为很多政府采购的支出,一部分来自国际金融组织的资助,它们要求这些购买必须公开竞争,促使发展中国家的市场开放。从可以得到的数据看,在政府采购支出中,国际金融机构的资助占有非常重要的比重,在低收入国家,这一比例占18%,中等收入国家占16%,而在高收入国家中只占6%。以上数据表明,特别是在比较贫穷的国家里,即使政府想进行歧视性购买,实际却无法控制,很多采购活动已经服从《政府采购协议》的采购原则。

第五节　国际政府采购政策比较及其借鉴

通过各国政府采购政策的比较,可以较清晰地了解各国政府采购政策的经验与教训。通过总结各国政府采购政策的成就,可以为我国所借鉴,避免多走弯路。

一、各国政府采购政策的比较

1. 政府采购模式

从世界各国政府采购的实际情况看,采取完全的集中模式或分散模式的国家少之又少,绝大多数国家采取的是混合模式即半集中半分散模式。美国政府采购历史悠久,是当今政府采购制度最发达、最完善的国家之一,同时也是实行混合模式的典型。美国作为联邦制国家,这一政治体制特点反映在政府采购制度上便自成两个系统,即联邦政府采购和州及地方政府采购,联邦政府采购基于采购性质的不同,形成了民用部门和军事部门两大系统。当然,这两大部门的政府采购有着不同的立法体系和管理制度,其采购方法也有较大差异。

韩国于1995年开始全面推行政府物资的比较集中的采购制度,以统一国内外采购,配合政府的各项经济计划,提高行政效率,消除以往各机关自行采购所造成的种种浪费。这一制度的执行部门为当年设立的采购供应厅。几年之后,为了强化该机构的作用,又进一步明确采购供应厅的组织功能,建立和完善了集中采购制度和供应制度,规定中央部门20亿韩元以上和地方部门100亿韩元以上的采购项目必须由采购供应厅集中进行,其他项目则可自行采购。合同金额在2000万韩元以上时,要使用竞争的程序授予合同。1995年,通过中央部门集中进行的政府采购总额为4.4万亿韩元。

其他国家和地区也有类似的规定。如菲律宾政府设立的集中采购机构是物资调节局,该局直属总务部,主持办理中央政府及所属各机关的政府采购事宜。新西兰于 1920 年设立"政府物资管理局",1950 年又改组为"政府物资委员会",为全国最高政府采购决策机构;另一方面,各部门为满足自行采购的需要,分别设立了物资科,负责各该部门所需物资的采购、仓储、保管、供应、分配等业务。

总起来看,一国在实行政府采购组织管理时,采取何种模式取决于该国的实际情况,如日本、澳大利亚等国的政府采购是由各个部门进行的。当然集中采购不是万能的,在一些情况下,也有其不足之处,比如不易适应紧急情况,使用部门没有自主性,手续复杂等。

2. 政府采购的组织及程序

从世界各国总体情况看,实行政府采购的国家不仅有一整套的法律、法令,还有一套操作制度,以保证政府采购的公开公正。美国政府采购自从 1861 年通过第一项联邦法案至今已有 100 多年的历史。美国政府采购的机构设置框架是:"美国事务管理总署"负责整个国家的政府采购(除了国防采购外),下设"联邦供应局"作为具体的采办部门。美国事务管理总署除了由设在华盛顿的总部负责全面的采购管理及制度的执行以外,还在美国各大城市设立分部,进行地区政府采购。美国的政府采购制度管理的范围要比其他国家更为全面,主要有以下五个方面:招标制度、作业标准化制度、供应商评审制度、审计监测制度、交货追查制度。

欧盟的政府采购从 1971 年开始,当时的欧共体相继通过了两个有关政府采购在共同体内公开招标的法律,即《公共工程采购指令》和《公共部门货物采购指令》。《指令》规定,成员国的政府部门、公共组织以及政府投资占 50% 以上的公共项目,当其采购的商品、劳务的金额超过 20 万欧洲货币单位、建设工程(包括设计、装修)合同金额超过 500 万欧洲货币单位,应按照该法所规定的程序,采用公开、竞争的采购程序。

欧盟规定的政府采购程序分为三个步骤:第一,发布信息。各成员国把该年度中公共部门较大金额的货物、工程、服务采购信息,在年初或上一年度,发布在欧盟主办的《欧盟日报》副刊或其他专业刊物上,供其他成员国对政府采购情况进行全面的了解。第二,招标公告。当采购合同金额达到该法所规定的标准时,应在欧盟范围内进行公开招标,成员国应在采购项目开始之前的一定时期内,在欧盟规定的刊物上发出招标公告。第三,通过竞争授权合同。依该法所进行的政府采购不得对其他成员国企业有任何歧视,即在投标、评标、授予合同时对国内企业和国外企业应按照同一标准。

如果政府采购部门被判违法,司法部门将按采购商品、服务或工程金额的10%～15%处以罚款,并终止合同。罚款收入上缴欧盟委员会。

3. 政府采购的管理

英国的政府采购是在政府政策指导、预算控制、个人责任约束和议会监控的前提下进行的。具体内容包括:

(1)中央政府各部门的采购都是在政府政策指导的基础上进行的,除了为控制政府支出的例外情况,种种自定的专门采购方式都被视为不必要。

(2)政府部门对自己的采购决策负责,但这些决策必须在财政预算的范围之内,同时,还必须就它们的所有支出向国会负责。

(3)财政部通过预算制定出收入和借贷额度,对未来三年中每年的公共支出作一个"总预算",并对各部门支出和应急备用资金提出预算分配建议,各级政府采购不能突破预算。

(4)政府部门的所有支出应有议会的授权,这是一条基本原则,如果有政府部门不满意,可通过"追加预算"制度获得追加资金,但只能专款专用。各政府部门的支出都要受资金规模的限制,而且只能在资金划拨的财政年度内支出。在"预算控制"的前提下,政府部门的小部分支出可在法律规定的范围内一次性使用。各个部门都有一名议会官员,对公共财政的恰当管理和使用负责。该官员必须保证财政支出的各方面都周全合理,做到物有所值。

(5)各部门的支出受议会"公共支出委员会"监督,该委员会受全国审计办公室监督,而全国审计办公室则是由部门审计员和总审计长领导。部门审计员和总审计长享有高度的独立工作权,可以独自决定审计程序及方针,也可履行其他属于其职能范围的检查,决定其向议会所做报告的内容,对财政资金的使用情况拥有充分的监督权。

二、国际政府采购的经验借鉴

国外政府采购经历了200多年的发展,已形成了一套完整的制度与政策,为我们提供了丰富的经验。

1. 高度重视依法管理

现代政府采购制度从英国建立伊始,就以立法形式出现,随后的瑞士、美国等都是如此。实践证明,惟其以法律管理政府采购活动,政府采购才得以保持透明度,得以不断调整和完善,进而形成有效的、完整的、规范的现代政府采购制度。以美国政府采购奉行的三大思想精髓(维护政府采购信誉、保持采购制度的透明度、展开充分竞争)为例,所有的政府采购行为都贯穿于法律制度之中,置于法律管理之下。各国除了基本法规以外,还规定了大量的配套法规、补充条例和实施细则等。

从我国实际情况看,依法管理政府采购应当是建立我国政府采购制度的根本。首先,我国政府采购制度是在适应节约财政开支、反对政府消费中的腐败行为的背景下出台的。在这样一种情况下,没有严格的法制管理,就不可能维护政府采购中的透明度,也就不可有效防止政府购买中的腐败行为,难以达到节约财政资金的目的。其次,我国已于 2007 年年底向世界贸易组织提交了启动中国加入 WTO《政府采购协议》谈判的申请书,并向 APEC 做出最迟于 2020 年开放我国政府采购市场的承诺。在此情形下,如果我国没有一套行之有效的政府采购法律法规,没有一套科学化、规范化的政府采购规则,我国的政府采购制度就不可能与国际政府采购制度接轨,届时开放政府采购市场,我国的政府采购市场难免被别国占领,民族产业难以有效地保护。

2. 提高政府采购的透明度

在政府采购制度较完善的国家,均非常重视保持政府采购制度的透明度,其原因:一方面,可使我们发现政府采购制度中存在的问题,及时揭露和纠正,进而维护和完善政府采购中的法律制度;另一方面,也是反对政府采购中腐败行为的一剂良药。

在我国的政府购买实践中,特别是建筑工程的采购存在不少腐败现象,一个很重要的原因就是缺乏透明度,存在着较多的"暗箱"操作,难以实施有效的监督,因而腐败分子敢于胆大妄为。相反,在政府采购制度较完善的国家,如新加坡,由于整个政府采购中的每个环节操作过程都公之于众,因而其腐败行为较少,在这种高亮度的制度下,腐败行为自然难以得逞。

3. 保持政府采购中的充分竞争

充分竞争是现代政府采购制度中的一条核心原则,无论是英国、新加坡等国强调的"物有所值"原则,还是美国的"密封投标"与"协商采购"方式,其核心都是建立在竞争的基础之上。充分竞争不仅可使政府在市场上购买到最廉价的商品与服务,发挥财政资金的最大效率,还可促进厂商不断改进技术,提高服务质量,从而促进经济的发展。

4. 政府采购的规模扩大及形式多样化

在西方国家,凡政府所需以及自身不能生产或提供的商品和劳务均可向社会采购。政府购买的商品和劳务按使用性质和管理上的差异,可分为军用和民用两大类。西方国家的政府采购方式多种多样,总的来说可以分为招标性采购和非招标性采购两种方式。达到一定金额(也称门槛价)以上的采购项目,采用招标采购方式;不足一定金额(门槛价)的采购项目,采用非招标性采购方式,如批量采购或小额采购等。因此,具有广泛的采购范围和多样的采购方式,可以充分保证政府采购政策的功能发挥及运用。

5. 政府采购管理程序的合理与完备

西方国家政府采购的程序一般包括三个阶段:

(1)确定采购需求。拟定政府采购计划,向公众发布政府所需购买物资商品和劳务的相关信息,如商品(或服务)的功能或性能特点、采购总量、商品的交货期及服务的有效期等。政府采购要在预算确定的额度内采购,不得超出,未用完部分须返回国库。

(2)签订采购合同。一般通过公开招标的方式进行竞争,按有关程序完成。

(3)管理、执行采购合同。包括一切必要的、旨在监督卖方执行合同的过程,以保证卖方所提供的商品及服务满足合同上的质量及性能要求,同时保证卖方按期定量交货。

对于政府采购过程中的有关争议处理,在明晰所公布的政府采购中标方名单基础上,所有商家均有权对政府采购中不合理的行为进行申诉、抗议、索赔。

6. 具备专门的管理机构和人员

政府采购作为财政制度的组成部分,其管理功能一般由财政部门负责,在财政部门内部设立专门机构,监督管理政府采购有关事宜。政府采购机构内配有专职政府采购管理人员,这些人员需经专门资格考试才能从业。

三、国外及国际政府采购政策启示

我国政府采购的实践时间虽然较短,但发展速度很快,所以因地制宜地建立我国的政府采购政策具有重要的意义。西方政府采购政策的经验可以给我们一些有益的启示。

1. 建立透明、公开、公正的政府采购政策

现代意义上的政府采购政策的公平准则应该被充分加以考虑。在西方的经济生活领域中,每个人享有同等的机会、受到公平对待的理念,已经作为一种价值观深深地植根于每个人的头脑之中。当然,这些准则在不同时期会有不同的含义,并受到不同程度的制约。公众对政府在实行政策上有所偏袒进行指责,不仅仅是指政府违反了以公平为基础的原则,还说明了公众不会因为某些自身所不可控制的力量为政府所忽视。有一点是很清楚的,政府对待不同经济实体的公平方式在现代社会中正在日益受到重视。由于政府采购的资金来源于纳税人缴纳的税款,从根本上说,政府部门是在接受纳税人委托从事金额巨大的政府采购活动,所以法律通常有着严格而明确的规定,以保障公众的利益。

在我国政府采购的实践过程中,短时间内难以从原来的采购方式中完全摆脱出来,加之一些个人利益和部门利益的影响,很容易致使"明制度"变成了"暗规定"。一些地方在招标采购过程中,虽然招标程序较为公开,但是对评标、定标的程序不够严格,特别是在一些大的项目采购过程中,掺和了少数行政首长的意志,人为影响了政府采购活动的客观公正性,特别是有的地方政府在采购活动中,发生分割市场、歧视中小供应商的现象。

随着《中华人民共和国政府采购法》的全面施行,我国正在力图建立透明、公开、公正的政府采购政策。事实上,只有建立在透明基础上的政府采购,才能真正吸引那些具有商业技术能力、诚实信用的供应商积极参与竞争。没有公开、公平竞争的政府采购,既不利于提高政府采购的质量,又不能有效保障供应商合法的权益。更重要的一点,不透明、不公开、不公平的政府采购现象经常与腐败相关联,而腐败问题则经常是破坏政府采购制度的主要威胁。

2. 建立旨在促进我国弱势产业与组织的政府采购政策

鼓励公平合理竞争原则是政府采购政策中的一条重要原则。政府采购的

各项政策目标可通过促进供应商、承包商或服务提供者之间最大限度的竞争来实现。但是我们要注意表面公平掩盖下的实际不公平现象，对于我国这样一个发展中的大国，尤其要关注对弱势产业与组织的合理保护。美国的政府采购十分注意扶持新兴中小企业参与重大战略性技术的研发，美国的研发和采购计划允许更多新兴中小企业的参与。高科技产业、新兴企业以及中小企业均是我国需要重点培育和保护的对象，发达国家的经验我们完全可以并且非常有必要予以借鉴。

鼓励新兴企业，特别是新兴的中小企业参与重大技术研发的重要性在于为那些能够满足采购要求的企业提供不断的激励，促使"老"企业不敢懈怠，"新"企业得到发展空间。[①] 伴随我国经济结构的进一步调整，政府采购在扶持中小企业发展方面的特殊功能正在逐步得到重视。而实现这种目标的重要途径，就是要利用国际政府采购制度的例外规则，适当照顾中小企业的利益，保障中小企业的基本生存环境。除此之外，在政府采购中设计出较大的竞争空间，鼓励新兴企业参与重大战略性技术的开发，是实现这种目标的重要途径。我们还要通过制定一系列符合国际政府采购框架的国内保护性或扶持性政策，例如中小企业投标优惠政策、地方政府采购得倾斜计划（主要针对自主创新和中小企业）等。

3. 夯实政府采购政策的法制基础

不断健全和完善政府采购的法律和规章，是设计和实施政府采购政策的基本保证。国外及国际在政府采购政策领域不断健全相关法律和规章制度的做法值得我们借鉴。

通常而言，对过去政策评价满意与否，是综合考虑各种影响之后的一种社会性的反映。保罗·皮尔逊（Paul Pierson）在一篇有关政策评价的文章中强调说，对一个有社会意义和政治意义的程序而言，准确地定义政策的成功与失败是十分必要的。人们对政策的不满意，主要是基于在对政策进行比较以后而产生的。因此，皮尔逊要求人们更多地关注政策的评价以及政策的形成机制。正因为人们提出对政策的评价以及研究政策形成的重要意义，那么，研究

---

① 张璎:《运用政府采购工具，推动重大战略性技术发展》，载《财政研究》2001 年第 11 期。

在这些过程中所发生的问题,并定义这些问题,将是非常重要的。①

　　我国目前正处于政治经济体制深化改革的时期,相对于世界上大多数国家而言,我国的政府采购及其立法工作刚刚开始,而且这不是一项孤立的活动,涉及预算管理改革乃至整个政府和市场管理体制的根本性变革,也涉及政府参与市场交易活动方式的根本性变革。虽然我国可以大胆借鉴发达国家的政府采购政策的理念和方法,但由于与政府采购制度息息相关的行政管理体制、财政预算体制、国有企业管理体制等,正进行着轰轰烈烈的改革,这其中存在着许多不确定性因素。而建立政府采购政策则必须要考虑到这些不确定的因素。我国不仅面临着制定和完善政府采购政策有关法律的任务,而且对于政府采购立法的效果难以形成可靠的预期。可见任务之艰巨,时间之紧迫。②

　　借鉴国际经验,目前我国的政府采购政策法规体系还应进一步地健全,主要包括以下内容:对供应商资格要求的规定;对采购机构及代理采购机构资格的规定;对政府采购联合投标办法的规定;对采购业务人员资格要求的规定;对采购管理和经办人员行为规范的规定;对大型工程、设备采购及特殊业务采购的规定;对本国产品购买的规定;对采购质疑和仲裁程序的规定等。

　　同时要修订《预算法》、《审计法》等有关法律,突出强调对政府采购的管理和对政府采购政策执行情况的审议,使之与政府采购制度配套。其他与政府采购相关的招投标、合同、竞争、会计等法律、法规也要建立和完善起来。

---

① Sandra M. Anglund, Policy Feedback, "The Comparison Effect and Small Business Procurement Policy", *Policy Studies Journal*, No. 27, 1999.
② 贾玉凤:《我国政府采购市场对外开放的挑战》,载《人文杂志》2003 年第 5 期。

第六章　中国政府采购政策的体系定位

构建我国政府采购政策体系首先要科学制定政府采购范围制度,需要规范并清晰地确定政府采购的对象范围、采购主体及资金来源等要素。在此基础之上,结合我国实际与国际政府采购发展的趋势,明确我国政府采购政策的目标定位。最后还要考虑政府采购政策的组织构架创建与优化。

第一节　政府采购政策体系基础:范围制度的清晰

由于我国的《政府采购法》对有关政府采购范围制度的规定比较宽泛,所以不利于政府采购政策的实施与操作。我们可以借鉴国际政府采购组织的经验,对我国政府采购的范围制度进行较清晰的界定。

一、中国政府采购制度范围的现状及问题

一般而言,政府采购范围包括三个层次的分类标准,即政府采购的资金范围、主体范围与对象范围。

1. 我国现行政府采购的范围制度描述

我国现行政府采购的范围制度界定如下所述:

(1)政府采购资金范围

政府采购资金范围是指采购资金来源、资金渠道等。根据政府采购基本法的规定,我国政府采购资金范围是"财政性资金"。① 对于中央单位的采购资金范围,《财政部关于中央单位政府采购工作中有关执行问题的通知》②作

---

① 《中华人民共和国政府采购法》第一章第二条。
② 财政部办公厅财办库[2003]56号文。

了进一步明确:"财政性资金由财政预算资金和预算外资金组成,财政预算资金是指国家财政以各种形式划拨的资金;预算外资金是指单位通过各种行政事业性收费、政府采购性基金、政府间捐赠资金等获得的收入,不包括单位各种其他事业收入。"

（2）政府采购主体范围

政府采购的主体范围或称采购人范围,是指采购方的组织性质、组织类别等。我国政府采购基本法规定的政府采购的主体是"各级国家机关、事业单位和团体组织"。①《政府采购法》对采购人延伸范围也作了相应的界定。针对同质主体转移的政府采购主体的规定是:"采购人的采购纳入集中采购目录的政府采购项目,必须委托集中采购机构代理采购;采购未纳入集中采购目录的政府采购项目,可以自行采购,也可以委托集中采购机构在委托的范围内代理采购。"②对于非同质主体转移的规定是:"采购人可以委托经国务院有关部门或者省级人民政府有关部门认定资格的采购代理机构,在委托的范围内办理政府采购事宜。采购人有权自行选择采购代理机构,任何单位和个人不得以任何方式为采购人指定采购代理机构。"③

（3）政府采购对象范围

政府采购的对象范围是指采购目的物的属性、形式等。我国政府采购对象范围是指:"以合同方式有偿取得货物、工程和服务的行为,包括购买、租赁、委托、雇用等。其中:货物是指各种形态和种类的物品,包括原材料、燃料、设备、产品等;工程是指建设工程,包括建筑物和构筑物的新建、改建、扩建、装修、拆除、修缮等;服务是指除货物和工程以外的其他政府采购对象。"④

2. 政府采购范围制度的问题分析

现行政府采购实际操作的众多困惑,很大程度上是政府采购范围制度的法律规定过于宽泛以及不甚严谨所致。

（1）关于采购资金范围

①"财政性资金"的界定太笼统

---

① 《中华人民共和国政府采购法》第一章第二条。

② 《中华人民共和国政府采购法》第二章第十八条。

③ 《中华人民共和国政府采购法》第二章第十九条。

④ 《中华人民共和国政府采购法》第一章第二条。

从理论角度而言,"财政性资金"有广义、中义和狭义之分。广义的财政性资金不仅包括预算内资金、预算外资金,还包括与财政性资金相配套的单位自筹资金;中义的财政性资金是指预算内资金和预算外资金;而狭义的财政性资金仅包括预算内资金。我国《政府采购法》中规定的资金范围是"财政性资金",但对"财政性资金"的确切内涵仅在《财政部关于中央单位政府采购工作中有关执行问题的通知》中提及,规定"财政性资金"是由财政预算资金和预算外资金组成,然而这一规定仅适用于中央部门,对中央部门以外的政府采购资金并没有约束作用,所以中央部门以外的政府采购资金范围依然相当模糊,在执行中的随意性很强。

②购买同一目的物的"混合型资金"界定模糊

"混合型资金"指的是采购资金中既包含财政性资金又包含非财政性资金。对于"混合型资金"是否应纳入政府采购的资金范围,我国《政府采购法》没有相应规定,《财政部关于中央单位政府采购工作中有关执行问题的通知》中规定,只要含有财政性资金就应实行政府采购,即我国政府采购的资金范围包括"混合型资金",但是《通知》并没有涉及财政性资金所占的比例,并且此规定仅适用于中央部门,对中央部门以外用于政府采购的"混合型资金"是否纳入政府采购资金范围依然没有规定。

③地方政府的债务资金是否纳入政府采购范围

我国《政府采购法》规定的采购资金范围是"财政性资金",而现实中地方政府兴建大量公共项目的资金可能来源于银行借款、向公众发行债券或者通过其他融资方式取得,如果这些地方政府的债务资金划入非财政性资金,自然就不属于政府采购的资金范围。尽管这些资金不是来源于政府财政,但是政府财政却需要对这些债务资金承担最终责任,所以说到底还是纳税人来承担,与狭义的财政性资金并无本质区别。因此,地方债务资金是否纳入政府采购的资金范围,应当有一个明确的法律界定。

④各类赠捐款的属性界定不明确

以政府名义获得的捐赠款属于预算外资金,由于我国对"财政性资金"界定笼统,这部分捐赠款是否纳入政府采购的资金范围并不明确。事业单位和团体组织所接受的捐赠款属于非财政性资金,根据我国《政府采购法》相关规定的释义,这部分捐赠款可以不纳入政府采购的资金范围,但这部分捐赠款属于公共资金,与私人资金存在明显区别,将其排除在政府采购资金范围之外的做法是否合理值得探讨。

(2)关于采购主体范围

①事业单位的营利与非营利性质没有界定

事业单位是指国家为了社会公益目的,由国家机关举办或者其他组织利用国有资产举办的,从事教育、科技、文化、卫生等活动的社会服务组织。事业单位的范围很广,从其社会功能来看,可分为承担行政职能的、从事公益服务的和从事生产经营活动的三个类别;从其资金来源看,可分为全额拨款、差额拨款和自负盈亏三种类型。我国《政府采购法》仅规定政府采购主体包括事业单位,而没有考虑事业单位的营利和非营利性质,所以造成实际操作中的困惑,例如将营利性的事业单位列入政府采购主体,其合理性就值得怀疑。

②团体组织界定模糊

我国《政府采购法》规定政府采购主体包括团体组织,但团体组织是个内涵极广的概念,包含社会团体、群众团体和法人团体等多种类型,每种类型又有多种形式,因此,笼统地把所有团体组织都并入政府采购主体范围的规定过分模糊,因此有必要对团体组织的具体内涵作进一步的明确。

③延伸采购主体的权责范围不清楚

延伸采购主体(或称二级主体),是指政府采购集中采购机构和有资格的采购代理机构。我国《政府采购法》规定延伸采购主体也属于政府采购主体范围,但对延伸采购主体的权责范围并没有做出相应的规定。

④接受财政资金的非采购主体组织是否纳入政府采购范围

我国《政府采购法》只规定国家机关、事业单位和团体组织为政府采购主体,但对接受财政资金的其他非政府采购组织,其采购主体地位如何界定没有做出相应的规定。如果不纳入政府采购范围,则将有一笔巨大的财政资金长期游离于政府采购范围之外,形成逃避行政监督的"避风港";如果纳入政府采购范围,则与现行法规相抵触。

(3)关于采购对象范围

①"货物"范围不全面

我国《政府采购法》对"货物"的界定并不全面,没有涵盖技术、专利和以知识产权为标志的一系列无形资产以及新兴的金融及其衍生产品等,而这些形态的产品在政府采购"货物"中占有一定比例,并且随着社会发展其地位会越来越重要。

②"服务"的界定模糊

我国《政府采购法》对"服务"界定采用了与对"货物"和"工程"界定不一样的方式:对"货物"和"工程"的界定采用了概括、列举法,而对"服务"的界定采取的是排除法,其表述为:除了"货物"和"工程"之外的即为服务采购。可见,此种界定并没有实质性含义。

③"工程"的范围标准不明确

我国《政府采购法》对"工程"界定为"建筑物和构筑物"。一般来讲,"建筑物"指供人们进行生产、生活或其他活动的房屋或场所,"构筑物"指人们不直接在内进行生产和生活活动的场所,其包括的范围极广。我国《政府采购法》对"建筑物和构筑物"的内涵没有进一步说明,所以政府采购中"工程"的范围标准是不明确的。

④"混合型"采购对象基本无界定

对于包含"货物"、"工程"和"服务"两项以上的"混合型"采购对象,我国《政府采购法》中没有明确的界定和划分,所以在实际操作时无章可循。

二、有关国际政府采购范围制度的规定

1. 国际组织有关政府采购范围的规定

(1)《联合国国际贸易法委员会货物、工程和服务采购示范法》的规定

《示范法》在其总则中规定:除了(a)涉及国防或国家安全的采购,(b)颁布国特别要求排除在外的采购和(c)采购条例规定排除在外的某一类型的采购外,该法适用于采购实体进行的所有采购。

《示范法》对"采购实体"的定义采取了灵活方式,提供了两种选择方案:①采购实体是指本国从事采购的任何部门、机构、机关或其他单位或其任何下属机构,但……除外;②采购实体是指"政府"(或用来指颁布国中央政府的其他词语)中从事采购的任何部门、机构、机关或其他单位或其任何下属机构,但……除外。第一种方案涉及颁布国中央政府以及省、地方或其他政府下属单位,适用于非联邦国家以及可对下属单位制定立法的某些联邦国家;第二种方案适用于只针对国家政府机关颁布实施《示范法》的国家。另外,颁布国可

以在必要时列入拟包括在采购实体定义之内的其他实体或企业或其他类别。根据联合国国际贸易法委员会《货物、工程和服务采购示范法立法指南》,在确定某一实体是否列入政府采购法调整范围时,颁布国应考虑以下因素:第一,政府是否向该实体提供大量公款,是否为确保与采购合同有关的实体履行付款义务而提供担保或其他保证,或以其他方法确保采购实体履行合同义务,意即该实体是否由政府管理或控制,或政府是否参加该实体的管理或控制;第二,政府是否对该实体销售货物或提供服务而给予独家经销特许、垄断权或准垄断权;第三,该实体是否负责向政府或财政部报告赢利情况;第四,该实体是否有国际协议或国家的其他国际义务适用于该实体从事的采购;第五,该实体是否经由特别立法行动而设立,以便开展活动,促进法定的公共目的,通常适用于政府合同的那类公法是否适用于该实体签订的采购合同。

关于政府采购对象,该法规定的采购范围是指以任何方式获取货物、工程或服务。其中"货物"系指各种各样的物品,包括原料、产品、设备和固态、液态或气态物体和电力以及货物供应的附带服务,条件是那些附带服务的价值不超过货物本身的价值。"工程"系指与楼房、结构或建筑物的建造、改建、拆除、修缮或翻新有关的一切工作,如工地平整、挖掘、架设、建造、设备或材料安装、装饰和最后修整,以及根据采购合同随工程附带的服务,例如钻挖绘图、卫星摄影、地震调查和其他类似服务,条件是这些服务的价值不超过工程本身的价值。"服务"系指货物或工程以外的任何采购对象。

(2)WTO《政府采购协议》的规定

WTO《政府采购协议》是世贸组织管辖的单项贸易协议,1994年4月经缔约方签字后,于1996年1月1日起正式生效。该法第一条规定,对采购主体范围采取附录列举方式。附录列举的主体包括:中央政府、次中央政府(包括联邦制国家中的州和地方政府)以及公用设施单位在内的其他采购单位(例如供水、供电等公用事业单位,包括受成员方直接或者实质上控制的单位和由它指定的单位),其中包括政府采购代理机构。但是,基于GPA是属自愿加入的诸边协议的性质,上述规定仅仅是参考,没有实质性约束,因此GPA的适用范围仍是由各缔约方自主决定的。对于每一缔约方而言,其在加入GPA时都必须根据附录一的框架列出一份清单,只有清单上的采购实体才受GPA的约束,清单之外的采购实体则不受约束。由于各国(地区)政治和社会经济结构的差异,各成员国提交的清单范围是不尽相同的。这些清单在一定程度上反映了各国(地区)对政府采购主体的不同界定。

关于政府采购对象的范围,该法在序言中指出:"基于对等原则,拓宽和改善这一协议,将协议范围扩大至服务合同。"GPA 第一条第一款规定:"本协议适用于任何有关本协议附录一中所列实体的采购法律、规章和做法。"根据注释,对每一缔约方而言,附录一分为五个附件,其中附件四为服务业,附件五专指建筑服务业。

(3)欧盟《公共采购指令》的规定

欧盟是一个拥有 27 个成员的经济共同体,在世界各类国际经济组织中,欧盟最早开始着手消除区域内政府采购障碍。早在 1966 年,欧共体就通过了有关政府采购的专门规定。1971 年开始,欧盟的前身欧洲共同体通过了两个有关政府采购法律,即《公共工程采购指令》和《公共部门货物采购指令》。其后,为了在欧共体范围内彻底消除货物自由流通的障碍,欧盟(欧共体)相继颁布了关于公共采购各个领域的公共指令,构成了目前欧盟的公共采购法律体系。

《公共采购指令》所适用的缔约机构通常是中央、地方和地方政府机关以及公法所管理的团体(如水、能源、交通和通信等领域内提供公用事业服务的私营公司)或由指令所规定的其他公共机关。公法所管理的公共机关是指由一个或多个这种机构或公法管辖的团体组成的联合会,其中,受公法管辖的团体应具备四个特征:第一,为满足公众利益这一特定目的而建立,不具有工业或商业性质;第二,具有法律人格;第三,大部分资金受到国家、地区或地方政府的资助;第四,受到国家、地区或地方政府的管理监督,或设有行政管理或监督委员会,并且其半数以上成员由这些机构任命。

欧共体制定的《服务指令》、《供应指令》和《工程指令》,分别用于规范政府采购服务、货物和工程的行为。指令主要是从受调整的合同角度对这三种采购对象予以界定。《服务指令》规定,公共服务合同是指以金钱为对价,在服务提供者(自然人或法人)与公共当局(包括国家、地区和本地当局以及由公法管辖的机构)之间签订的,《联合国产品和服务分类术语》所界定的服务的提供为目的的书面合同。《供应指令》规定,公共供应合同是指以金钱为对价,在供应者(自然人或法人)与公共当局(包括国家、地区和本地当局以及由公法管辖的机构)之间签订的,涉及产品的购买、租赁或分期付款购买(无论是否具有购买选择权)的书面合同。《工程指令》规定,公共工程合同指以金钱为对价,在承包者(自然人或法人)与公共当局(包括国家、地区和本地当局以及由公法管辖的机构)之间签订的,以工程或建设项目的完成为目的的书面合同,上述工程意指建筑或土木工程的成果,整个工程本身足以履行一项经济或技术功能。公共采购指令界定采购对象的特点在于,界定受指令调整的合同定义,进而指出某些排除适用的具体情形和某些应当适用的特殊情形,并对相应的合同估价做出规定。这种概括式和列举式并用、否定式与肯定式相结合的方式,对公共采购的对象做出了明确的界定。

2. 关于政府采购的资金、主体及对象制度界定的比较

(1)关于采购资金范围

西方国家政府采购的资金概念比较清晰,即财政资金单一来源。由于它们的财政资金非政府部门转移情况较少,所以政府采购的"混合型资金"不多。

(2)关于采购主体范围

联合国国际贸易法委员会对政府采购主体的界定是:"政府("政府"或用来指颁布国中央政府的其他词语)从事采购的任何部门、机构、机关或其他单位或其任何下属机构……可以在必要时列入拟包括在采购实体定义之内的其他实体或企业或其他类别。"

世贸组织对政府采购主体的界定是:"中央政府、次中央政府(包括联邦制国家中的州和地方政府)和包括公用设施单位在内的其他采购单位(例如供水、供电等公用事业单位,包括受成员方直接或者实质上控制的单位和由它指定的单位),其中包括代理机构。"欧盟组织认为:政府采购主体是"中央、地方和地方政府机关以及公法所管理的团体(如水、能源、交通和通信等领域内提供公用事业服务的私营公司)或由指令所规定的其他公共机关"。

联合国认为政府采购主体应当主要是中央的政府机构,而 WTO 和欧盟则将政府采购主体扩大至地方政府机构以及公共企业和事业单位。

(3)关于采购对象范围

任何组织及国家在有关政府采购对象范围的界定方面均是高度一致的,即是指以任何方式获取货物、工程和服务等三个领域,但是对不同对象领域的界定标准仍有一些差距。联合国国际贸易法委员会主要是从政府采购的对象

性质角度,按照列举法和排除法(服务类)进行界定的;国际贸易组织则主要从合同角度,对服务、货物和工程三种采购对象予以界定;欧盟组织界定采购对象主要是按照列举法界定的,其特点体现为三个层次:首先界定受指令调整的合同定义,其次指出某些排除适用的具体情形和某些应当适用的特殊情形,最后对相应的合同估价做出规定。

三、中国政府采购制度范围的协调思路

1. 采购资金范围制度的协调

(1)政府采购基本法中应明确财政资金的范围,即预算内和预算外资金,所以实施细则中应对此范围进行明确界定。

(2)对于含有财政资金的"混合型资金",可以按确定财政资金比例的方法定义是否纳入采购范围,即财政资金占比超50%的项目应当纳入政府采购的范围。

(3)地方债务及捐赠资金视其债权人的性质决定是否纳入采购范围。因此应当将地方采购主体单位的债务资金以及除地方公共企业和营利性事业单位之外的主体之捐赠资金均纳入政府采购的范围。

2. 采购主体范围制度的协调

根据中国的国情,政府采购的主体范围分为一级和二级主体。一级采购主体包括国家机关、非营利事业单位、非法人团体组织;二级采购主体包括营利性事业单位、法人团体组织、公共性企业以及受托一级主体的中介机构等。

公共性企业主体地位的归属可以视其财政性资金的份额及社会影响度决定。

3. 采购对象范围制度的协调

(1)政府采购基本法中有关对"服务"范围的界定应与"货物"和"工程"的范围界定同方式,即采用列举法界定,摈弃排除法的范围界定方式。

(2)对"货物、服务、工程"采购对象的范围界定,应当做到尽可能的细致化,可以在政府采购实施细则中,予以细化范围定义与界定。

(3)对"混合型"的采购对象,应当在政府采购实施细则中制定出分类标准(主辅功能标准、资金性质比例标准、产品行业分类标准等),然后按不同的标准确定是否纳入政府采购的范围。

4. 关于采购范围交叉的制度安排

鉴于政府采购实践过程中所出现的采购范围交叉的现象,有必要在政府采购实施细则中予以规范。

(1)"资金"与"主体"的采购范围交叉

如果出现财政资金与非采购主体相交融的情况,可以按事先设定的财政资金比例指标,并以此确定是否纳入政府采购范围;或者依据采购项目的情况,设定一个财政资金的额度底线,只要超过此界点则必须纳入政府采购的范围。如果出现政府采购主体与非财政资金相交融的情况,原则上应当全部纳入政府采购范围。

(2)"资金"与"对象"的采购范围交叉

如果出现财政资金与非列举采购对象相交融的情况,毋庸置疑必须全部纳入政府采购范围;如果出现列举采购对象与非财政资金相交融的情况,同理,无须纳入政府采购范围。

(3)"资金"、"主体"和"对象"的采购范围交叉

如果出现采购的资金、主体以及对象的范围交融,可以按照政府采购范围制度的协调原则来确定其项目是否纳入政府采购范围。

一般而言,采购"资金"属性应当为首要考量因素,即只要使用财政性资金,无论采购主体是谁或采购对象是什么,原则上需要纳入政府采购范围;采购"主体"属性为次要考量因素,即在资金属性确定的前提下,可以对是否纳入采购范围做适当的和局部的调整;采购"对象"属性为从属要素,通常不能构成是否纳入政府采购范围的主因。

第二节　政府采购政策的目标定位

一、我国现行政府采购政策的目标缺失

2002 年《中华人民共和国政府采购法》颁布以来,我国政府采购的规模增长很快、所覆盖的领域也较广泛,但其政策功能的发挥及运用则基本处在空白状态,主要原因是我国的政府采购法及其相关行政法规对此问题没有清晰表述及规定,造成政府采购政策实践中的"盲点"。归纳起来,我国现行政府采购法在政策目标功能方面存在的问题主要表现在三个方面。

1. 政策目标的数量过少,范围过窄

根据《中华人民共和国政府采购法》第九条和第十条规定,我国政府采购的政策目标包括保护环境,扶持不发达地区和少数民族地区,促进中小企业发展以及采购本国货物、工程和服务,显然这与我国社会经济发展的要求以及与我国政府职能的作用是有差距的。例如,科技革命的浪潮,要求政府在科技创新方面予以鼓励与推动;经济与社会的协调与稳定发展,要求政府在促进充分就业等方面有所作为;经济快速发展所引致的环境污染,要求政府加大环境治理的政策力度;经济全球化的趋势,要求政府在强化国际竞争力方面给予引导和帮助。由于我国《政府采购法》的政策功能范围的局限,所以不能适应社会经济发展形势的客观要求。

2. 政策目标过于原则,不易操作

就我国政府采购政策的现有法定功能目标而言,其实施困境主要在于政府采购法实施细则出台的滞后,不仅造成各级政府及各政府采购主体的无法可依,而且还可能出现违背政策导向的行为。虽然我国有些地方政府出台了地方性的政府采购实施细则,但由于对中央政策方向把握的不确定性,往往出现"细则"不"细"的情况,政策目标的实施自然也会流于形式。例如,在落实促进中小企业发展政策问题上,四川省制定的《政府采购实施细则》第三十条规定:"在政府采购中,中小企业应当和其他企业享受同等待遇。"显然此规定不仅可操作性不强,而且不能保证其在政府采购中得到优惠。

3. 行政法规之间的政策衔接与配合不合理

目前有关我国政府采购政策的行政法规主要体现在三个层面,即中央政府、地方政府以及政府职能部门。由于政策制定的思路不清晰,政策目标的不协调,造成各层次政府的政府采购政策之间的衔接与配合关系不甚合理,大致体现在以下几个方面:

(1)基本法与地方法的政策关系

《中华人民共和国政府采购法》是指导我国政府采购活动的基本法,由于该法的政策功能体现不充分、不具体,致使各地方法规无法在政策方面与之配合与协调,必然出现政策目标概念化与同构化的现象,不仅造成政策有法但无法执行的实际状况,而且可能产生相反的作用。

(2)基本法与行业法的政策关系

我国《政府采购法》在政策方面的表述不明确、不系统,所以有关政府职能部门制定的行业法就政府采购政策的规定自然表现出"苍白无力",基本起不到政策引导和促进的作用。例如《中小企业促进法》第三十四条规定政府采购应当优先安排向中小企业购买商品或者服务,但至于如何优惠,如何优先,以及如何安排计划,均没有起到明确的指导作用。

（3）多层次政府采购的政策目标比较分析

通过对中央、地方以及行业的政府采购法规中有关政策目标的关系比较分析（简要评价见表6—1）,从中可以发现我国现行的政府采购政策主要存在两个方面的缺陷:一是政府采购法有关政策的范围不全面、政策的功能表述过于原则,二是中央、地方与行业之间有关政府采购政策的主次关系以及相互的配合关系不顺。

表6—1　多层次政府采购政策目标比较

政府采购政策目标	中国政府采购法（2003）	天津市政府采购实施细则（2006）	四川省政府采购实施细则（2005）	中小企业促进法（2002）	科技进步法修正草案（2007）	简要评价
保护环境	保护环境	无	无	无	无	有目标、无措施
扶持不发达地区和少数民族地区	扶持不发达地区和少数民族地区	无	无	无	无	有目标、无措施
促进中小企业发展	促进中小企业发展	无	在政府采购中中小企业应当和其他企业享受同等待遇	政府采购应当优先安排向中小企业购买商品或者服务	无	目标同构,无操作可行性
采购本国货物、工程和服务	采购本国货物、工程和服务	鼓励优先购买本地企业的产品	无	无	政府采购应优先购买境内自主创新产品。首次投放市场的,政府采购应当率先购买	目标扭曲,标准不清
科技发展与进步	无	无	无	无		基本法无表述,法理根基不牢

二、中国政府采购的政策定位与选择

1. 政府采购政策功能的一般性定位及范围

一般而言,根据我国的政治制度与经济社会发展的状况,政府采购政策的一般性目标功能包括以下方面:

(1)提高财政资金使用效益,这是政府采购政策的主旨功能;

(2)调节宏观经济总量和经济结构,这是一项辅助功能,可与其他财政政策配合运用;

(3)保护与促进民族经济的发展,主要指那些关系到国计民生的传统产业和我国在国际上具有优势的产业;

(4)推动中小企业的发展,这是基于我国基本国情并且符合国际惯例的一项政策;

(5)反腐倡廉,这是涵盖政府采购全过程的一项制度保障性政策;

(6)维护弱势群体基本利益,这是具有社会时效性的政策,例如包括低收入、妇女、失业等阶层;

(7)保护环境与治理污染,这是政府采购义不容辞的责任,对市场的供求双方将产生示范作用;

(8)促进技术进步与自主创新,这是发展中国家一项长期的且具有前瞻性的政策功能,其示范与引导作用不容低估;

(9)促进落后地区与少数民族地区发展,这是我国区域发展不均衡所决定的一项基本政策,可以与财政转移支付政策配合运用;

(10)推进国际经贸关系发展,主要是基于适应经济全球化发展的角度,需要通过一定的政策措施,开拓国际政府采购市场、突破别国市场准入障碍等;

(11)保护国家的政治、社会和经济安全,需要对国外的以及本国危及国家安全的供应商或产品制定出政策底线。

2. 政府采购政策功能分类

上述这些政策目标功能可分为四大类:

(1)基本功能,即是利用政府采购提高财政资金使用效益和反腐倡廉,这是政府采购最基本的政策目标功能,在政府采购法中应当特别强调;

（2）经济功能，即是利用政府采购调节经济的运行，包括上述第2、第3、第4以及第8、第9、第10项功能；

（3）社会功能，即是指那些符合社会公平、公正等目标的政策，包括上述第6、第7与第11项功能。

3. 政府采购的政策选择思路

政府采购政策的基本功能是其他政策功能的基础，其功能含义渗透于其他各项功能之中。当政府采购法足够完善，政府采购制度与管理能够真正达到公正、公开、公平和透明时，这两个基本功能的发挥也就水到渠成。所以在政府采购政策系列中所起的作用是指导性的，无须单独提出此政策功能目标。

根据我国政府采购总量偏少以及地区经济结构不甚合理的现状，以促进落后地区与少数民族地区发展为目标的政府采购政策很难落到实处，所以近期不宜考虑。保护国家政治、社会和经济安全的政策与推进国际经贸关系发展功能具有广义的功能特征，因其政治敏感性较强，且政府采购的市场极为透明，所以暂时也不宜列入现行的政府采购政策体系之中。

保护与促进民族经济发展、推动中小企业发展、扶持弱势群体、保护环境与治理污染、促进技术进步与自主创新这几项政策目标功能是政府采购活动过程的自然引申，是我国现实经济社会发展的客观体现，有必要在政府采购法以及实施细则中做出明确的规定。并以此为基础，在地方与行业的相关法律中，制定详细的操作规则。

4. 中国政府采购政策立法条文的若干建议

《中华人民共和国政府采购法》第九条、第十条明确了保护环境、扶持不发达地区和少数民族地区、促进中小企业发展以及国货的政策功能，但遗憾的是有些重要领域却被现行政府采购政策所忽略。在我国自主创新能力较低，提高自主创新成为政府工作重中之重的大环境下，需要增加促进技术进步与自主创新的政府采购政策功能。在我国经济高速发展过程中，必然伴随着一系列社会矛盾，其突出的焦点是社会弱势群体的利益被忽略，因此需要增加关于保护弱势群体的政府采购政策功能，当前应当重点对于妇女、下岗失业人员、残疾人员等的基本生活学习以及就业等问题，通过政府采购政策的倾斜给予帮助。另外环境恶化问题已成为制约我国社会经济可持续发展的桎梏，并且也是国际社会高度关注的问题，因此应当运用政府采购政策予以引导。

在《政府采购法》中规定各种引申功能只是表明政府对这些功能的重视和政府利用政府采购实现这些功能的意图,但其真正实现还需要更为详尽的规定,主要涉及两个方面:

(1)有关概念的明确界定

在政府采购政策体系中,有必要对绿色产品、弱势群体、中小企业、国货、自主创新产品等概念给予确切内涵。

对于绿色产品的界定,我国目前采用的是清单法,即发布节能产品政府采购清单和环境标志产品政府采购清单,这种方法在国外也广泛采用,不失为一种简单实用的好方法。

对于弱势群体、中小企业,我国政府采购法律政策中目前尚无明确规定。其实这些概念的界定,没有必要专门另行制定,套用相关法律文件中的概念即可,如中小企业可套用《中华人民共和国中小企业促进法》中的概念界定。

对于国货的界定,目前政府采购法律中没有明确的界定标准,是否可以暂时套用目前海关部门规定的国货界定标准,既统一又实用,应该说是一种较好的方法。

对于自主创新产品的界定,我国现行规定是编制政府采购自主创新产品目录,简单明了,切实可行。

(2)相关的优惠措施

关于绿色产品的优惠措施,我国于2004年、2006年颁布的《节能产品政府采购实施意见》和《关于环境标志产品政府采购实施的意见》中均有优先采购的规定,但是这些规定仅是原则性的,在实践中难以操作,所以应当规定具体的优惠措施,如具体的价格优惠率,或最低的绿色产品采购比例等。

关于中小企业的优惠措施,可以借鉴国外的通行做法:一方面可以通过在同等招标报价基础上,为中小企业规定一定的价格优惠率,提高其产品的竞争力;另一方面政府尤其是地方政府可以规定采购方在其所需采购的额度中或份额中预留出一定的比例,专门向中小企业供应商投标。

关于购买国货的优惠措施:一方面政府可以规定一个具体的价格优惠率的方式,通过降低国货供应商的竞争起点,达到增加购买国货的目的;另一方面对于一些特殊产品,例如高科技产品、重点基础工程等,可以通过强制性的规则保障国货的购买。

关于科技领域的自主创新产品的优惠措施,我国目前采用的是价格优惠法,明确规定了一定的价格优惠率,对于一般自主创新产品而言可以照此执行。但是对于重要领域的自主创新产品,10%的价格优惠率有时起不了什么作用,可以采用单一来源采购或竞争性谈判采购的方法更为合适。

第七章　中国政府采购政策的思路与框架

我国的政府采购实践取得了很大的成绩，随着国内政府采购制度的不断完善以及政府采购市场国际化的趋势，政府采购事业的发展呈现出巨大的能量，与此同时，我国政府采购的政策缺失与之极不协调的现状，不仅影响到我国政府采购工作的正常发展，而且不利于国家宏观发展战略的落实以及我国对外开放战略的有效实施。在对政府采购政策理论认识的基础上，结合我国政治经济改革进程以及国内外政府采购的实践与经验，当务之急要解决的问题是：明晰我国政府采购的政策目标思路，尽快构建起我国政府采购的政策框架，并在此基础上制定出符合我国实际需要并且切实可行的政府采购政策。

第一节　配合宏观经济良性运行的政府采购政策

就我国社会主义市场经济模式的发展历程看,宏观经济良性循环的基本前提有三个方面:一是社会总供求的均衡,这是市场经济运行的一般性规则;二是产业结构合理,这是经济良性发展的基础;三是经济增长方式的协调,这是经济得以长期发展的有效保障。由于政府采购是介乎于政府与市场紧密相衔接的工具,所以政府可能通过制定有效的政府采购政策,配合实现宏观经济的良性运行。

一、实现社会总供求均衡的政府采购政策

政府采购政策是财政政策的组成部分,财政政策实施经济宏观调控的方式主要体现在财政的收入与支出两个方面:在财政收入方面,主要是通过税收政策来体现的;在财政支出方面,则主要是通过政府采购来体现的。政府采购

是社会总需求的重要组成部分,必然对社会的生产、流通、分配和消费产生重要的作用。政府作为国内最大的单一消费者,政府采购的数量、品种和频率,对整个国民经济有着直接的影响。因此,通过政府采购计划或者调整采购行为,发挥典型的市场调节供求关系的效应,能够起到刺激或是稳定宏观经济的效果。政府根据宏观经济冷热程度及其发展态势,在可利用的弹性区间内,适时、适量地安排政府采购行为,可以产生政府支出的乘数效应,调节供求总量。比如,当经济偏热时,可适当压缩和推迟政府采购,减少社会总需求;反之,在经济偏冷时,可适当增加和提前进行政府采购,刺激总需求的增长。总之,政府通过政府采购这一经济手段(必要时也可配之以其他手段),自然能够调控社会总供求的关系,达到其实现社会总供求平衡的宏观目标。

　　1998 年以来我国实施的积极财政政策,有效地抵御了亚洲金融危机的冲击,每年拉动 GDP 增长 1.5 至 2 个百分点,推动了经济结构调整,但从 2003 年下半年开始,我国经济开始呈现出加速发展的态势,资源对经济增长的制约越来越明显,并带来煤、电、油、运供求紧张的局面。同时,农业特别是粮食生产连续多年减产,粮价逐步攀升,带动了居民消费品价格的明显上升,通货膨胀压力逐渐加重。这表明,经济结构调整、经济体制改革和经济增长方式转变的任务仍然十分艰巨。在此背景下,如果继续实行积极的(扩张性的)财政政策,不仅不利于控制固定资产投资的过快增长,而且易于形成逆向调节;不仅不利于减缓通货膨胀的趋势,而且易于加剧投资与消费比例失调程度,加大经济健康运行的风险和阻力。因此,积极财政政策应当适时转向稳健的财政政策是符合我国经济发展实际的。基于此判断,社会总需求与社会总供给相互适应、国民经济总量平衡以及经济结构相互平衡是国民经济正常运行的前提条件,是政府管理的主要政策目标。社会总需求包括社会对私人产品与公共产品的需求两方面,社会总供给包括私人产品供给与公共产品供给两方面,我国私人产品的社会总供给与总需求已达到基本平衡,商品短缺状况基本结束,但是,我国公共产品的供给与需求仍然处于不平衡的状态,公共产品仍然处于短缺状态,远远不能满足社会公共需要。例如,我国对公用公益事业的政府投入不足,存在公共基础设施建设不足问题和城市环境卫生公共服务不足问题。因而,我国当前国民经济总量失衡主要体现在政府公共产品短缺。目前政府管理的重要任务,就是解决政府公共产品短缺的问题,为此,要从体制上进行创新,发挥政府采购的宏观调控的政策职能,进一步适应社会对"公共产品"的需求。所以,提高对公共产品的政府采购力度应当是我国政府采购政策的主旨,有益于处理好我国社会供求矛盾的缓解。此项政府采购政策有利于使稳健财政政策下的政府支出和快速增长的社会投资之间保持一种良好的均衡、协调,减少政府的支出对社会投资的"挤出效应"。

当前我国有效需求不足的倾向比较明显,增加公共产品的政府采购比重是否会挤出私人消费进而影响社会供求的失衡呢? 回答是不确定,其效果主要视政府采购的产品性质及影响。贝雷(Beiley,1971)的研究表明,如果政府采购是私人消费支出的替代品,增加它会抵消其对总需求和产出的扩张效应。他提出,1 单位公共提供的商品和劳务等于 $\theta(0 < \theta < 1)$ 单位的私人消费。费尔德斯坦(Feldstein,1982)根据财政中性假设,得出增加政府支出会等量地挤出私人消费的结论。柯曼蒂(Kormendi,1983)以恒久收入假说为基础建立了私人部门的消费函数,其中国民净产出、财富、政府购买和转移支出是自变量,根据美国 1929~1976 年数据估计发现,增加 1 单位政府购买支出将使得私人消费减少 0.22 单位,增加 1 单位转移支出则使私人消费增加 0.63 单位。在把各种财政支出代替消费方程中的购买支出变量后回归得到,国防支出、政府消费、政府投资和转移支付的系数分别为 −0.23、−0.28、−0.07 和 0.72,因此说明各种消耗性支出对私人消费具有一定的替代性。阿绍尔(Aschauer,1985)利用跨期最优消费的一阶必要条件约束,估计了政府采购政策对以私人消费表示的总需求影响,采用美国 1948~1981 年季度数据和完全信息最大似然率法,估计得到政府采购支出对私人消费的替代系数在 0.23~0.42 之间,意即增加政府采购将对私人消费具有部分挤出效应。阿米德(Ahmed,1986)也估计了英国的 θ 值,结果同样为正数,从而进一步支持了政府消费与私人消费具有替代关系的假说。但从政府采购的支出结构看,某些种类的政府消费例如招待费,的确是私人消费的替代品;但政府采购的公共品支出诸如交通通讯等支出,则是私人消费的互补品;其他许多公共消费可能既是私人消费的替代品又是互补品,比如国家用于食品和药品检验的支出,既减少了私人的检疫支出,又增加了私人对食品和医药的支出;政府的教育支出既能降低居民的教育开支,又能促进它们对教育的消费支出。因此,从政府采购总体上讲,政府支出与私人消费支出不一定是替代关系。卡拉斯(Karras,1994)对 30

个国家 1950～1987 年的样本进行分析,发现 θ 值要么为负要么不显著,例如日本为 -2.79,韩国为 -2.33,南非为 -0.82,希腊为 -1.82,由于政府采购对象的绝大部分是公共产品构成,政府消费和私人消费是互补品或不相关商品,所以政府采购的效应,尤其是扩大公共产品的政府采购规模,不仅不会对私人消费产生"挤出效应",而且可能带动社会消费的趋旺。

我国的政府采购支出与居民消费又是什么关系呢? 有资料显示,我国政府采购支出的系数 θ 为负值,大约为 -3.78,这说明我国政府采购与居民消费的关系总体上是互补品,而不完全是替代关系,对私人消费更不存在完全的挤出效应,相反政府采购支出对私人消费具有挤进效应,政府采购对刺激需求以及积聚财富的效应非常明显。

二、合理产业结构的政府采购政策

随着政府采购规模的扩大,不仅对社会总供求关系有影响而且对产业结构产生非常大的影响力。政府采购规模的安排与政府采购结构的变化与产业结构有着十分显著的相关性,因此各国政府通常将政府采购作为一项调节产业结构的政策工具或手段。根据我国政治经济发展的现实情况而言,当前与今后一段时间,我们要着力按照我国的十一五规划以及国家产业政策,充分利用政府采购手段,调节和引导产业结构的合理化。

1. 优化行业与产品结构

以国家的产业政策为导向,以国内外市场信号为依据,制定我国的政府采购政策,更好地引导各级政府与企业调整行业结构和产品结构。将政府采购政策与其他经济政策相配合,可以更好地促进政府各项重大产业政策目标的实现。

政府采购客观上对于不同的产品和行业有一定的选择余地,可以据此体现不同的政策倾向。比如,欲重点发展什么行业和产品,就可以增加政府购买来刺激经济的发展,要紧缩或限制什么行业和产品,可以采取少买或者不买来实现。因为政府采购行为的变化通常会引导社会总需求的相应变动而导致社会生产规模的扩大或收缩,从而实现结构调整的目标。总之通过建立差别对待的政府采购政策体系,优化行业结构和产品结构,最终达到实现宏观经济的协调、均衡发展的目的。

2. 保护民族产业,支持本土企业的发展

经济全球化的发展趋势,造成国际竞争的加剧,特别是我国加入 WTO 以后,国际经贸的门槛在近期将逐步降低或取消,因为财政补贴和关税等门槛的弱化趋势已经有所显现。但是,由于我国是发展中国家,国际竞争力比较薄弱,所以国际自由竞争的结果可能对我国本土企业发展的负面效应较大。在此背景下政府采购作为国际通行的非关税壁垒,对适度保护我国民族产业、增强国际竞争力显然是尤其重要的。

制定向本土企业适度倾斜性的政府采购政策,促使政府采取向本土企业采购、与企业签订中长期购买合同的方式,可以更加直接地支持民族产业。在市场经济条件下,市场是政府与企业关系的连接点,所以通过对市场的调控来影响企业的行为,其方式之一就是政府采购。政府可以通过购买国内企业产品尤其是国有名牌产品来保护民族产业。当然此政府采购政策仅起到内外有别的效果,对所有本土企业应当是无差异的,我们可以通过公开招标方式来确定供应商,对不同类型的本土企业需要形成一定压力,这样可以促使本土企业之间进行竞争、优胜劣汰,从整体上提高民族经济与本土企业在国内、国外市场上的竞争能力。此外,保护本土企业的政府采购政策还要注重对弱势本土企业的扶持,特别是对那些以吸纳残疾人、妇女和下岗工人就业的本土企业,尤其要予以优先照顾。

3. 弥补市场缺陷,保证物价稳定

市场不是万能的,本身也存在一些缺陷。市场的波动会直接影响产品的供求关系和价格变化。在此情况下,如果政府不采取必要的手段,可能会损害生产者或消费者的利益,尤其会影响到社会弱势群体的基本生活保障。所以需要通过政府采购政策引导政府采购的行为,适当保持市场的稳定以及保护弱势群体的基本权益。

政府采购作为政府弥补市场不足的手段之一,可以通过存货(如粮食、石油等)的吞吐、政府采购标的的设计以及针对特定产品的采购方式等手段来平抑或稳定市场物价。对于失业人员、残疾人员、妇女以及低收入等弱势群体,应当制定相应的政府采购政策,通过提供特殊的服务“管道”以保障这类人群的基本生计。例如,通过政府购买培训项目,免费为他们提供工作技能的培训;通过政府购买房屋,为他们提供低价住房等。

三、促进经济增长方式的转变

依靠资源堆砌式的粗放型经济增长模式,国内外的经济发展历史证明是短视的战略。宏观经济要保持长期稳定增长,最根本的途径是转变经济增长方式,提高经济增长的质量和效益,因此需要有政府政策的引导,要求做到宏观调控与促进节能、节约原材料、环境保护等方面的相互协调。目前我国经济增长方式转变的关键焦点在于能源的节约与高效利用、环境保护以及技术进步等三个方面,适时出台相对应的政府采购政策,可以促进我国经济增长方式的顺利转变。

1. 促进能源节约,提高能源效率

当今世界经济发展面临的能源约束矛盾问题越来越突出,已经引起了世界各国的重视,许多国家为提高能源利用效率、推广节能产品、降低能源消耗、扩大节能产品市场份额、促进节能技术进步等方面,制定了众多相关管理政策以及实施措施,这些政策和做法在缓解能源紧张、节约能源等方面发挥了重要作用,其中主要做法就是通过政府采购政策。我国政府也非常重视节约能源工作,并在缓解能源紧张状况、节约资源、改善环境、促进社会经济可持续发展等方面取得了一定成就,但与世界先进水平相比还有很大差距,我国能源利用效率比发达国家约低 10 个百分点,是世界上产值能耗较高的国家之一。因此,各级政府尤其是中央政府要充分发挥政府采购在资源节约以及在提高能源利用效率方面的作用,制定有针对性地政府采购政策。

促进能源节约与高效利用的针对性政府采购政策主要包括两类:一是能源产品采购政策,即加大对节能产品、高效低能耗产品的政府采购比重,不仅能为节能产品提供市场,而且可以引导全社会节约能源并形成风气;二是节能技术采购政策,通过制定较高的节能技术指标,并以此为政府采购对象物的必备依据,进而推动节能技术的发展,提高现有能源的利用率。当然还需要制定直接购买专门节能技术的政府采购政策,特别对一些具有前瞻性的但价格高昂的节能技术或专利的应用,可以通过政府采购方式予以实现,比如由相关政府购买这些节能技术后再低价或无偿交给使用者。

2. 推动绿色采购,实施环境保护

人与自然共同生存在一个地球上,历史的经验与教训促成全世界形成了一个共识,这就是:自然环境的和谐是宏观经济得以持续发展的基本条件,环境保护是人类求发展的必然责任。环境保护方面的作用主要体现在政府的绿色采购方面。所谓政府绿色采购,就是在政府采购中着意选择那些符合国家绿色认证标准的产品和服务。政府采购的绿色标准不仅要求末端产品符合环保技术标准,而且规定产品研制、开发、生产、包装、运输、使用、循环再利用的全过程均需符合环保要求。由于全球各国的政府采购在其国内生产总值(GDP)所占比例向来很高,只要政府机关将环境准则纳入其采购模式,立即会对相关的供应商产生积极影响,从而带动并产生绿色产品市场,显而易见政府绿色采购对于绿色消费具有指导性的作用。政府绿色采购的内涵非常丰富,几乎涉及了政府行为的所有环节,如作为政府绿色采购重点的办公用品,小到室内的电话、计算机、打印机、传真机、复印机、照明设备等,大到室外的各种车辆、小型船舶等。制定符合中国情况的绿色政府采购政策,第一,要对政府采购的目的物,特别是物质产品制定出成系列的绿色标准;第二,实行强制性地达标采购,也就是说,在政府采购中,对目录内的产品应该要求必须达到环保、节能、低排放和低噪声等标准;第三,各级政府部门均应该制定相应的绿色采购政策,并拟订具体的采购计划来进行绿色采购。

3. 推动技术进步,提升发展质量

先进的技术是生产力,但并不等同于发展质量的自动提升,只有将先进技术充分开发出来并使其与社会生产相结合,才会形成现实的生产力,最终带动经济增长方式的转变。政府采购作为一定区域内最大的消费订单,能够引导国际国内的投资规模和方向,帮助技术供给者和社会投资者对技术进步的路径形成一种理解和预期,积极推动重大战略性技术向产业化的转化,从而促进相关产业的繁荣和成长。所以,通过适宜的政府采购政策,有效地推动和引导我国重大战略性技术的进步,可以极大地提高我国经济发展的质量。

在过去的相当长时期内,我国一直没有对技术与市场的内在关联给予足够重视。虽然国家财政对从事技术开发活动的科研机构、高校和企业进行投入,但这种资金使用大部分是无偿的,其结果不仅仅容易造成资金使用的低效率,而且也容易使得技术开发活动脱离市场的实际需求。为纠正技术进步的效率缺失,将行政手段与市场机制结合起来,重视运用政府采购支持重大战略性技术发展的政策功能,必将进一步推动我国技术进步与创新的步伐。例如,2000 年国务院《关于鼓励软件产业和集成电路产业发展的若干政策》明确规定:政府机构购得的软件、涉及国家主权和经济安全的软件,应当采用政府采购的方式进行。伴随我国经济结构的进一步调整,政府采购在推动重大战略性技术发展,发挥其产业导向作用的政策功能应该逐步得到加强。

第二节 促进科技创新的政府采购政策

技术进步是指现有技术的推广与应用,标志一个国家的科技应用水平;科技创新是指原创科技与现有科技深化的出新及应用,标志一个国家的科技开发能力与水平。历史的经验证明,我国欲在激烈的国际竞争中立于不败之地,简单地依靠技术模仿和技术引进,只能成为低附加值产品的加工国,从长远发展角度看,我国必须拥有大量的原创科技。所以鼓励技术创新,不仅是我国的基本国策,而且应是各级政府工作的核心内容。由于科技创新的效应周期比较长,具有前瞻性与不确定性,企业的科技创新动机会受到一定的制约,所以政府应当义不容辞地充当推动科技创新"发动机"的角色。政府采购是联系政府与市场、政府与企业的最佳纽带,各级政府通过制定与经济发展水平相适应的政府采购政策,完全可以在较深的层次上、更广的层面上推动我国科技创新水平的提高。

一、政府采购促进科技创新的机理分析

1. 通过降低风险、分摊成本促进企业技术创新

企业投资决策的依据是追求无风险净现值最大化,企业是否进行技术创新投资以及投资多少,取决于技术创新为企业带来的风险收益现值与付出成本现值之间的关系。由于技术创新收益来自产品销售收入,只有技术开发成功并被市场消费者认可,并且被市场很快接受,风险将越小,无风险收益贴现值将越大,此时其技术创新才有收益。技术创新成本主要有前期开发成本和产品生产成本,其中最主要的是前期开发成本,这是一种固定成本,需要分摊到销售的单位产品中,所以产品销售量越大,单位产品分摊的成本将越少,产品越早被市场认可,企业开发成本将越快收回,风险越小。

（1）企业技术创新风险高，开发成本大

由于企业自身能力的限制和企业外部环境因素的不确定性，企业技术创新风险存在于技术创新的整个过程，特别是在开发决策、开发研究和市场化初期。企业决策者可能判断失误，选择了不正确的技术创新方向，或选择了错误的时机，此时出现的是决策风险；研发时由于技术人员技术能力的不足，或企业现有整体技术水平不能完成新技术所要求的所有运作环节，将会出现技术风险；新产品投放市场后，可能出现诸如新产品由于性能稳定性或消费者惯性等因素一时难以被市场接受、市场需要开拓且难度较大、因价格等原因市场需求不旺或增长不快以及新产品寿命短或开拓的市场被更新的产品替代等情况，结果企业难以收回成本获得利润，从而出现市场风险。

各种研究表明，企业技术创新风险极大，特别是市场风险。Edwin Mansfield(1981)认为，要使技术创新在经济上取得成功，取决于三个因素：一是技术成功率，二是商业可行性，三是经济成功率。他对三家公司（一家化学企业、两家制药企业）作了深入研究，发现 60% 的项目取得了技术上的成功，30% 的进入商业化生产，而在经济上获得成功的只有 12%，由此可见风险之大。通过对化学、制药、石油、电子行业中 16 个主要企业 4 年的资料研究发现，获得经济成功的也大约只有 20%；而对化学、制药、石油、电子行业中 19 个实验室的调查发现，技术成功率只能达到 50%，所以 Edwin Mansfield 认为技术创新风险主要是商业风险。

技术创新开发成本高、边际生产成本低，产品的规模经济相当显著，如据报道，开发 Windows XP 的成本是 10 亿美元，而多生产一份的成本几乎为 0，实际上，这种现象在软件、药品等高新技术行业相当普遍。技术创新产品的这种特点使得一项技术创新必须有一定的市场规模，只有达到了这个规模，项目才能收回投资，并且市场需求规模越大，企业将赢利越多。

（2）引导企业技术创新方向，降低决策风险

把握企业技术创新方向至关重要，但由于企业决策者（特别是中小企业）在知识、能力和获取信息等方面局限性，在技术创新立项决策时，可能选择错误的时机、错误的项目，即出现决策失误，使企业技术创新从一开始就陷入了注定失败的命运。政府采购能有效地降低企业的决策风险，因为与企业相比，政府拥有更为强大的研究机构，特别是在基础研究领域更胜一筹，所以从宏观

上来看,政府对技术创新方向研究更为深入和全面,预测更为准确。政府可以通过加强对某些产品的采购以及对某些样机和技术、工艺的超前采购,引导企业投资于这些领域的技术创新,从而达到减少企业决策风险的目的。

(3)带动需求,降低市场风险

政府采购需求量大且稳定,如果企业技术创新产品获得了政府采购合同,则获得了无风险的稳定市场,只要企业技术开发成功就能得到稳定收入,从而大大降低了企业技术创新的市场风险。除了政府自身采购量外,企业技术创新产品政府采购订单还会向国内外消费者传输积极的产品质量、信誉信号,这相当于为企业作了免费广告,其效果甚至更佳,有利于企业有效地拓展国内外私人市场,进一步降低企业技术创新的市场风险,这在新产品刚投入市场时尤其重要。可见,政府采购能有效降低企业技术创新的市场风险,提高企业技术创新的无风险收益,保证企业足额的技术创新投入。

(4)分摊企业技术开发成本

技术创新产品显著的规模经济效应,要求企业达到较高的市场销售量,政府采购巨额需求量可分摊产品开发成本,降低产品单位成本,增强产品市场竞争力,形成销量大—单位成本低—更大的销售量—更低的单位成本这种良性循环。作为发展中国家,我国许多高新技术企业由于起步迟,市场份额低,在规模经济影响下,单位成本高,无法与国外同类企业竞争,利用政府采购增加企业规模经济,是一种促进民族企业自主创新的有效途径。

(5)国外的相关经验

国外政府采购历史悠久,许多国家都利用政府采购促进本国企业技术创新,取得了较好的成果。如瑞典和芬兰对移动通讯技术 NMT(Nordic Mobile Telephone System)标准的采购为诺基亚(Nokia)和爱立信(Ericsson)公司进入移动电话行业提供了决定性的帮助;瑞典政府对高压直流电(HVDC)技术、计算机化的电子电话交换技术的采购,法国政府对数字交换系统的采购,都极大地提高了本国企业技术创新。当然,最典型的案例要数美国,在其半导体和计算机工业发展的早期,由美国国防部和国家宇航局联合采购,有效地降低了这些产品进入市场的风险。同样,在美国硅谷成立初期,政府订单就占有25%。很大程度上减少了企业创新在市场方面的不确定性和风险。就电子集成电路产业而言,1960年,集成电路刚刚问世,美国联邦政府就订购了10%的产品;

而两年之后的 1962 年,政府采购占到了 94% ;即使是到了 20 世纪 70 年代,政府采购的数量仍然占到了 37% 左右。在克林顿时期,为了培育创新产品的初期市场,通过政府采购的政策,按照《购买美国产品法》的相关规定,政府采购了以半导体和计算机等电子工业为代表的新兴工业的大量技术创新产品,其中计算机及其相关产品就占到 90 亿美元。正是美国政府对本国高新技术的采购才加速了企业技术创新成果的开发、应用及转化,使其创新成果尽快步入商品化和产业化的过程,最终引发了后来的美国"硅谷"和"128 号公路高技术产业带"的迅速崛起。

2. 通过阻止不利集中化和促进有利集中化,发展本国高新技术产业

(1)高新技术产业发展和转移的规律

国际贸易新经济地理理论认为,经济上互相联系的产业和经济活动,由于在空间位置上的相互接近性带来成本节约,或由于规模经济带来产业成本节约,区域发展是在外部规模经济驱动下的经济空间的自我强化过程,某些偶然性和不确定性因素、历史和特殊事件,某种生产要素的天然可得性等,都可能在自我强化的过程中趋于不断放大,并对区域格局的形成和区域经济的发展产生决定性作用。区域经济并不具有自动向最优格局发展的趋势,而是具有很强的"路径依赖"(Path Dependence)。也就是说,现实中产业空间集聚一旦建立起来,就倾向于自我延续下去。先发地区发展越来越好,而落后地区则可能永无出头之日,先发地区和后发地区都被"锁定"(Lock-in),出现地区经济发展中的马太效应。

由于经济发展水平的差异,高新技术产业一般先在发达国家兴起,根据新经济地理理论,发达国家已先行发展的高新技术产业将吸引世界其他地区高新技术企业集聚。同时,由于高新技术产业具有明显的规模经济特点,高新技术产品生产也将向发达国家的高新技术企业集中,这种集中化力量加剧了国际专业化程度,使发展中国家的产业结构永远落后于发达国家。

当然,高新技术在其发展过程中也会扩散,如果将高新技术的生命周期划分为创新、成长、成熟和衰退几个阶段,则技术创新开始于发达国家,经过若干年的成长,成熟后向次发达国家扩散,然后再向发展中国家转移,此时的创新技术却已到了衰退阶段,而新的技术又在发达国家创新和成长起来。在这一过程中,发达国家和地区总是处于技术制高点,获得高额利润,发展中国家则

永远落后于发达国家,电子计算机产业的发展就是很好的例证:美国的 IBM、微软等大公司,通过开发 CPU 和软件等核心技术,其利润率高达25% ~35%,日本和中国台湾地区等保留成熟技术的制造部分,利润率为15% ~25%,劳动密集型的制造部分转移到以中国大陆为主的一些区域,如广东东莞、北京中关村等原材料、零部件的生产地和配装地区,利润率仅8% ~12%。

　　总之,由于路径依赖,新兴的高新技术总是向发达国家集中,只有待其衰退时才向发展中国家扩散,发展中国家的高新技术总是落后于发达国家,并且如果没有强大的外力改变,这种趋势不会逆转,只会不断强化。

　　(2)政府采购是阻止或强化集中化的强大力量

　　巨额的政府采购量能作为一种强大的外力,将可能改变经济发展的路径依赖。Federico Trionfetti(2001)利用欧洲的资料实证检验表明,歧视性政府采购与国内专业化水平存在显著的正相关。发展中国家完全可以利用歧视性政府采购阻止集中化,促进本国高新技术产业发展,因为当发展中国家政府只采购本国高新技术产品时,本国企业有了稳定的政府采购市场作保证,就不会向发达国家集中,从而成功阻止了本国高新技术企业向发达国家的集中化;再者,政府采购也增强了本国高新技术企业的生存能力,使之在与国外大企业激烈竞争中不断发展,达到了阻止本国高新技术生产向发达国家企业集中的效果。

　　国际实践中很多发展中国家都利用政府采购阻止高新技术产业集中化,韩国电信业的发展就是一个比较成功的案例。2003 年,韩国信息通讯部宣布要在韩国发放宽带无线接入牌照,当时韩国还没有自己的标准和技术,众多跨国公司前来竞争,但韩国电信标准化组织宣布了韩国宽带无线接入技术标准框架,却不对外公布具体的标准细节,甚至在美国政府的压力下也不让步,直到国内企业完全掌握了自己的核心技术。我国汽车产业中自主创新品牌奇瑞的发展壮大,与政府采购的支持也是分不开的。

　　政府采购还能通过强化集中化促进本国高新技术产业发展,如前面所提到的美国对其电子工业的支持,就对"硅谷"和"128 号公路高技术产业带"等全球电子工业中心的形成功不可没。发展中国家也有可能强化集中化,因为现代科技中有些新兴技术可能先在发展中国家出现,如果能得到本国政府采购支持,这些技术就可能产生产业化的先行发展,在自行强化机制下成为全球中心。

3. 通过买方垄断地位促进国外向本国技术转让,提升自主创新基础

(1)引进国外技术是提升本国自主创新的基础

真正的核心技术是买不到的,需要依靠自主创新,但这并不影响购买国外成熟技术,特别是当国内技术与国外技术存在较大差距时,因为采购国外技术能节约研发经费和时间,有效缩小与技术先进国家的差距,在较高的起点上自主创新。日本和韩国在这方面有很多成功的经验。据日本科技厅统计,1950～1966 年间有 1500 家公司引进了国外技术,日本的钢铁、机械、半导体、电视机、微电子技术都是从国外引进的,并在此基础上创新后很快赶上或超过技术输出国,成为日本的支柱产业。韩国引进大量国外技术,并投入巨资进行再创新,现今,在纳米级微电子、光电子、纳米材料、下一代网络技术、信息技术和生物技术相结合的医疗技术、燃料电池技术等方面,几乎与欧美日等发达国家处在同一水平。

(2)政府采购有利于促进技术转让

先进技术产品市场,特别是一些重大技术产品市场,供应商只有一个或少数几个国家(或企业),属于典型的垄断市场结构,因此供应商有很大定价权。供应商为获取高额垄断利润,定价往往远高于竞争市场价格,且一般不会让渡技术。当需求方为一个国家,特别是大国时,政府采购的巨额需求规模使之具有相当大的市场势力,从而形成买方垄断。在这种双垄断市场结构下,不但可以做到技术产品的市场价格由买卖双方协商确定,而且买方要求卖方转让技术也是可能的,以上市场情形可见图 7—1 所示。

图 7—1 中,D、S 分别为技术产品的需求和供给曲线;ME 为买方有垄断势力时的边际成本曲线;MR 为卖方有垄断势力时的边际收益曲线。当市场为卖方垄断时,采购价格为 P_1;如果买方也有垄断势力,则其可利用自身力量提出价格 P_2,通过与供应商的讨价还价,取得较低的价格,或由供应商提供额外补偿,如转移技术等。

许多国家都利用政府采购获得国外的技术转让,我国引进高速列车就是一个成功案例。由于历史原因,我国铁路技术装备只相当于发达国家 20 世纪70 年代的水平,如果仅仅依靠自身力量赶上世界先进水平,不仅技术上难度很大,而且至少需要十几年甚至更长时间,所以引进国外技术迫在眉睫。世界

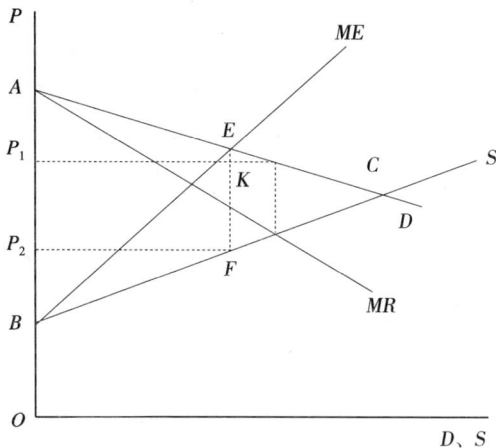

图7—1　不同市场结构的价格决定

上掌握高速列车技术的只有法国阿尔斯通、日本川崎重工、加拿大庞巴迪、德国西门子等少数几家企业,为典型的卖方垄断市场结构。我国铁道部在谈判中充分利用我国铁路独一无二的市场优势,在2004年动车组招标文件中提出"三个必须":一是外方关键技术必须转让,二是价格必须优惠,三是必须使用中国的品牌。在具体操作中,铁道部首先把中国南车集团和中国北车集团下属几十个企业召集在一起,强调在与外方的谈判中,只由南车的四方股份(青岛四方机车车辆股份有限公司)和北车的长客股份(长春轨道客车股份有限公司)两个主机制造企业与国外厂商谈判,其他国内企业一概不与外方接触。正是在诱惑与压力的双重作用下,国外高速列车巨头纷纷同意转让技术。经过近3年的消化吸收,我国目前已完全掌握了动车组9大关键技术及10项主要配套技术。目前,时速200公里CRH的国产化程度已达到70%以上,远期可以达到85%,核心技术已经基本国产化。在这个基础上,虽然时速200公里CRH一共采购了160列,但其中整车进口只有6列,散件进口国内总装12列,其他142列全部由掌握了国外技术的国内企业自主设计制造。这一案例中,我国铁道部作为采购方,充分发挥了我国铁路市场规模大的买方优势,在与外方谈判中掌握了主动权,促使外方企业在出售高速列车时还向我国转让核心技术,大大缩小了我国企业与发达国家的技术差距,使我国企业能在较高的起点水平上自主创新。

4. 扶持中小企业的技术创新

(1)中小企业在技术创新中的重要地位

中小企业不仅数量多而且经营灵活,在技术创新中占有相当重要的地位。盖尔曼曾对美国 1969~1975 年进入市场的 635 项创新项目进行研究,发现相对其雇佣人数而言,中小企业创新数量高于大企业 2.5 倍,将创新引入市场的速度比大企业快 27%。阿科斯对 1982 年美国 34 个创新最多的行业中不同规模企业的创新数作了比较,发现有 20 个行业大企业技术创新活动占优势,14 个行业中小企业技术创新活动占优势。在一些新兴行业,特别是在新兴的高风险行业中,中小企业表现出更大的优势。美国小企业局(SBA)对 1996~2000 年专利数在 15 件以上的 1071 家美国公司的调查研究发现,中小企业雇员人均专利数是大企业的 13~14 倍,在 1% 最有影响的专利中,中小企业专利数是大企业的 2 倍,可见中小企业的专利与社会联系更为紧密。

(2)政府采购促进中小企业发展

在激烈的市场竞争中,中小企业处于不利地位。政府采购可通过对中小企业的价格优惠和合同预留等措施,确保中小企业在政府采购市场分享适当的份额,从需求方面维护促进中小企业的科技创新。美国为确保小企业公平分享联邦政府的巨额采购市场,规定了 23% 的主合同授予小企业的法定目标,以及给予小企业 6% 的价格优惠。

二、支持科技创新的政府采购政策效应分析

在支持技科创新方面,国内外的实践均证明,政府采购政策的作用是十分明显的,但也不能忽视其应用过程中的局限性。

1. 政府采购政策的作用

(1)构造或完善科技创新市场

政府采购政策可以构造和补充一个科技创新市场或类市场,帮助各类重大战略性创新技术在其发展早期顺利获得下一步发展必需的市场实现。

成熟的政府采购不仅购买货物,还更多关注购买工程以及服务和劳务,因此,政府不但可以作为科技产品化之后的市场购买者,还能直接购买初级创新技术产品原型,充当创新技术研发阶段的推动者角色。政府采购可以对科技创新过程中获得的样品和样机等中间研究成果、技术诀窍及关键技术部件进行预先招标采购,显然加强了科技供给者的再投资能力和市场对新科技产品的吸收能力。这一特性,不仅对原创性的科技创新发展尤为重要,而且对那些在克服早期的困难之后,能够获得广阔市场空间的此类创新科技来说也是非常需要的。例如,集成电路设计以及软件开发等方面的某些技术,政府采购在其发展之初,发挥第一推动力的政策资助,会直接保护其生存并促进其发展。

(2)推动和维护科技创新市场的发展

政府采购政策可以起到维护和扶持创新科技市场的重大作用,尤其是对那些市场空间有限,或者对那些具有较强外部性和外溢性以及技术生命周期快速变动的创新科技成果市场。在其市场交易过程中,通过政府采购政策的扶持,不仅可以降低交易成本,而且可以缓解市场风险,显然有利于创新科技市场的顺利运行。

由于政府采购的数量及结构具有高度的稳定性,特别是在既定的政府采购政策框架内,可以为技术供给者的技术创新活动提供一个稳定清晰的市场预期,降低技术创新与市场相联系的诸多不确定性,保证科技创新链条的连贯性,最终达到推动科技创新持续发展的目的。对于那些需要大量投入资源但本身市场空间有限的重大创新科技项目,即使渡过了早期发展的瓶颈阶段,如果只靠技术本身去获得下一步较好的市场实现仍然存在很大难度的项目,可以通过政府采购对这类创新科技的市场实现环节给予扶持,则可能产生事半功倍的效果。例如,数控机床中的某些核心技术,大型干线飞机中的某些核心技术等,如果在市场尚未认可的情况下,通过政府采购的适当扶持,就可能将创新科技的应用予以推广并持续维持—个更广阔的终端产品市场。另一方面,政府采购的政策扶持还要关注创新科技的早期市场,开拓那些创新科技成果的应用领域。因为对那些即使能够拥有较大市场空间,而且对产业总体水平拉动效益显著的科技产品,但基于本身技术产品生命周期极短、回收投资困难等原因,也许会导致该创新科技过早的夭折,所以需要政府采购政策的扶持。

(3)最充分发挥科技创新产品的导向作用

巨额的政府采购以其巨大规模的优势,可以在推动科技创新发展问题上发挥导向作用。政府采购作为一定区域内最大的消费者,能够引导国际国内的投资规模和方向。如果政府采购政策倾向于科技创新,必然会增强科技供给者和社会投资者对科技创新效果的预期以及对创新科技实现路径的理解。由于提高了投资者对创新科技成长的信心,自然会形成推动创新科技向产业化转化的积极性,从而促进相关产业的繁荣和成长,甚至创造出一系列新型产业并推进其发展。即使是对于具有较强公共品性质、技术外溢性比较强的某些创新科技项目而言,由于政府采购的参与,也能够吸引企业等社会投资者参与其中,组成公私资本融合的专门创新科技开发应用联合体。

2. 政府采购政策的局限性

在政府采购政策支持科技创新方面,客观上也存在一定的局限性,主要表现在以下四方面:

(1)竞争缺失的效率损失

由于政府采购政策的扶持性特征,科技成果的供给者之间可能缺乏足够的竞争,竞争不足可能降低技术供给者积极性的最大限度发挥,进而影响到加速科技创新的必要刺激效果和动力源泉。如果科技创新完全依赖政府采购,有可能会将政府采购政策变异为保护落后的政策。所以,在实施与落实政府采购政策的实践中,要充分发挥市场机制的作用,这样可以在最大限度上减少政府采购政策实施的效率损失。

(2)低价陷阱与主观臆断

就政府采购的目的物而言,可划分为一般性采购和专项性采购。对一般性政府采购,具体采购部门将会更多关注现货购买,单纯以价格定"乾坤",因此容易忽视现货中的高科技含量;对专项性政府采购,如果没有科学且明确的政策导向,极易产生以个人好恶进行采购的情况。当然,如果政府通过制定明确的科技发展规划与政策,建立相配套的系统配套措施,例如评估系统、审核系统等,则可以打破这类局限的桎梏。

(3)科技发展路径的选择误差

由于政府采购的确定性与科技创新的不确定性之间的矛盾,有可能产生对科技创新的误导影响,反过来又会导致政府采购政策的选择性失误。科技发展有多种路径,尤其是在其发展的早期,而政府采购具有一定的事实强制性,其规模效应和引导效应常常会放大科技发展路线的偏差,将会挫伤科技创新的积极性。科技创新水平的下降,不仅会影响到政府采购政策的盲目性,而且还会降低政府决策的科学性。解决此矛盾的主要方法,一是建立学习型政府,二是提高政府管理的科学性。

(4)采购效果的不确定性,留下更大的"寻租"空间

由于政府采购的方法大都是按照科技创新市场规则进行的,而科技创新产品大多具有远期的或隐性的效果,自然其购买主体的行为不宜在短时间内做出正确与否的判断,所以有可能增加"寻租"空间。尽管政府采购被称为"阳光下的交易",但在发挥其对重大科技发展的扶持功能时,容易因科技项目的复杂性和科技发展路径的某些问题为科技成果或科技产品的供应者留下"寻租"的空间,容易产生"滥竽充数"的现象。当然,加强行政监督、市场监管的力度,再配之以适当的司法制度,是完全可以缓解这类"寻租"现象的。

三、促进科技创新的政府采购政策框架

伴随我国经济结构的进一步调整,政府采购在推动科技创新发展,发挥其产业导向作用的特殊功能逐步得到重视。近年来,对于软件产业和集成电路产业以及其中的某些重大战略性的创新科技项目,运用政府采购工具给予导向性扶持问题,已经引起各级政府决策层的高度重视。对如何用好政府采购的政策工具扶持本国重要科技创新以及创新产业的发展,应当在全面系统的深入研究基础上,建立起一套行之有效的政府采购政策体系,包括政策定位、政策组织与实施以及政策协调等。

1. 政策的规划与组织保障

在政府采购政策的规划与组织层面上,我们要做好两方面的基础工作:首先,要将政府采购纳入国家创新体系,从规则上给予科技创新以政策的保障;其次,各相关政府职能部门应建立政府采购政策技术支持联席机构(委员会或办公室等组织),在政府采购政策的制定、实施以及协调过程中,充分发挥政府采购在科技创新及其创新产业发展中的组织保障作用。

2. 建立防范风险机制

借鉴国际经验,建立科技创新风险防范的政府采购政策系统。创新科技的成果和项目效应的不确定性质,导致在政府采购推动创新科技发展过程中,有可能因政府采购运作过程的运行失当出现风险,也可能出现因技术发展本身不确定性带来的风险。所以在政府采购政策设计和组织实施过程中,要注

意预留出一定的技术竞争空间和技术开放空间,根据现有的一些创新科技研究和实际操作试点,采取分段式政府采购不失为一种较好的手段,即在创新科技项目实施的不同阶段逐段尝试与验证,以获取最佳的政府采购推动的政策效果。美国的经验是:在科技创新的第一阶段,"技术供给者"之间完全引进竞争机制,政府采购基本不参与;在创新科技被市场初步认可之后,政府圈定一批较强竞争对象予以政府采购扶持;然后再逐次调整政府预期要求,政府采购订单经过配比削减,逐步缩减"技术供给者",最终政府采购政策扶持的重点限定在一定范围的"技术供给者"中。这套的政府采购政策系统,不仅可以适当地规避科技创新的风险,而且还可以保存一定的技术发展路径差异,从而使政府具有一定的主动权,或者可以吸引该技术相关的"潜在创新者",推动该项技术以及全社会技术创新进程的加快。

3. 突出自主创新采购政策的制定与落实

充分运用国际规则,制定大力扶持自主知识产权的科技创新。根据我国在加入 WTO 时的承诺,经过不太长的过渡期后将正式签署 WTO《政府采购协议》。由于 WTO 组织对发展中国家的政府采购有一定的选用本国技术以及产品的优惠空间,有利于发展有自主知识产权的科技创新,对于推动我国的科技创新以及促进国民经济持续高速发展都有特别重要的意义。所以我国的政府采购政策要充分运用国际规则,较早地进入"角色",制定我国的扶持自主知识产权的政府采购倾斜政策,这显然是我国科技创新和经济发展战略所迫切需要的。

4. 重视采购政策的引导效应

制定创新科技引导效应的政府采购政策,有目的地发展和推动创新科技项目的联动作用,带动更多的科技项目与众多参与者的加盟,最大限度上实现创新科技项目的技术扩散。对此,相关政府组织可以实施专项或重点购买,然后低价或免费转让给"生产者"或"消费者",通过他们将科技创新的成果传播出去。特别是对那些自主开发的并具有充分外部性的技术信息产品,更应当让尽量多的人群使用、复制或解密,此项政策措施可能极大地弥补相关技术以及产业发展中的技术瓶颈和障碍,推动其迅速发展。

5. 促进军转民的科技成果推广

纵观 20 世纪国际技术创新的发展史,发展军民两用技术,寓军于民,军民共建,是重大技术创新早期发展的一条特殊而有效的道路。20世纪90年代冷战结束之后,由于国防预算的削减,美国等西方国家对军民融合或军民一体化(CMI)更为推崇,致力发展军民两用技术,增加军民之间的技术创新的转移和相互采购。尽管从科技创新内在发展层面来说还存在着一定的风险,但不失为一条值得探索的道路。我国实施防御性国防,与发达国家相比国防开支的比重不高,大部分用在养人上,在军队建设上的费用一直偏低,如何在较少增加国防开支前提下,增大军事科技创新投资,尤其对军民结合产品的科技创新的扶持,应作为我国构建国家科技创新体系的重要组成部分。由于国防科技创新具有较强的产业链效应,所以通过政府采购手段的重点扶持,对全社会的科技创新及创新产业的发展将起到"四两拨千斤"的效果。

第三节　扶持中小企业发展的政府采购政策

我国中小企业占全国企业数的99%以上,在国民经济中的作用是非常明显的,尤其在解决劳动力就业、为大企业提供配套、增强地方财政实力以及消除贫困等方面,中小企业所起的作用是大企业无可替代的。但是由于中小企业的规模偏小,在"大鱼吃小鱼"的市场竞争中,中小企业往往处在随时被市场"蚕食"的境地,所以要保持国民经济的持续稳定发展,政府必须要适当扶持中小企业的发展。政府采购是一项有效的扶持工具,政府可以通过制定一系列政府采购政策,直接与间接地维护中小企业的生存权利、促进中小企业的发展与壮大。

我国政府对中小企业的发展问题非常重视,制定出一些支持中小企业的政府采购法规。《中华人民共和国政府采购法》第一章第九条中规定,"政府采购应当有助于实现国家的经济和社会发展政策目标,包括保护环境,扶持不发达地区和少数民族地区,促进中小企业发展等"。国务院在《关于加强技术创新发展高科技实现产业化的决定》中提出了对科技型中小企业支持的具体要求,即"实行政府采购政策,通过预算控制、招投标等形式,引导和鼓励甚至可以用法规限制政府部门、企事业单位择优购买国内高新技术及其设备和产品"。在有关法规的指导下,中央政府应当尽快完善有关政府采购的政策框架,各级政府应当制定出有利于中小企业发展的政府采购具体政策与措施。

一、增加政府采购的透明度政策

一般而言,与大企业相比中小企业的信息沟通存在严重的不对称,即使有些中小企业本身颇具实力,产品也非常符合政府采购要求,但往往因为不能及时获得政府采购信息,或者不能取得与大企业相同的资格与待遇,只能止步于政府采购领域之外,无法参与竞争。所以要求政府不仅要对全社会公开发布政府采购的招标信息、规范招投标的程序、制定科学与严格的评审制度、完全公正的中标结果披露等措施之外,还应当建立与中小企业的政府采购信息沟通专线渠道,保证有兴趣的中小企业积极参与,这是中小企业公平参与政府采购竞争的前提。当然政府要按照一定的标准对这类企业进行遴选,建立政府采购注册登记制度,形成政府采购机构与注册中小企业的信息直通网络。

二、适度倾斜的政府采购政策

中小企业成长困难的一个重要原因是其产品的市场需求量不足,从而难以达到规模效益。政府采购政策,实质上属于保护型的扶持政策。我们可以通过政府采购,扩大中小企业的市场份额,从而达到扩大生产、促进发展的目标。

政府应当根据国家的产业发展方向,确立以政府采购扶持中小企业的具体政策目标,结合中小企业的特点,制定细致的政府采购扶持政策。例如,政府可以在采购价格、采购数量、采购标准等方面更多地倾向中小企业,甚至对一部分需要重点发展的中小企业采取定点、定向、定量的采购;在价格、质量、规格、交货方式及期限及货款交付方式同等条件下,优先购买中小企业的产品。为了确保这些倾斜性的扶持办法得到落实,政府可以通过《中小企业振兴法》等相关法规加以确定。

由于中小企业规模小、资金不雄厚,在参与较大额度政府采购的投标竞争中无法与大型企业相抗衡。为鼓励中小企业积极参与政府采购市场的竞争,政府可以将部分可划分的大额政府采购合同的采购标的实行分割,即将大额采购任务分成若干部分实行招标,充分发挥中小企业小而专、小而特的竞争优势,为中小企业参与政府采购投标创造更多的竞争机会。

三、体现区域倾斜的政府采购政策

由于中小企业的属地化倾向的特征,地方政府有责任帮助属地中小企业的发展,所以各级地方政府要依据国家的宏观经济发展规划及产业政策,根据本地区的产业发展方向,并结合本地区中小企业的特点,确立以扶持本地中小企业发展的政府采购政策的具体目标,制定适度倾斜的政府采购扶持政策。例如,地方政府通过制订年度政府采购计划的方式,在每年的政府采购总计划额度中划出一定的比例,专门面向中小企业采购;地方政府还可以通过政府采购方式的适当调控,比如采用定向采购、降低采购的标的以及对采购物标准与规格的细分等政策,创造更多的有利于中小企业中标的几率。为了确保这些区域倾斜性扶持政策得到落实,政府可以通过地方性法规或类似的行政文件加以确定。

四、拓展国际市场的政府采购政策

我国加入 WTO 后,政府采购市场呈现国际性的双向开放局面,也就是说,我国的中小企业在面临众多外国企业竞争本国政府采购合同时,也同样可以参与外国政府的采购投标活动。根据国外经验,中小企业在国际政府采购领域内应当是有所作为的。据加拿大政府提供的观察报告,整个 20 世纪 90年代,在获得加拿大政府采购合同的美国公司中,中小企业占据了绝大部分。根据有关专家的分析,这其中的原因,一是由于中小企业产品的多样化以及灵活的经营方式;二是大公司对于小宗的政府采购可能不感兴趣,而中小企业却愿意参与。因此,我国中小企业参与世界范围内的政府采购不仅可行,而且前景十分诱人。当然,我国中小企业参与别国的政府采购,同样需要政府支持,需要政府为其提供信息、政策优惠、相关国际法律咨询和权益保护等。

第四节　有助于深化对外开放的政府采购政策

随着经济全球化进程的加快,我国已于 2007 年 12 月 28 日正式启动加入WTO《政府采购协议》谈判,中国政府采购市场的国际化将成为必然趋势。我们应当清醒地看到:国际政府采购市场对我国而言是一块尚未开发的"处女地",同时对我国的政府采购市场,国外供应商也在"虎视眈眈",因此我们应当立足于国情,尽快制定具有中国特色的政府采购政策体系,鼓励国内企业积极参与国际政府采购市场,同时较好地利用国际规则来适当保护本国市场。

一、政府采购的国际化趋势

发达国家的政府采购的数目一般都很大,采购金额约占财政支出的30%左右,占 GDP 的10%～14%。随着全球经济一体化的趋势,全球政府采购金额大约要占国际贸易总额的10%以上,因此政府采购的影响力极大。政府采购不仅对国内经济有着重要的影响,而且还是国际贸易政策的重要组成部分。对于促进国内外竞争、推动产业发展、调节市场供需等方面,是一种强有力的宏观经济调控手段。

国际经济组织有两类,即区域组织(如亚太经合组织)和全球组织(世界贸易组织),值得一提的是,这些国际经济组织均把签署《政府采购协议》作为迈入门槛的必要或非必要条件。我国已加入 APEC 组织,承诺最迟于2020年向其他成员国开放国内政府采购市场,但随着经济全球化进程的加速,这个承诺期限可能要大大缩短。我国已于2001年11月9日加入世贸组织,该组织有关"政府采购"问题,一直是多边贸易谈判准入的主要条件,并且有计划将其作为必备条件。国际组织的大力推动,有利于更多的国家融入到国际政府采购的大市场之中。

联合国国际贸易法委员会在1993年颁布了《货物、工程和服务采购示范法》,为发展中国家特别是经济转轨型国家提供了制定政府采购法律的标准范本。该委员会的成员国基本均要按此范本来制定本国的政府采购制度,显然这为政府采购的国际化进程奠定了制度基础。

虽然目前无论是区域性的还是全球性的《政府采购协议》尚没有规定强制加入的条款,但从发展趋势上来看,国际《政府采购协议》不会永远作为一个自愿加入协议停留在"诸边协议"的行列之中,国际政府采购市场的全面开放是必然的,只是时间早晚的问题。因为在目前 WTO 中的主流国家基本都成为签字国,它们必然要对《政府采购协议》的执行和修改起倡导作用。国际社会当前特别重视政府采购法规的研究和建设,从目前协议生效以来的情况看,重视政府采购国际规范的国家越来越多。已经加入协议的国家正在调整和补充本国的政府采购制度和体系,暂时没有加入的世贸组织成员国也在加紧研究该协议,着手建立国内政府采购制度,根据本国情况研究将要采取的对策。其他区域性国际组织也开始逐步引入世贸组织的政府采购规则,如美加自由贸易协议和北美自由贸易协议都使用了其基本原则和招标程序。亚太经合组织从 1994 年 11 月以后多次讨论政府采购行为与政策问题,扩大成员国之间关于政府采购的政策和信息的交流,力图经过一段时间的努力,形成政府采购框架协议的共识。

政府采购市场的开放是世界经济一体化的必然趋势,中国当然也不例外。我国在加入 WTO 时,对于作为 WTO 两个诸边协议之一的《政府采购协议》曾做出三方面承诺:第一,中国有意成为《协议》的缔约方并尽快开始加入谈判(2008 年已经启动);第二,中国自加入世贸组织起即成为《协议》的观察方;第三,中国将本着透明原则和最惠国待遇原则进行政府采购活动。根据以上承诺,我国现在已是 WTO《政府采购协议》的 24 个观察方之一,虽不是正式签字国,但可以参加政府采购委员会会议,必要时参与意见。根据 WTO 的《政府采购协议》的第十七条规定:"若具有观察员身份,需要在国内的政府采购程序、政策方面实行公开和透明,企业有权参加其他缔约方采购机构的公开投标竞争活动;如果政府采购邀请外国供应商投标,则要对外国投标人给予平等待遇。"这些承诺的履行,对于加快我国政府采购市场开放进程有极大的推动作用。与此同时,我国香港地区已是 WTO《政府采购协议》的缔约方,我国台湾地区成为 WTO 成员后也获得了《政府采购协议》的签约权。

二、国际政府采购市场机遇分析

美国政府采购市场的规模占美国市场总规模的 20% 以上。按美国近 10 年 GNP 的平均数 6 万亿美元计算,美国政府采购市场的规模是年均 1.2 万亿美元,这是一个相当大的市场。这个市场不仅是美国供应商争夺的市场,也吸引了国外供应商。许多国外顶级的大公司为美国的国防采购市场供货,如"爱国者"导弹的零部件和元器件中有相当部分是欧洲公司提供的,又如美国军队换一次装就有上百亿美元的服装订单,这对世界各地的服装厂商有很大的吸引力。20 世纪 80 年代末,美国军队大换装需要采购 200 多亿美元的服装,国内外厂商蜂拥而至。我国当时的服装出口总额是每年 80 亿美元左右,在世界上排第 3 位,理应在这 200 多亿的市场中占一席之地,但因为人为的和制度的障碍而没有争取到份额,丧失了一次极好的市场机会。

在亚洲的国家中,日本是 WTO《政府采购协议》最早一批签字国之一,所以,日本政府采购制度的法律和条例基本上与国际贸易组织政府采购协议的框架是相一致的,日本中央政府、地方政府及政府相关机构的采购制度均纳入政府采购的法律体系之中。日本政府采购制度是以分权管理方式操作的,其采购程序遵循中央政府制定的会计法和相关条例,以及次一级中央政府机构和政府的相关条例。日本对政府采购的供应商实行非歧视性原则,也就是说,对供应商的来源及国籍没有限制。日本在政府采购方式方面,原则上实行以公开招投标为基础的采购方式,其过程坚持采取公平、公开和透明的政府采购程序。自 1996 年以来,日本政府采购的范围从商品领域扩大到服务领域,并且适用于中央政府机构及其他机构的采购。日本政府的采购行为大体上是按照 WTO《政府采购协议》的基本框架行事,采购的内容可以涵盖高科技产品及服务,比如计算机产品及服务、电信产品及服务、医药技术产品及服务等。对参与采购对象的限制较少,可以是日本供应商,也可以是非本国供应商,但其前提是要具备国际政府采购协议签署国的身份。

中国台湾地区的政府采购市场也是比较诱人的,每年的采购规模很大,早在 1991 财政年度,政府采购额度就已经达到 130 亿美元,其中商品采购占 32%,约为 41 亿美元;建筑工程采购占 64%,约为 82 亿美元,服务采购 4%,约为 6 亿美元。就目前而言,在获得台湾工程采购和商品采购合同的外国供应商中,主要有日本、德国、美国和加拿大;在获得台湾的服务采购的外国供应商中,主要来自法国、德国、英国和加拿大。"三通"问题的解决,有利于两岸政府采购市场的发展。

我国在加入 WTO 后,虽然可以对国内政府采购市场的开放暂时不做出承诺,但是,从长远看,我们需要用国际惯例规范自己的政府采购市场,需要逐步对政府采购市场进行竞争化和透明化建设,所以我国政府采购市场的对外开放是大势所趋,只是开放时间的早晚问题。应该指出,国际政府采购在我国已逐渐受到人们的重视。我国对利用世界银行、亚洲开发银行、国际货币基金组织、日本海外协会基金等国际金融组织或外国政府贷款的政府采购项目,按贷款方要求实行了全面规范的国际性招标投标;在国内工程建设进口机电设

备机械成套设备、科研课题、出口商品配额等政府采购领域也都开展了国内或
国际性招标投标。此外,我国已在银行、保险、邮电、通讯、海运、空运、公路运
输、法律、会计、医疗、建筑、旅游、广告、教育、房地产、商业零售等专业服务领
域已经逐步对外开放。据统计,我国的政府采购市场的实际开放度大约为
15%,由此可以认为,我国尽管没有就开放政府采购市场做出正式承诺,并在
《政府采购法》等法律中进行规定,但事实上早已有所开放,而且正在不断扩
大。因此,如何尽快规范和完善我国的政府采购政策,使我国企业既能在开放
的国际采购市场中占据"一席之地",又能有效保护本国的"权益",已成为我
国需要解决的一个重大且紧迫的问题。

　　虽然我国目前没有签署 WTO《政府采购协议》,不能直接进入 WTO《政府
采购协议》签约国的政府采购市场,但我国企业仍然可以在 WTO 的 140 多个
成员的其他非签约国特别是许多需要进行基础设施建设和设备投入的发展中
国家以及国际组织的采购市场中寻找竞争的机会。由于历史上的长期闭关自
守,使得我国无论是国有还是私营或民营企业,都缺乏参与国际政府采购市场
竞争的原动力和积极性,真正走向国际市场的只是少数,因而我国企业进入发
达国家市场参与国际竞争的实力不强。据悉,列入联合国全球采购企业名录
的 1000 多家企业中,有超过 800 万家中小企业的中国只有 79 家企业入选;在
联合国采购机构每年在世界各地的总采购额约 50 亿美元的盘子中,从发展中
国家的采购占总额的 58%,然而,这其中在中国采购的还占不到总采购额的
1%,而同为发展中国家的邻国印度,其供货额却占联合国采购总额的 25%,
中国企业参与政府采购市场的国际竞争力可见一斑。

　　面对国际政府采购市场的巨大机遇,面对越来越规范、越趋于开放的国际
政府采购市场,要求我国的各类供应商必须增加竞争意识,提高管理水平和生
产、技术能力,力争获得较大的国际政府采购市场份额。但是更重要的是,对
国际政府采购市场的发展,政府要站在战略的高度,通过制定相关的政策对国
内外供应商进行引导与规范。

三、适应深化对外开放的政府采购政策

　　政府采购是 WTO 成员可以充分运用的非关税壁垒之手段。无论是发达
国家还是发展中国家,都在积极探索运用政府采购工具,一方面拓展本国的市

场空间,另一方面保护本国的市场份额。我国已经启动了加入 WTO《政府采购协议》的谈判程序,很快将面临加入并履行国际政府采购协议的问题,所以亟待制定顺应国际经济发展的政府采购政策,以适应我国深化对外开放政策的顺利实施。

1. 增强国际竞争力的政府采购政策

我们知道,随着国与国经济联系的日益密切,一个国家的国家竞争力概念开始变得模糊了,出现了企业竞争力与国家竞争力日渐偏离的倾向。例如,根据美国 NAS(National Academy Sciences)的统计,1991 年美国境内的经常项目收支的赤字为 180 亿美元,而美国资本企业与外国资本企业间的贸易纯收入一项,却有 1640 亿美元的赤字,这种现象已持续多年。NAS 据此提出了"基于企业贸易"的概念。可见,国家竞争力很大程度上借助的是企业的竞争力,国家的竞争地位在一定程度上是依靠企业的优势来实现和维持的。而这种企业优势对于发展中国家来讲,则表现为比较优势。在国际政府采购市场上,发展中国家存在着竞争的某种比较优势,具体表现在两个方面:

第一,发展中国家拥有较多的为小规模采购市场需要提供服务的小规模生产技术,显然适应一些国家政府与国际组织采购市场有限需求量的特征。

第二,威尔斯的小技术规模理论指出,世界市场是多元化、多层次的,即使对那些技术不够先进,经营和生产规模不够大的发展中国家的中小企业,由于具有明显的低成本优势,参与国际采购市场竞争仍有很强的竞争力。

对于中国而言,在国际政府采购市场上进行竞争就是为了充分利用自己的各种比较优势资源,生产出尽可能多的具有比较优势的产品,获得比较利益。具体而言,我国在国际采购市场上进行竞争的比较优势又产生于哪里呢?

第一,我国进入国际政府采购市场的第一个优势来源是产业或产品的比较优势。因为一国企业在国际采购市场上的竞争水平与该国产业或产品的比较优势是密切相关的,这种比较优势主要通过该国产业或产品的国际市场的占有率和出口商品结构等指标来反映。如果一国产业或产品的国际市场占有率较高,并且出口商品的结构较优化,标志着该国在国际政府采购市场的竞争力具有更大的比较优势。

改革开放以来,中国产业或产品的国际竞争力不断增强,出口额快速增长。1978 年中国商品出口额仅为 97.45 亿美元,占中国国内生产总值的比重不到 5%，而 1997 年已经上升到 20%（见图 7—2）。最高时这个指标达到 23%（1994年）。在1978～1997年的二十余年间，中国商品出口按美元价值

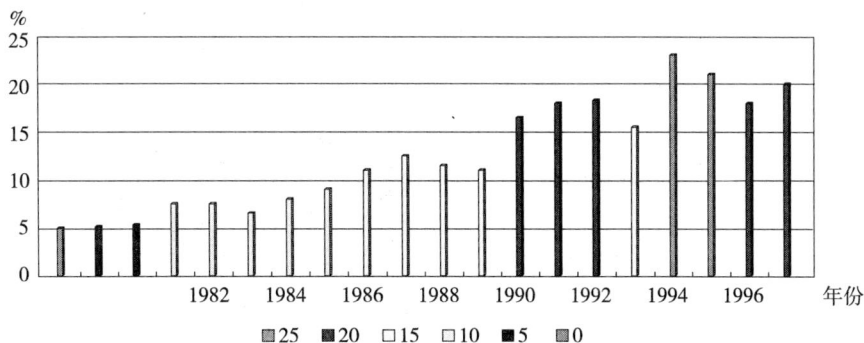

图 7—2 商品出口占中国 GDP① 的比重(%)

资料来源：贺力平：《中国经济增长可持续性研究》，经济科学出版社 2000 年版，第 333 页。

计算，年均增长率为 16.7%，属于同期内世界各国中最高者。中国出口商品的构成也发生了巨大变化。工业制成品占全部出口商品的比重在 1997 年达到 86.9%，是 1980 年水平(12.4%)的 7 倍。最高时这个指标达到45%(1994年)。我国在国际市场的占有率也同步持续快速递增。至 2002 年，中国出口总额达到 6208 亿美元，比上年增长 21.8%，其中出口总额 3256 亿美元，增长 22.3%。而且，对主要贸易伙伴的出口均有不同程度的增长。全年对美国出口 700 亿美元，比上年增长 28.9%；对香港地区出口 585 亿美元，增长 25.6%；对日本出口 484 亿美元，增长 7.8%；对欧盟出口 482 亿美元，增长 17.9%；对东盟出口 236 亿美元，增长 28.3%；对韩国出口 l55 亿美元，增长 23.8%；对台湾地区出口 66 亿美元，增长 31.7%；对俄罗斯出口 35 亿美元，增长 29.9%。

中国产业或产品的国际市场占有率不断提高和出口商品结构逐步改善，一方面反映了中国出口商品具有越来越强的国际竞争力，另一方面也表明了中国的生产技术和工艺水平在国际上是有广阔市场的，这也是中国企业在国际政府采购市场竞争方面所具有的比较优势。此外，中国还具有产品成本较低的比较优势。可见，我国企业在国际政府采购领域并非完全缺乏优势，问题

① 这里的 GDP 系根据支出法，GDP 和商品出口均按人民币价计算。

是我们还不习惯从比较优势的角度来分析中国企业的竞争能力。

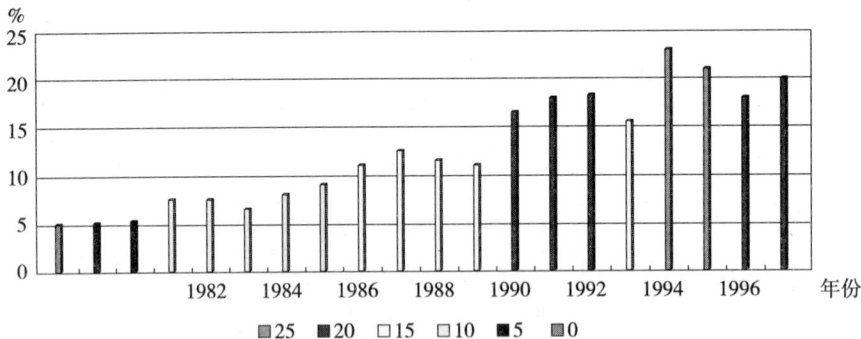

图7—3　工业制成品出口占工业增加值的比重(％)①

资料来源:贺力平:《中国经济增长可持续性研究》,经济科学出版社2000年版,第334页。

　　第二,随着跨国公司的兴起,世界上越来越多的公司走出国界,实行跨国经营。这些跨国公司在全球范围内组织生产和流通活动,实施全球范围内最佳的资源配置和生产要素组合。截至2000年年底,发达国家制造业所需零部件的40%将依靠国外供应。可见全球化对企业提出的挑战是明显的。在这种背景下,对我国企业参与国际政府采购市场竞争的能力提出了新的挑战。根据世界经济论坛发布的《2002年～2003年全球竞争力报告》中披露,中国的微观经济竞争力在80个国家中排名为38位。中国的该项排名从2001年的75个国家中排名第43位上升了5位。而其全球经济增长竞争力排名从2001年度的第39位上升到2002年度的第33位。这两个指标均优于以往的全球竞争力排名,显示出中国在全球的竞争力进一步提升,说明中国企业在入世后的竞争力有所增强。但是,我们应当清醒地认识到,中国企业与外国公司相比,从各行业绝对实力而言并没有更多的竞争优势。但是从竞争优势的本质来理解,竞争优势不仅是行业优势,在行业内部某个战略市场体现出的优势也是竞争优势。因此,虽然在许多行业中,中国企业不具备竞争优势,可是在行业内部的一些市场中,中国企业仍然拥有竞争优势。目前看来,中国企业的

---

　　①　中国工业制成品出口原为美元数值,根据每年人民币/美元中间汇价换算成人民币数工业增加值即工业部门创造的国内生产总值。所有数据均来自《中国统计年鉴(1998)》。

优势还主要还是体现在比较优势上,例如,劳动力比较优势、小规模生产技术的比较优势、工业化阶段的比较优势等。所以,中国企业要抓住机遇,发挥比较优势,积极参与国际政府采购领域的竞争,特别是中国在进入世界贸易组织后,我们既应履行义务,也应享受权利。我们应当注意到:义务和挑战主要体现在国内,是遵守世贸组织规则和履行对外承诺的结果;而权利和机遇主要体现在国外,体现在外国向中国的产品、服务更大程度地开放政府采购市场方面。因此,中国企业只有走出国门进行竞争,才能享受权利,才能获得新的市场机遇。中国企业是否积极参与国际政府采购市场的竞争,表面看来是关于企业经营决策方面的问题,实质上是一个如何适应世界经济微观变化的问题。

政府采购制度于18世纪起源于欧洲,在此后的200多年间,西方国家的企业已经逐步适应了政府采购市场的开发与竞争规则,特别是在第二次世界大战以后,世界经济贸易的发展使政府采购走向国际化,政府采购市场也将越来越开放。政府采购市场的开放,意味着一个国家(或一个地区)的政府采购市场对国外(或地区外)的企业开放。政府采购市场开放后,随着国外供应商的大量涌入,对本国企业造成很大的压力,而这种压力将推动本国企业改善供应质量,增强在政府采购市场的竞争力。同时,政府之间采购市场的开放是对等的,本国政府采购市场向他国开放的同时,他国政府采购市场也向本国开放,这就为本国企业进入他国政府采购市场创造了条件。本国企业可以利用这样的条件在他国政府采购市场的竞争中更好地锻炼自己、增强竞争力,因此,政府采购市场的开放,无疑将使本国企业面临国外企业的冲击与挑战。我国企业要利用政府采购市场之间对等开放的机会"走出去",积极参与国际政府采购市场的竞争,并注意充分发挥我国的比较优势。

当然只有企业一个积极性还远不够,还需要政府通过制定相应的政府采购政策,帮助企业增强国际竞争力,扶持企业参与国际政府采购市场。我国许多商家、厂商,甚至是实力雄厚、产品也颇具竞争力的商家,对如何有计划地、规范地进入国际政府采购市场还缺乏了解,所以在国际政府采购投标中经常受挫。例如,缺乏基本的报价技巧、一味压低价格,甚至以低于成本价参与竞标,使招标人对其产品质量产生怀疑。还有些企业由于对投标知识不了解,对招标的行政与法律文件研究不透,致使投标文件不符合要求。这就要求政府相关部门或有关政府采购中介组织采取措施,引导本国企业规范化发展,充分发挥自身优势,学会国际政府采购运作经验,早日以强大实力参与到国际政府采购市场竞争中去。

2. 提升产业升级水平的政府采购政策

在国际政府采购市场,我国为数不多的供应商大都局限在普通商品采购领域,很少涉及高附加值产品以及服务领域。然而从国际政府采购的发展趋势看,随着各国政府管理水平的提高,运用高科技手段替代传统管理方式已成为现实,所以我国的政府采购供应商应当紧随形势,适时占据国际政府采购的高端市场。

新中国成立以来,我国经过近60年的建设和发展,已经形成了相对独立的工业体系,掌握了以电子技术和航天技术为代表的一批高新技术,一些高新技术产业的产品产量已在世界上占据主要地位(见表7—1、表7—2)。

表7—1　中国高新技术产品进出口情况

单位:亿美元

年份	1991	1992	1993	1994	1995	1996	1997	1998
出口额	28.77	39.96	46.76	63.42	100.91	126.63	163.10	202.51
进口额	94.38	107.12	159.09	205.95	218.27	224.69	238.93	292.01
差额	65.61	67.16	112.33	142.53	117.36	98.06	75.83	89.50

资料来源:《中华人民共和国海关统计》,2000年版。

表7—2　中国高技术产品占商品对外贸易额比重

单位:%

年份	1991	1992	1993	1994	1995	1996	1997	1998
出口额	4.0	4.7	5.1	5.2	6.8	8.4	8.9	11.0
进口额	14.8	13.3	15.3	17.8	16.5	16.2	16.8	20.8
差额	9.1	8.9	10.5	11.4	11.4	12.1	12.4	15.3

资料来源:《中华人民共和国海关统计》,2000年版。

以2002年的数据为例,除少数产品外,我国绝大多数工业品的产量都强劲增长(见表7—3)。钢材产量增长19.6%,达1.9亿吨(超过美日两国的总和);高科技含量产品增长更快,轿车产量增长55.2%,达109万辆;微型电子计算机增长50.1%,达1464万台;移动电话机增长48.9%,达11960部。这表明,中国不仅传统工业品的生产量已居世界前列,而且通过大量的引进、消化和吸收国外先进技术和管理经验,20 世纪 80 年代的一批"幼稚产业",比如汽车、空调器、微型电子计算机等产业,经过十几年的发展,现已成为具有很大生产能力的技术成熟产业。

表 7—3　2002 年中国主要工业产品产量

产品名称	单位	产量	比上年增长(%)
沙	万吨	850	11.7
布	亿米	322	11.2
化纤	万吨	991	17.8
糖	万吨	926	41.8
卷烟	万箱	3467	1.9
彩色电视机	万台	5155	25.9
家用电冰箱	万台	1599	18.3
房间空调器	万台	3135	34.3
能源生产总量	亿吨标准煤	13.87	18.5
原煤	亿吨	13.8	18.9
原油	亿吨	1.67	1.8
发电量	亿千瓦小时	16540	11.7
钢	万吨	18155	19.7
钢材	万吨	19218	19.6
10 种有色金属	万吨	1012	14.5
水泥	亿吨	7.25	9.7
木材	万立方米	5035	10.6
硫酸	万吨	3050	13.3
纯碱	万吨	1033	13.0
乙烯	万吨	543	13.0
化肥(折 100%)	万吨	3791	12.1
发电设备	万千瓦	2121	58.3
汽车	万辆	325.1	38.8
轿车	万辆	109.2	55.2
大中型拖拉机	万台	4.5	18.9
集成电路	亿块	96.3	51.4

续表

产品名称	单位	产量	比上年增长(%)
程控交换机	万线	5861	-38.5
移动电话机	万部	11960	48.0
传真机	万部	297	-6.6
微型电子计算机	万台	1464	50.1
光通信设备	万部	6.5	-16.6

资料来源:中华人民共和国国家统计局:《中华人民共和国2002年国民经济和社会发展统计公报》。

鉴于我国高科技产品快速增长的现实,我们完全有可能在国际政府采购的高端产品市场占据一席之地。当然从"可能"到"现实"也许要经历漫长的道路,在这过程中尤其需要政府采购政策的引导与帮助。在国际市场的信息沟通方面,我国应当设立一个综合性的政府非营利组织或机构,专职提供国外高科技含量的政府采购项目信息,并帮助买卖双方就技术标准的差异进行沟通与协调,发挥专业的桥梁与纽带作用。在政府采购产品标准与技术性能的协调等方面,政府可以设立专项资金,专门用于适应国外政府采购而发生的因产品规格与技术标准调整所需的费用补贴,鼓励更多的国内供应商打入国际政府采购的高端市场。

3. 保护国内市场的政府采购政策

我国计划签署WTO和APEC的《政府采购协议》,其目的在于追求所有协议参加方的更大的国际市场,然而,同时也意味着向其他国家开放本国的政府采购市场。在这一过程中,中国的政府采购政策,是坚持开放还是维护封闭? 显而易见,我国政府采购市场的对外开放是大势所趋,当然我国作为发展中国家,国内政府采购市场的对外开放是要冒极大的政治经济风险的,所以我们在开放的同时应当正确利用国内外的适用规则,合理并合法地、有选择性地保护国内的市场。

现行WTO《政府采购协议》的成员国多为经济发达国家,由于国内企业的竞争力较强,在开放政府采购市场后,并未出现外国供应商蜂拥而至的情况。在英美等经济大国,外国供应商想进入该政府采购市场也非易事。统计数据表明:美、日、加、西欧13万SDR(特别提款权)以上的政府采购中,外国产品所占的比重都不高,加拿大为20%,日本为16%,美国为9%,欧盟只有1%,

一些小的成员国的购买反而更加国际化。我们通过 1991～1992 年部分 WTO
《政府采购协议》成员国政府采购的执行情况（见表 7—4），可以大致了解这
一状况,造成此现象的原因是多方面的:美国的《购买国内产品法》,阻止了大
批欲进入美国政府采购市场的国外供应商;日本政府采购的例外条款政策,圈
定众多领域限制国外供应商的进入;欧盟利用政府采购的绿色政策为借口,通
过制定较高的产品技术标准,阻止了部分国外供应商的政府采购。

表 7—4　1991～1992 年《政府采购协议》成员国执行情况

单位:百万美元

国家	合同金额	超过 13 万 SDR 的合同额(A)	有限招标合同金额(B)	国际竞争性招标合同金额 C＝A－B	国际招标中国内公司中标比例(%)
奥地利	433	239	38	201	41.5
比利时	407	238	28	210	100.0
加拿大	2399	1014	119	895	81.0
丹麦	1645	220	34	186	71.9
芬兰	833	182	1	181	69.1
法国	3279	2939	837	2102	96.5
德国	2055	1332	509	823	99.1
爱尔兰	208	72	7	65	81.2
以色列	68	62	9	54	25.6
意大利	1994	1219	354	865	96.7
日本	9507	4280	964	3317	85.1
卢森堡	34	11	3	8	96.6
荷兰	1281	491	178	313	79.6
挪威	775	412	76	336	28.8
新加坡	30	19	0	19	65.1
瑞典	1162	436	60	377	41.3
瑞士	815	313	2	9	45.5
英国	5740	3120	312	2809	99.5
美国	29120	20074	3418	16657	91.7

资料来源:袁炳玉、朱建元主编:《政府采购与招标投标》,电子工业出版社 2002 年版,第 59～60 页;刘
　　小川、王庆华著:《经济全球化的政府采购》,经济管理出版社 2001 年版,第 117 页。

我国在加入国际政府采购市场之际,更加需要注重适当保护国内市场,当然我们的市场保护措施应当在符合国际规则前提之下建立。第一,要加快政府采购的法制化建设,我们需要借鉴国际经验,出台既"符合国际惯例"又"保护国内产业"的法律规章。例如,为保护国内中小企业的《中小企业振兴法》,可以设计有关产品、技术以及区域的若干限制条款;出台为保护本国高科技产品市场的《购买国产高科技产品法案》,鼓励国内政府采购部门更多地使用国产高科技产品;出台为促进国内第三产业发展的《国内服务业与公共事业促进法》,可设计出一些有利于本地供应商采购的诸如属地化、标准化等条款。第二,要建立严格的国内政府采购市场准入的管理与监督措施。例如,建立国外供应商登记制度,设置国内市场的制度与技术标准门槛,确保供应商的质量;建立国外供应商的采购业绩档案制度,包括这些企业在国内与国外的政府采购业绩,杜绝有不良企图的外国供应商进入国内市场;建立国外供应商的监管制度,监督与防止供应商的违规行为,保障国内政府采购市场的正常运作。

第五节　反腐倡廉的政府采购政策

根据公共选择理论,政府采购的行为委托人是公众纳税人,政府是政府采购的委托代理人,理应以公共利益为宗旨。然而政府采购的具体买卖活动遵循的是市场经济规则,政府又是理性的经济人,政府组织或官员个人并不一定是公共利益的忠实代表,因此政府采购行为与公共利益有时并非完全一致。由于存在信息不对称,政府作为公众的采购委托代理人,容易出现"逆向选择"和"道德风险"现象,最终损害委托人的利益。自《中华人民共和国政府采购法》颁布以来,我国的政府采购工作开始走向全面实施阶段,并取得了很大的成绩。但是,由于政府采购的相关配套法规不健全以及政治体制改革相对滞后,政府采购工作还存在一些不尽如人意的地方,比较突出的问题有:采购计划的编制和执行存在随意性,采购过程中的违规与违法现象时有发生,所以迫切需要制定一套反腐倡廉的政府采购政策,以维护我国政府采购市场的正常秩序,保障国家与人民的基本利益。根本上说,政府采购领域里的"空气净化",应当根据政府采购的各利益体的关系,构建一套政府采购的监督体系,包括政府采购的监督链系统和监督层次系统的建立,对政府运用财政资金的采购行为进行有效的监督。通过对政府采购利益两重性的纠偏,防止政府采购领域里的商业贿赂,达到公众利益最大化的目的。

一、政府采购腐败的制度与非制度防范

对于政府采购中的腐败治理问题,不仅需要通过政府采购制度而且需要配置以非制度的措施加以控制与防范。

1. 政府采购腐败的制度防范

政府采购制度的运行,使采购行为在政府采购的法定程序下进行,各环节需要公开透明并同时接受财政部门的监督,这就在事前对采购中的腐败行为进行了一定程度上的事前控制,使采购主体的权限大大缩减,也即 h 减小;除此之外,采购活动中一旦有腐败行为发生,被发现的概率 β 也会增大。由第二章的公式 2.128 之假设,可以知道 $\frac{\partial F}{\partial \beta} > 0, \frac{\partial \delta}{\partial \beta} < 0, \frac{\partial g_1}{\partial \beta} > 0$,$\frac{\partial g_1}{\partial h} < 0$,因此 $\frac{\partial F}{\partial \beta} = B \times \frac{\partial F}{\partial \delta} \times \frac{\partial \delta}{\partial \beta} - \frac{\partial g_1}{\partial \beta} < 0$,$\frac{\partial F}{\partial h} = B \times \frac{\partial F}{\partial \delta} \times \frac{\partial \delta}{\partial h} - \frac{\partial g_1}{\partial h} > 0$。这表明在其他条件不变的前提下,$h$ 减少和 β 上升腐败水平必然减少。在政府采购制度条件下,法律对惩罚力度 g_2 进行明确规定,但它在一定范围内是一个不变的量,此处我们可以把它看做常量,但很显然它使采购人员的腐败成本加大了。现代政府采购的监管制度严格,多数采购操作引进了招投标竞争机制。对供应商来讲,在竞标中成本增大,中标的概率低且风险大,即使与采购官员合谋也可能达不到目的,其行贿预期下降,愿意支付的贿金 B 也下降。以上因素的共同作用使政府采购过程中的腐败水平大大降低。因此,我们可以得出结论,建立政府采购制度可以有效的抑制腐败行为的发生。[①]

因此,建立健全政府采购制度,可以加大采购人员腐败的成本,包括给租、设租的心理成本和惩罚成本,同时在政府采购制度下严厉的监管制度使供应商与采购人员的合作性博弈转为不合作性博弈,使采购人员腐败的收益减少。

2. 政府采购腐败的非制度防范

政府采购制度在一定程度上遏制了政府采购腐败行为,但是仅仅凭单一

---

① 本部分字母含义见本书第 71 页。

的政府采购制度不能从根本上治理腐败。因此,我们还必须借助于非制度的手段,双管齐下。

(1)我国尽管已出台了《政府采购法》,但却没有完善建立与政府采购法相配套的一系列法律法规。因此,必须完善政府采购的法律体系,对政府采购的适用范围、管理权限、履约管理等政策性和技术性问题进行明确界定。要尽量消除立法过程中所涉及的一些基本问题的分歧,从而保证法律的可操作性,例如关于政府采购合同的属性之争、采购方式选择的重点之争等问题。另一方面,要集中专业人士,对各类腐败行为进行专项研究,找出这些腐败行为的制度成因,利用研究的成果对现有的法律法规进行改进,从而把导致腐败产生的法律和制度漏洞降到最低限度。

(2)加强政府采购人员的教育工作,建立政府采购人员资格认证制度。要对政府采购人员进行职业道德教育,道德感加强了,腐败者受到的道德压力和舆论谴责自然会加大,腐败者的心理成本也随之加大,从而腐败的动机越小。同时政府采购是一项专业性强、技术性很强的工作,客观上要求政府采购人员应具备扎实的理论知识和较高的业务水平。因此要加强对政府采购人员的培训,并实行政府采购人员资格认证制度,并对获得资格的采购人员进行事后监督,一经发现其有违法违纪行为,立即取消其资格。

(3)努力提高各利益主体的监督意识,建立全方位的监督体系。寻租行为的规模与监督的力度成反比,欲减少政府采购中的寻租行为,必须强化全方位的监督。政府的采购原则、采购方式、采购程序、采购合同、监督监察、违法责任以及社会的质疑投诉都为政府采购制度的实行和监督奠定具有权威性的法律基础。建立政府采购救济办法,可为供应商作为政府采购监督者行使监督权提供了制度保障。同时,要进一步完善政府采购事项的公示和信息披露制度,以便有关利益主体及社会公众对政府采购进行监督。除此之外,要加强政府采购档案的管理,这是有利于政府采购监督的一项重要工作。

二、建立反腐倡廉的监督链系统

如何构建行之有效的政府采购监督体系,应当从政府采购各利益主体的关系链角度去思考。政府采购所涉及的利益主体可分为三部分,即纳税人、政府(即采购方)和供应商,显而易见三者的利益关系链是通过委托代理关系实

现的。现代意义的委托代理的概念最早是由罗斯(Ross.S,1973)提出的:"如
果当事人双方,其中代理人一方代表委托人一方的利益行使某些决策权,则代
理关系就随之而产生了。"依据委托代理理论,政府采购中的委托代理关系可
以概括为两个层次:第一层次,纳税人与政府(即采购方)之间的委托代理关
系。纳税人通过向政府纳税,将公共资金的管理和使用权委托给政府,由政府
通过政府采购为纳税人提供公共产品。第二层次,政府(采购方)与供应商之
间的委托代理关系。在政府采购活动中,政府作为需求方与产品的供应方,即
供应商之间产生了委托代理关系,政府向供应商支付资金,并要求供应商依照
采购合同规定向政府提供合格的商品。

　　根据政府采购中的委托代理关系原理,可以设计出一套有利于反腐倡廉
的政府采购的监督链系统,即行为监督链和第三方监督链,分别通过行政方和
独立方行使政府采购监督职能。

　　1. 政府采购行为监督链

　　政府采购行为监督链的主体应当由存在政府采购委托代理关系的各利益
方构成,包括纳税人、政府部门和供应商。

　　纳税人是公共产品购买的资金来源方,是政府采购的初始委托人。纳税
人委托政府部门进行采购,自然要体现纳税人的利益倾向,并需要维护和保障
他们的基本利益目标,因此毫无疑问纳税人是政府采购行为监督的直接利益
主体。政府部门在政府采购过程中以双重的委托代理关系面貌出现,体现为:
政府作为受托人,代理纳税人行使采购活动;政府又作为委托人,与供应商进
行交易。因此政府作为代表公共利益代言人,自然有责任通过对产品或服务
质量的考核评价来监督供应商的行为,形成采购行为监督的间接利益主体。
供应商是政府采购的最终受托方,通过为政府部门提供必需的商品和劳务而
获取其经济利益。由于在政府采购市场中,往往是多家供应商相互竞争以取
得政府采购合同,因此参与竞争的各供应商为了自己的利益和权益,又会反过
来对需求方即政府进行监督,要求政府按照政府采购的规范程序,公平公开公
正地授予采购合同。纳税人对政府、政府对供应商、供应商又对政府的监督就
构成了一条政府采购的行为监督链,显然有利于反腐倡廉目标的实现。

　　2. 政府采购第三方监督链

　　政府采购第三方监督链也可称为独立监督链,是由相对独立的第三方为

主体的反腐倡廉监督链系统,包括纳税人主体、中介机构主体、专家方主体和司法主体。

在政府采购行为中,虽然纳税人是委托代理的初始方,但是他不直接参与政府采购的买卖活动,不涉及直接经济利益,同时纳税人又是政府采购的服务对象,是公共产品的使用者和公共服务的受益者。所以,纳税人不仅有责任而且有义务承担起政府采购工作的独立监督职能。在市场经济条件下,社会中介机构是具有独立地位的经济实体,通过接受委托方的委托业务提供中介服务来获取报酬,就客观效果而言,不仅增强了政府采购操作的更加透明和公开,并且促进政府采购活动遵循市场规律运行。中介机构是社会公认的委托代理关系的"媒介",由于中介方与政府采购无直接利益关系,所以其行为参与性和利益中立性的独有特征,决定了中介机构成为政府采购监督主体之地位。从技术层面上看,第三方政府采购监督系统需要吸纳一些与政府采购无直接利益关系的专家,构成独立的监督技术主体。由于政府采购所涉及的商品及服务范围比较广泛,对监督者的知识要求也比较高,不仅需要有财政与财会业务知识,还需要有工程预决算、国际贸易以及相关法律法规等多方面的专业知识,因此需要一批由具有相关专业知识的专家组成政府采购监督的技术主体,对政府采购的活动及管理行使独立的监督职能。根据我国国情,可以由政府的审计、监察等部门吸纳相关专家组成监督主体。政府采购的司法监督具有广泛性和刚性的特点,是对政府采购活动的外在的硬性约束。完善的司法监督机制是政府采购规范、有效运行的重要制度保证,所以我国的法院、检察院是政府采购第三方监督的司法主体。

3. 政府采购监督链体系的制度建设

两条监督链构成政府采购的反腐倡廉的监督系统,不仅各自发挥特定的监督职能,而且形成相辅相成的监督作用。由于政府采购的行为监督链主体之间存在委托代理关系,为了自己利益得到保证和不受侵害,相互间进行监督的愿望比较强烈和主动,是一种自主性监督系统;由于政府采购第三方监督链中的主体与政府采购活动相对独立,因此其监督效果相对而言会更加客观公正。两条监督链的相互配合,将会形成对政府采购的全面与有效的反腐倡廉监督系统。

构建科学的政府采购反腐倡廉监督链系统,需要建立与完善一套与之相

应的制度,主要包括:

(1)信息发布与纳税人质询制度。政府采购部门定期向社会公开政府采购的信息、法规以及相关的政府文件,便于纳税人和广大公众及时全面地了解政府采购工作的运行情况,从而更好地发挥社会公众的监督作用。同时设立举报制度,鼓励纳税人对政府采购中的违规行为进行监督举报,并对举报人予以一定的奖励,以此来提高公众监督的积极性和主动性。

(2)供应商准入制度。建立供应商准入规则,是为了加强对供应商的监督。供应商必须通过有关的进入资格审查取得市场准入资格后,方可进入政府采购市场。这样做的目的在于最大限度地保证政府采购市场中的供应商能够遵守政府采购制度的各项规定,防止政府采购中的商业行贿现象,使政府采购市场更加有序和有效,确保政府采购的货物、服务和工程的质量。

(3)采购方行为监督制度。采购方的行为必须接受供应商的监督,提供不受采购方直接控制的并且多形式的投诉通道。首先,政府采购的招投标程序必须严格规范,评标、定标的过程透明公开,允许参与竞标的所有供应商参加投标和定标的过程;其次,规范政府采购的质疑程序,供应商可以通过质疑程序来维护自己的正当权益不受损害。杜绝政府采购中的商业受贿现象,不仅维护了供应商的基本权益,同时又是对政府采购部门及采购官员的有效监督。

(4)中介服务制度。政府采购的中介服务亟待增强,要加快中介组织机构的建设,逐步将更多的政府采购项目交由社会中介机构进行代理,并结合其业务对政府采购各方实施独立的、有效的反腐倡廉监督。

(5)独立监督制度。在财政、纪检、监察、审计等政府部门内部设立独立于政府采购操作部门的专职机构,并聘请一些社会专门人才参与其工作,以保证政府采购过程中腐败监督的独立性与专业性。各独立政府采购监督机构可以结合各自的行政职能,对政府采购的具体运行、执法情况、利益主体关系以及采购涉案人员等活动,通过划分职能进行部门独立监督,也可以将各相关政府的政府采购监督职能进行整合,设立统一机构行使综合独立监督。

三、构建反腐倡廉的监督层次体系

制定有效的政府采购监督政策是进一步完善政府采购监督制度的重要保

障,保证政府采购的公平、公正,防止腐败行为的发生,保障政府采购顺利有效地进行。

在按照政府采购监督链思路的指导下,要解决的基本问题是监督什么以及由谁来监督等问题。《中华人民共和国政府采购法》第七章第五十九条规定:"政府采购监督检查的主要内容是:(一)有关政府采购的法律、行政法规和规章的执行情况;(二)采购范围、采购方式和采购程序的执行情况;(三)政府采购人员的职业素质和专业技能。"应该注意的是:一般情况下,提到政府采购的监督,人们通常会认为是对集中采购机构的监督,是对集中采购的采购范围、方式等的执行情况的监督,这是很不全面的。事实上,政府采购主体不仅指集中采购机构,还包括部门和自行采购的采购人;政府采购当事人不仅仅是采购机构,还涉及与政府采购有关的供应商、预算单位和中介机构等;政府采购行为也不仅仅指采购的实施过程,还包括政府采购预算、计划、合同履约、资金支付等行为。因此,全面的政府采购监督制度是对所有政府采购当事人的政府采购活动进行全方位的监督。《中华人民共和国政府采购法》第一章第十三条规定:"各级人民政府财政部门是负责政府采购监督管理的部门,依法履行对政府采购活动的监督管理职责。各级人民政府其他有关部门依法履行与政府采购活动有关的监督管理职责。"

所以,我们应当建立政府采购监督的组织体系,从不同层次的角度对政府采购的全过程实施有效的监督,以实现政府采购反腐倡廉的目的。政府采购的监督组织体系可以分为十个层次。

(1)人大监督。各级人大作为权力机关,重点监督政府采购制度的整体执行情况。政府采购主管部门要定期向人大汇报政府采购工作情况,并且邀请人大代表作为政府采购的监督巡视员。

(2)财政监督。财政部门作为政府采购主管部门,侧重监督政府采购法律、法规和规章的执行情况,采购范围、方式、程序等的执行情况,以及负责协调政府采购各方的利益关系。

(3)监察机关监督。监察机关应当加强对参与政府采购活动的国家机关、国家公务员和国家行政机关任命的其他人员实施监察。

(4)内部监督。各类政府采购部门,通过建立和完善内部采购业务流程和内部管理规章制度,实现采购计划、项目实施、合同审核、资金支付等过程相分离,从而形成有效的内部制约和控制机制。

(5)审计监督。审计机关每年将政府采购列为必审项目,对政府采购资金运作情况及采购执行情况进行审计监督。

(6)公证监督。政府采购的招标项目必须邀请公证组织参加,从资格预审、标书发售到接受标书、评标开标进行全程监督并予公证。

(7)专家监督。聘请权威专家进行项目论证、审查标书、评标,并规定专家评委人数,充分借助专家力量,对政府采购方式的合法性与技术行进行监督。

(8)纪委监督。凡大型招标采购项目,各级纪委部门都要派员参加开标评标的公正性、规范性进行监督,除此之外,纪委还负责对政府采购过程中的违纪举报进行调查与处置。

(9)供应商监督。政府采购的招标信息面向供应商公开发布,供应商若有异议可以质询,也可向主管部门或司法部门投诉。

(10)社会监督。任何单位和个人对政府采购活动中的违法行为,有权控告和检举,有关部门、机关应当依照各自职责及时处理;新闻媒体有权对政府采购中的违法事件进行曝光,甚至举报。

第六节　保护环境的绿色政府采购政策

一、全面认识绿色政府采购的成本和收益

1. 外部成本与动态成本

绿色政府采购是指在政府采购中,要求优先购买那些环保、节能和有利于人类健康的绿色产品。与传统产品相比,绿色产品的生产要求更高,因此在人们头脑中很容易形成这样的观念,即政府绿色采购的成本会更高。表面上看,这种观点的正确性是显而易见的,企业长期以来选择生产传统产品,原因就在于绿色产品的生产成本更高,政府采购绿色产品的价格自然水涨船高。其实现实中的情况更为复杂,因为上述推理之结论必然隐含着一个假定前提,即生产技术、市场需求是固定不变的。由于政府绿色采购对绿色产品的生产技术、市场需求可能产生放大性影响,从而使得绿色产品的生产成本有所下降,与此同时传统产品可能遭受绿色壁垒,逐步失去已有的国内外市场;又因为产品成本不仅要考虑采购成本,还要考虑使用成本和处理成本,所以政府考虑的成本

不仅应包括企业产品的经济成本,还应包含社会与外部成本。由于绿色产品可以有效地充分利用资源,减少资源需求,抑制资源价格的过快上涨,所以,从动态的角度,政府绿色采购有利于降低宏观经济成本。

2. 绿色产品成本与规模经济

与传统产品相比,绿色产品的生产成本更高,其中一个重要的原因是绿色产品市场需求小,难以形成生产上的规模经济,特别是在绿色产品刚进入市场时,要得到消费者认同需要一段时间,这种情况更为普遍。无氟冰箱就是一个典型的例子,这种环保冰箱在刚进入市场时,由于销售量不大,生产成本极高,如今市场销售量上升之后,生产上已达到规模经济,因此生产成本与有氟冰箱相差无几。如果绿色产品生产成本居高不下,市场销售价格难以降低,这反过来又影响到绿色产品的市场需求,可见市场需求量和生产成本是互为因果关系并循环往复的,所以仅仅依靠市场自身力量,绿色产品的生产及市场难以扩大。

绿色政府采购完全可以打破这种恶性循环:第一,绿色政府采购为绿色产品提供了巨额市场。国际经验表明,发达国家政府采购金额巨大,如美国联邦政府2001年采购金额达2350亿美元,州和地方政府2000年采购金额为3850亿美元;欧洲委员会估算2001年欧洲公共团体采购金额达10000亿欧元。我国政府采购起步晚,政府采购规模不如西方发达国家,但采购的绝对规模依然巨大,2007年我国政府采购规模超过4000亿元,并且仍在以极快的速度增长,自2002年的1009.6亿元增加到2006年的3681亿元,年均增长达到39.5%。政府采购不仅总体规模大,而且从单一产品来说,其采购在市场中也占有相当的份额,如2001年欧洲公共团体采购的计算机和监视器达280万台;2004年我国政府采购计算机总规模为92.3亿元,采购小汽车总规模为154.7亿元。因此,政府绿色采购对绿色产品形成巨大的市场需求,使绿色产品与传统产品一样,在生产上达到规模经济,从而生产成本下降,在销售价格上可与传统产品相竞争。第二,政府绿色采购可促进全社会绿色消费观念的形成。政府绿色消费的示范效应,可引导全社会形成绿色消费观念,世界上政府绿色采购比较成功的国家,其公众的环境意识也较高,据联合国统计署调查,84%的荷兰人、89%的美国人、90%的德国人在购物时会考虑选择环境友好型产品,显然政府绿色采购起了重要的表率和引领作用。在绿色产品市场价格下降、社会上绿色消费观念形成后,稳定的绿色消费市场得已形成,因规模经济造成的绿色产品和传统产品的生产成本差异将会完全消除。

3. 绿色采购成本的生命周期

政府绿色采购成本的计算,不仅要考虑采购时的成本,还要考虑使用成本、回收及最终处理成本。与传统产品相比,绿色产品采购的初始成本虽然更高,但其使用成本和最终处置成本更低,所以从产品生命周期成本来看,绿色产品的综合成本可能更低。

据美国马萨诸塞州估计,仅在2004财政年度,该州政府部门使用“能源之星”的计算机节约用电达4300万千瓦时;根据美国环境保护局的估计,如果美国5500万台办公电脑的显示器使用“能源之星”管理,可节约用电110亿千瓦时,相当于9.35亿美元。我国政府部门能源浪费惊人,根据中国节能产品认证中心对我国15个政府机构耗能设备和器具状况的抽样调查和统计分析显示,所抽查的15个单位的节能潜力为8682吨标准煤,占2001年能源消耗总量的23.5%。可见,如果我国实施政府绿色采购政策,必然可以显著地降低产品使用成本。可循环使用产品对使用成本的影响也不容忽视,如可循环使用建材、可循环使用墨盒、可升级计算机等,都能延长产品使用寿命,极大地降低产品使用成本。

很多产品内含有毒物质,如电池、电子产品等,废弃时应妥善处置,其处理成本常常相当惊人。据估计,2005年美国有6300万台废弃电脑,适当处理需要107亿美元。与传统产品相比,绿色产品不含或只含很少的有毒物质,具备可循环使用的特性,这些都能显著降低产品的回收和废置成本。

二、绿色政府采购的政策选择

1. 绿色技术开发应用的政府采购激励政策

绿色产品生产成本更高的另一个重要原因在于生产技术方面。在现有技术条件下,生产传统产品往往成本更低,因为企业无须投入大量人力物力去开发绿色生产技术。如果实行绿色政府采购,政府强制执行绿色标准,企业产品达不到标准,就意味着将失去政府采购市场。由于政府采购市场的份额和利润相当可观,因此企业绝不会轻易放弃,将被迫加大科研投入,开发新的绿色技术并应用于生产。同时,绿色技术的开发利用,常常会降低产品生产成本,提高产品性能,使得绿色产品的竞争能力比传统产品更强,从而取得更好的经济效益。

发达国家的绿色政府采购实践很好地证明了这一点。许多国家实行绿色政府采购后,企业很快开发出绿色生产技术,并使产品生产成本更低,取得了良好的社会效益和经济效益。20 世纪 90 年代中期,美国联邦政府开始要求其采购的计算机设备应符合"能源之星"标准,因为联邦政府对计算机的采购量占世界市场的7%,其 IT 预算达600 亿美元,生产商争先恐后地开发出绿色生产技术,很快生产出节能计算机,并使其生产成本更低,到 2005 年为止,美国生产的80%的计算机、95%的显示器、99%的打印机符合"能源之星"要求。从对美国 10 个电路板印刷生产商的研究中发现,生产商进行的 33 个主要改进中,有 13 个是出于污染控制目的,这 13 个中有 12 个降低了生产成本,8 个改进了产品质量,5 个提高了产品性能。

2. 促进国际贸易发展的绿色政府采购政策

WTO 规则主张自由贸易,反对贸易保护主义,但在有关人类生命健康方面却适用例外原则,所以当今国际贸易中传统贸易壁垒难以立足,而绿色贸易壁垒却越来越流行。所谓绿色贸易壁垒,是指发达国家凭借其技术上的先进性,以保护人类健康和环境为名,通过颁布、实施严格的环保法规和苛刻的环保技术标准,以限制国外产品进口的贸易保护措施。由于绿色贸易壁垒打着环保、保护人类健康的旗号,符合国际条约和国内立法,现有的国际贸易协定对绿色贸易壁垒无能为力。发达国家凭借绿色贸易壁垒,可以轻而易举地将发展中国家的产品拒之门外。

我国作为一个发展中国家,企业出口贸易深受绿色壁垒影响。据联合国的统计,我国每年约有 74 亿美元出口商品因"绿色壁垒"而受阻。另据报道,2002 年欧盟批准通过了 WEEE(报废电子电气设备)和 ROHS(关于在电子电气设备中禁止使用某些有害物质)两个指令,涉及的产品包括 10 大类近 20 万种,其中大多属于我国具有比较优势的出口机电产品,根据我国 2005 年与欧盟的贸易量估算,约有 560 亿美元的机电产品将受此指令影响。由于受 2005 年 8 月欧盟实施的 WEEE 的影响,广东 2005 年对欧盟的空调出口严重受阻,较上年下降 39.9%,2006 年前 2 个月继续呈下降趋势,同比下降 46.9%。

前面已经分析,绿色政府采购可利用其巨额市场,促使本国企业加快绿色技术开发,提升企业绿色生产能力,这样企业就能打破发达国家的贸易壁垒,保护企业的出口市场,避免不必要的损失。

3. 降低外部成本政策

环境是公共物品,污染环境是"公共地悲剧",污染者大量消费环境资源,虽然其私人成本远小于外部成本,其结果是将环境成本强加给社会,对整个社会造成巨大的负外部性。与传统产品相比,绿色产品向外界排放更少的有害物质,减少了环境污染;绿色产品的可循环使用,一方面减少了废弃物污染,另一方面也减少了产品需求,从而减少产品生产过程中的污染。绿色产品的节能特性,减少了能源生产、消费过程中的污染。这样的例子数不胜数,如无氟制冷设备,减少了氟利昂对地球臭氧层的破坏;电子设备中减少重金属含量,有效防止了废弃电子设备对水、土壤的污染;使用节能产品减少了二氧化碳的排放,有效防止了温室效应。上述种种,显然可以有效地降低重压在社会上的外部成本,减少治理负担。据美国环境保护署估计,如果美国政府办公室的电脑都符合"能源之星"要求,则其减少排放的二氧化碳相当于减少了1500万辆汽车的污染。

绿色政府采购激励绿色技术开发,降低绿色产品成本,倡导绿色消费观念,促进绿色产业形成,从而极大地保护了环境,降低了外部成本。同时,绿色产品的正外部性,依靠市场自身力量难以有效提供,需要政府的干预,绿色政府采购不乏为一种有效的干预手段。

4. 减少资源需求,抑制资源价格政策

污染实质上是一种经济浪费,是资源使用不完全、无效率和无效果的表现,而绿色政府采购则意味着资源的充分、高效利用。政府的绿色采购促进了绿色技术的开发,致使生产过程中更充分利用资源,排放出更少的废物;而对废弃物中的资源进行回收,可以变废为宝,促进资源循环使用,相对减少资源的需求量。所以,在满足同样需求的情况下,政府采购绿色产品实际上相应减少了资源的使用量。

随着经济的发展,对各种资源需求不断增加,当其需求增长超过供给增长时,资源价格将迅速上涨,这在不可再生资源中表现的最为突出。近两年世界市场上铁矿石和石油价格的疯涨就是最好的例子:2005年铁矿石价格上涨71.5%,2006年再度上涨19%,2008年年初国际石油价格,由每桶不足40美元上涨到每桶 150 多美元,其最主要的原因之一就是需求增长过快。由于绿色政府采购促进绿色产品的生产、消费,所以可以减少经济发展过程中对资源的过度需求,抑制了资源价格的过快上涨,从而有效防止了产品成本的上升。

第七节　政府采购政策的组织模式探讨

政府采购政策的组织体系可划分为三个层次,即政府采购政策制定组织、政府采购政策执行组织和政府采购政策监督组织。三大政府采购政策组织不仅具有相对独立的功能及职责,而且相互的职能又密切关联。

一、政府采购政策的制定组织

政府采购政策不仅关系到政府采购的制度建设与政府采购的具体运行,而且关系到国家整体社会经济的稳定发展与国际经贸关系的协调发展,所以必须建立具备权威性的政府采购政策制定的组织结构。政府采购政策的组织模式基本是根据本国的实际情况进行选择的,世界各国在组建政府采购政策制定组织模式方面各有千秋,例如美国的"联邦政府采购政策办公室(OFPP)"、菲律宾的"政府采购政策局(GPPB)",均是负责制定政府采购政策的专职机构。

随着我国政府采购规模以及影响的扩大,客观上不仅要求有一套符合中国社会经济发展的政府采购政策,而且需要有一套政策组织体系,以指导我国日新月异的政府采购实践之需要。然而,现实的情况并不尽如人意,我国的政府采购政策由谁制定、哪级组织制定什么等级的政府采购政策等此类问题,在我国的现行体制下均没有明确的法律规范与行政规则。财政部在 2004 年 7 月颁布的《中央单位政府采购管理实施办法》中第六条规定了财政部的主要职责,其中首要的是具有"依法制定中央单位政府采购政策及管理制度"的职责。这里有两方面问题需解决,否则将会产生操作上的困难:第一方面,中央单位的政府采购政策是否能替代全国性的政府采购政策? 如果回答"是",那么中央的政府采购政策就应涵盖所有地方,地方也就没有必要制定本地的政府采购政策;如果回答"否",地方的政府采购政策就应当完全由地方政府制定,中央单位的政府采购政策也就不具备指导地方的功能。第二方面,根据

《中华人民共和国政府采购法》第一章第十三条规定："各级人民政府财政部门是负责政府采购监督管理的部门，依法履行对政府采购活动的监督管理职责。"政府采购的政策制定与管理监督职能一般需要适当分离，尤其是有关财政部门自身利益的事项，如果财政部门即制定政策，同时又履行政策执行管理与监督的职能，政府采购政策的优劣必将无从识别与评判。

在政府采购政策的实践中，我国曾出台了一些政府采购政策文件，例如，2004 年由财政部、国家发改委联合颁布的《节能产品政府采购实施意见》，2006 年由国家版权局、工业和信息产业部、财政部以及国务院机关事务管理局联合发布的《关于政府部门购置计算机办公设备必须采购预装正版操作系统软件产品的通知》。显然这些政策对政府采购行为起到了一定的引导作用，但是由于发文部门的局限性，并不能涵盖所有部门的政府采购机构，因此非行政隶属单位受此制约的力度将会打折扣。在政府采购政策出台的过程中，同级发文的政府部门之间会因部门利益发生博弈，往往造成公文推诿与扯皮现象，因此造成政策的时效性下降。2006 年，财政部、商务部及科技部等三部拟联合出台《政府采购软件管理办法》，因为前期调研不充分、社会反响估计不足以及部门之间的协调不顺畅，最终导致《办法》的"流产"。以上种种案例说明三个问题，第一，我国需要政府采购政策，以引导与指导我国的政府采购方向；第二，我国政府采购政策的制定工作尚处在群龙无首的状态，缺乏统一领导与规划；第三，政府采购政策的弱化，已经给我国的社会经济发展以及对外开放的工作造成了一定的影响。所以，为更有效地指导我国政府采购工作，引导我国社会经济的稳定发展，当务之急应当尽快设立制定政府采购政策的专门机构。

政府采购政策的制定组织必须具备三个基本条件：第一，权威性。在我国，最具备权威性的政府组织当然是国务院。第二，专业性。由于政府采购是财政支出的一部分，显然属于财政部门的经常性工作。第三，代表性。我国政府的各职能部门，特别是那些综合性的行政部门，集中代表了社会与经济的各层次主体的利益，所以我国政府采购政策制定组织应当由这些政府部门联合组成。

根据我国的国情，政府采购政策的制定机构可以由国务院牵头，组建国家政府采购政策委员会，参与部门有财政部、发改委、国防部、外交部以及监察部等。在政府采购政策委员会之下设工作办公室，财政部牵头，由商务部、科技部、工业和信息产业部以及人力资源和社会保障部等部门参加。政府采购政策委员会的主要职责是：制定全国性的政府采购政策、制定对外政府采购政策、制定国家安全的政府采购政策、中央部门之间以及地方政府之间的政府采购政策的协调与调整等。政府采购政策工作办公室的主要职责是：定期向政府采购政策委员会（下简称"委员会"）提供相关政策意向信息、委员会委托的有关政府采购政策的方案起草、拟定已出台的政府采购政策的实施细则以及协助委员会处理部门之间、地方之间有关政府采购政策的协调事宜等。各级地方政府（主要指省级政府和直辖市政府）也可类似中央的组织模式，设立地方的政府采购政策的组织机构，原则上省级以下政府不宜设立该类组织。

二、政府采购政策的执行组织

一套好的政府采购政策，不能自动保证优质的政策效果，还需要有一个高效的政府采购政策的执行组织。政府采购政策的执行组织是由与政府采购直接相关的当事人构成，根据我国《政府采购法》第二章第十四条规定："政府采购当事人是指在政府采购活动中享有权利和承担义务的各类主体，包括采购人、供应商和采购代理机构等。"当然从广义角度出发，政府采购政策的当事人还应包括纳税人。政府采购当事人（包括当事人组织）在执行政府采购政策过程中，虽然各有分工、各负其责，但是各组织之间的关系是非常密切的，通过层次分明的委托与被委托关系，理顺与明晰政府采购政策执行组织的各自职能以及相互之间的关系。总之，完善政府采购政策的执行组织，首先要从理论上搞清楚政府采购政策执行当事人（组织）之间的委托代理关系，其次要针对中国情况制定强化政策执行组织的执行能力与关系协调。

1. 执行当事人之间的委托代理关系分析

运用财政性资金进行采购所涉及的当事人（组织）主要有：纳税人、各级政府、各级财政部门、主管部门、行政事业单位、采购中介机构和供应商。

在公共财政体制和集中采购运行机制下，上述关系人形成以下几种委托代理关系，构成三个层次的委托代理链，各自履行既定的政府采购政策以及政策协调。

（1）纳税人通过法律程序将公共事务管理权委托给各级政府，因而形成第一层次的委托代理关系。纳税人向政府纳税或缴费，通过法律程序将公共事务管理权利委托给各级政府,各级政府代理其履行各项职能。

(2)各级政府通过职能划分将政策执行职能委托给各级财政部门(机构),因而形成第二层次的委托代理关系。既然政府的各项活动主要表现为各项支出活动,所以,在中央级政府明确其政策职能的基础上,划分各级政府的政策履行范围与目标,然后各级政府进一步将政策的执行功能委托给各级财政部门。财政部门利用其拥有的财政支出渠道、预算管理制度以及政府采购的管理制度等手段,可以较好地完成各级政府委托的政府采购政策执行问题。

(3)各级财政部门通过政府采购预算将政府采购政策的具体执行职能委托给政府采购中介机构(如政府采购中心),因而形成第三层次的委托代理关系。各级财政部门将人大审议通过的各部门及其所属的行政事业单位采购预算项目,分批分期委托给政府采购中介机构,由其进行招标性或非招标性采购。各部门机关和各行政事业单位根据各自的政府采购预算分期分批申请并进行验收,验收合格后,由财政部门直接将款项支付给供应商。如果按照政府采购政策的要求,较好地、顺利地完成政府采购工作,实际就是政府采购政策得以有效执行的组织保障。

2. 执行组织结构及其改进

毫无疑问,政府采购政策执行的主体是各级人民政府,其基本的执行职能是把握政策方向、执行机构的组织配置与调整以及政策执行规则的制定等方面。各级财政部门受政府的委托履行政策执行的具体工作,主要包括围绕政策目标安排政府采购计划、采购人与供应商内部及之间的采购行为关系协调以及对大宗政府采购项目的行政参与等方面。各级的具体采购部门、采购中介机构与供应商一道构成政府采购政策执行的营运组织体系,其中采购部门和采购中介机构充当政策执行的配合角色,而供应商则处于政策执行的从属地位。政府采购部门的政策执行职责是:根据计划履行具体本级的采购职能,包括选择采购方式、组织招投标工作等,除此之外还具有对下级部门政府采购活动的指导职能等方面。采购中介机构的政策执行职责是:接受采购人的委托从事采购部门的部分职能,接受供应商的委托从事相关的投标、采购谈判以及政策和技术的咨询工作等。

我国现行的政府采购政策执行组织体系的构造,基本是简单的二维组织结构,即由采购部门和供应商构成,也就是说,采购部门除履行其本职工作外,还要承担政府的和采购中介机构的大部分职能,可见政府采购组织结构的缺失将严重破坏政策执行组织结构的平衡。这种组织模式所产生的结果,不仅削弱了本部门的政策执行效果,而且将导致政府采购政策执行的走样,造成政策目标的扭曲。所以对我国现行政策执行的政府采购部门需要进行组织剥离,即将政府的采购执行职能剥离出来,将采购中介机构的职能剥离出来。

政府采购中介机构是指获得政府采购代理业务资格的社会中介组织,是具有一定财产、能够独立承担民事责任的企业法人实体。政府采购中介机构在政府采购组织体系中具有非常重要的地位,是实现政府采购工作规范化、制度化的关键所在,所以加快我国政府采购中介机构建设刻不容缓。随着政府采购工作的深入开展,政府采购任务日趋繁重,从一般的货物到公共服务、建筑工程,均需纳入政府采购范畴,政府采购需要专门的人才来操作。通过中介机构的运作,可以使政府采购更加高效,进一步节约财政资金,促进政府采购的深入开展和健康运行。健全政府采购中介组织,可以实现监督、操作的分离,使供应方、监督方、使用方三方满意,保证政府采购按照公开、公平、公正的程序运转,并且可以避免采购单位在分散采购中出现的回扣、索贿等种种腐败行为,防止监督和操作集于一身所带来的弊端,促进党风廉政建设。

三、政府采购政策的管理组织

《中华人民共和国政府采购法》第一章第十三条规定:"各级人民政府财政部门是负责政府采购监督管理的部门,依法履行对政府采购活动的监督管理职责。各级人民政府其他有关部门依法履行与政府采购活动有关的监督管理职责。"很明确,政府采购政策的履行贯穿于政府采购的活动之中,所以政府采购政策的管理组织自然应由各级政府的相关部门及财政部门构成。政府采购政策管理的模式,应当根据政策的性质及范围而确立,具体可划分为三大类:即政策制定管理、政策目标管理和政策协调管理。根据各管理模式的客观要求,形成政府采购政策管理的组织体系结构。

1. 关于政策制定管理的组织

政府采购政策制定权限与政府采购政策制定管理是不同的概念,前者强调政策的决策权,后者所涉及的是政策的形成过程,包括提供政策建议、受托制定政策草案和政策解释等。根据我国的政体结构,政府采购政策制定的管理可分为纵向和横向两类组织模式。

政府采购政策制定的纵向管理组织模式是指中央和地方二级政策管理组织,因为政府采购政策的功能辐射力较强,其影响范围较广,不适宜在较小区域内行使其政策管理权,所以地方级组织仅限于省级组织。中央级的政府采购政策制定的管理组织应由财政部为主导、其他的相关党政军部门参与而构成,其主要职责包括:国家政府采购政策纲要的制定,全国性及中央部门的政府采购政策方案的起草,地方政府采购政策制定工作的指导,全国政府采购政策的解释等方面。地方级政府采购政策制定的管理组织由各省(自治区、直辖市)的财政厅(局)为主导、地方的相关综合部门和党委纪检部门参与而构成,其主要职责包括:在中央指导下制定地方政府采购政策的框架,地方政府采购政策方案的起草,地方政府采购政策的解释,国家政府采购政策执行的结果反馈等方面。

2. 关于政策目标管理的组织

政府采购政策目标是考核政府采购政策执行结果的准绳,由于政策目标本身不能自动保证政策的有效实施,所以需要建立政策目标管理的组织体系。政府采购政策目标包括软性和硬性两类:软性政府采购政策目标是指那些不可计量的政治、社会以及经济目标,例如扶持中小企业的政策、防腐倡廉政策等;硬性政府采购政策目标是指那些可以计量的各项具体采购项目的政策目标,例如政府采购项目的效能型、效率性及充分性等政策目标。

政府采购政策目标管理组织应当针对政府采购政策目标的性质进行配置。对于硬性的政府采购政策目标,原则上,政府采购政策目标的管理由项目执行组织与其上级组织行使双重管理,即本级自查与上级监督相结合的管理组织模式。当然各级财政部门应当负责辖区内的政府采购政策目标的综合管理工作。对于软性的政府采购政策目标,应由省级以上的财政部门组织实施与管理。财政部负责中央部门的软性政府采购政策目标的管理,同时负责地方软性政府采购政策目标的监督;省级财政厅局则负责本级政府采购政策的软性目标的管理。

3. 关于政策协调管理的组织

在政府采购政策的实施过程中,不可避免地会出现政策执行的偏差以及政策目标的交叉等问题,其根源来自于两个方面:首先,由于政府采购政策本身的缺陷,可能导致政策执行的效果欠佳或与预期目标相背离等现象;其次,一般而言,政府采购政策的覆盖面较广且其目标具有一致性,由于政府组织的多级次特征以及各利益集团的利益差异,有可能造成政策执行的扭曲效应。为纠正政策的执行偏差,需要设立专职的协调管理组织,针对政府采购政策的执行过程进行及时的协调,以保证政策履行结果的优化。

政府采购政策协调的组织结构由专司政策制定的政府采购政策办公室和专司政策执行的财政部门构成,其职能是关系到全国及地方性的政府采购的政策协调。国家政府采购政策办公室负责全国性的政策协调,包括国家相关法规的调整、涉外采购政策的协调等;省级政府采购政策办公室负责其辖区的政策协调,包括地方相关法规的调整、下属各级地方政府采购利益的调整等。财政部门的职能主要是关于政府采购主体利益的政策协调。财政部负责中央部门采购政策以及中央与地方采购政策的协调,包括中央各部门以及相互间的政府采购制度与规则的调整、中央各政府采购组织的利益协调、中央部门与地方部门的政府采购利益调整等;省级财政厅局负责地方部门的采购政策的协调,包括地方各部门的政府采购制度与规则的调整、地方各级政府采购主体的利益协调等。

四、基于功能目标实现视角的政府采购组织模式选择

政府采购有两种基本组织模式:集中采购和分散采购。集中采购是指由一个专门机构负责各采购实体的政府采购事宜;分散采购是指由各采购实体自己负责各项采购事宜。集中采购和分散采购模式的选择,是政府采购制度建设时必须解决的基本问题。

随着一个国家政府采购制度的完善,无论是集中采购还是分散采购,都受到现代政府采购制度的制约。在现代政府采购制度下,集中采购和分散采购最根本的区别在于其执行采购的机构是唯一的还是非唯一的,至于是采用公开招标方式还是委托代理方式采购,两者都有可能采用。

现代政府采购具有一定的政策功能,概括起来主要表现为三个方面:一是节约财政资金,提高财政资金支出效益;二是反腐倡廉;三是辅助宏观经济管理。从实现这三个政策功能目标的角度,构建一些简单模型,比较详细地分析

基于不同政策目标下的集中采购和分散采购的组织制度选择问题。

1. 基于提高财政资金效益目标

政府采购的国际经验表明,集中采购能节约财政资金,一般节约率达到10%左右,我国的政府采购实践同样证明了这一结论。一般而言集中采购固然能有效节约财政资金,但并不表明所有商品(含货物、工程和劳务)的采购都要采用集中采购模式,具体采购模式的选择,需要从其机理上分析。

(1)基于降低采购成本为目标

假定有 N 个采购实体,具体采购实体 i 的采购量为 q_i,总采购量为 Q,除去相同的采购货物成本外,在两种采购模式下,形成集中和分散两种总成本结构。

集中采购模式下,需要建立专门的采购机构,雇佣专门的采购人员,这些都是固定成本,假定其采购 Q 货物应分摊的固定成本为 C_F;采购时需要收集信息、谈判和办理采购手续,假定这种采购交易成本为 C_c;由于采购数量大,可得到折扣优惠,假定优惠率为 a,则其得到的优惠为 aPQ;所以其总成本为: $C_F + C_c - aPQ$。

分散采购模式下,不需建立专门的机构,也得不到采购优惠,但同样要收集信息、谈判和办理采购手续,假定采购实体 i 的这种采购交易成本为 C_{di},则其总成本为: $\sum_{i=1}^{N} C_{di}$。

通过比较总采购成本的大小,可选择合适的采购模式:

如果 $C_F + C_c - aPQ < \sum_{i=1}^{N} C_{di}$ (7.1)

则选择集中采购。

(7.1)式可改写为:

$$C_F < (\sum_{i=1}^{N} C_{di} - C_c) + aP \sum_{i=1}^{N} q_i \qquad (7.2)$$

从(7.2)式可得出下述结论:

第一,当集中采购节约的交易成本加上折扣优惠大于集中采购应分担的固定成本时,选择集中采购才是合适的。

第二,如果各采购实体采购的商品相同,且采购实体采购时需要一定的交易成本,那么与一般情况相比,C_c 相对较小,而 $\sum_{i=1}^{N} C_{di}$ 相对较大,集中采购可节约较多的交易成本,所以需要一定采购交易成本的通用商品更宜于集中采购。

第三,如果各采购实体采购商品量较大、价值较高,此种商品的折扣优惠率也较高,那么 $aP\sum_{i=1}^{N} q_i$ 很大,则更宜于集中采购。

(2)基于不同的市场结构

政府采购商品市场有可能是竞争性的,也有可能是非竞争性的。在不同的市场结构下,两种采购模式对价格的影响并不相同:分散采购模式下,每个采购实体的采购量都不大,不足以对市场价格产生影响;集中采购下情况就发生了变化,采购量的骤增,使集中采购机构有可能具有一定的市场势力,从而对市场价格的决定产生某种程度的影响。不同市场结构下采购价格和采购量的决定如图7—4所示,其中 D、S 分别为需求和供给曲线;ME 为买方有垄断势力时的边际成本曲线;MR 为卖方有垄断势力时的边际收益曲线。

第一,当市场为完全竞争时。

分散采购模式下的采购价格为 P_0,采购量为 Q_0。

集中采购可分为两种情况:第一种是集中采购不足以影响市场价格,则其采购价格是 P_0,采购量为 Q_0,这与分散采购没有什么差别;第二种是集中采购能够影响市场价格,则其采购价格可降为 P_2,但此时采购量只有 Q_2。集中采购减量降价的影响,又要分具体情况讨论,如果政府采购市场尚未对外开放,或虽已对外开放,但国内供应商在市场竞争中占据优势,此时采购商品来自国内供应商(见图7—4),可见采购方的得益和供应商的损失相抵后,还出现了社会净损失 $\triangle EFC$;如果采购商品来自国外供应商,则从国家的角度看,将有净收益为:$(P_0P_2FK - \triangle EKC)$。

所以,当市场为完全竞争时,如果集中采购能产生买方市场势力、政府采购市场已对外开放且国外供应商在竞争中占据优势,则采用集中采购更为合适;否则,应采用分散采购。

第二,当市场为不完全竞争时。

分散采购只能接受较高的市场价格 P_1,采购量为 Q_1。

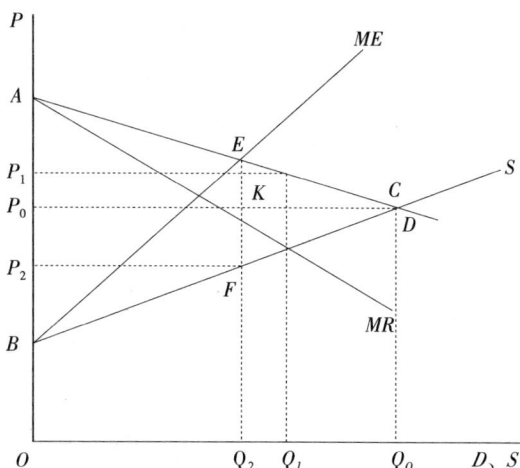

图7—4　不同市场结构下的价格决定

集中采购也可分为两种情况:一是集中采购不足以影响市场价格,那么其同样只能接受较高的市场价格P_1,采购量为Q_1,与分散采购没有区别;二是集中采购能够影响市场价格,则其可利用自身力量提出价格P_2,通过与供应商的讨价还价,使得最终的价格处于P_1和P_2之间,采购量也将高于Q_1,此时如果为国内供应商,则减少了整个社会的净损失;如果为国外供应商,则维护了国家的权益。

所以,当市场为不完全竞争时,如果集中采购能够影响市场价格,则采用集中采购模式更为合适。

2. 基于辅助宏观管理目标

政府采购的辅助宏观管理目标是指:第一,调节经济,如经济总量和经济结构;第二,调节社会,如保护民族工业、保护中小企业、促进落后地区的发展、节能环保、支持技术创新等。

调节经济总量,主要是通过调节政府采购规模来实现。假定采购实体追求自身效用极大化,则所有的采购实体都会用完其预算,可见采购规模是由预算决定,与采购模式无关。其他宏观管理目标的实现,主要是通过指定采购来实现,其方式主要有两种:一种是指定只能采购某些产品,如规定只能采购国内生产的产品,要求采购节能环保产品等;另一种是规定某些采购要达到一定的比例,如规定中小企业的产品必须在其政府采购的份额达到一定的比例,或少数民族企业产品应达到一定比例等。在第一种方式下涉及监管问题,分散采购模式下需要监管各采购实体,而集中采购模式下只需监管集中采购机构。所以,如果我们的政府采购监管存在一定的制度和技术上的难度,则采用集中采购组织模式较为合适,否则采用分散采购组织模式较合理。第二种方式一般不仅涉及监管问题,也涉及操作的可行性问题,要求单个采购实体采购一定比例的某种产品或某个企业的产品是不现实的,因为这在很多情况下将加大采购成本,但在集中采购模式下则不成问题。总而言之,当政府采购某些产品有调节经济结构和调节社会的目标时,采用集中采购组织模式更为合适。

主要参考文献

1. 高培勇等:《政府采购管理》,经济科学出版社2003年版。

2. 倪东生:《政府采购的有效运作》,中国物资出版社2003年版。

3. 刘小川、王庆华:《经济全球化的政府采购》,经济管理出版社2001年版。

4. 孟春等:《政府采购:理论与实践》,经济科学出版社2001年版。

5. 楼继伟等:《政府采购》,经济科学出版社1998年版。

6. 美国小企业研究中心联合会:《中小企业的困境与对策》,中华工商联合出版社1999年版。

7. 詹姆斯·M.布坎南、理查德·A.马斯格雷夫:《公共财政与公共选择:两种截然不同的国家观》,中国财政经济出版社2001年版。

8. 弗朗克·费希尔:《公共政策评估》,中国人民大学出版社2003年版。

9. 拉雷·N.格斯顿:《公共政策的制定——程序和原理》,重庆出版社2001年版。

10. 苏明:《财政支出政策研究》,中国财政经济出版社1999年版。

11. [法]让-雅克拉丰等著,石磊、王永钦译:《政府采购与规制中的激励理论》,上海人民出版社2004年版。

12. 刘小川:《市场经济条件下的政府采购制度》,载《中国工业经济》1999年第12期。

13. 韩正忠:《发达国家推进中小企业技术创新举措》,载《看世界》2000年第4期。

14. 杜润生:《重视发展中小企业》,载《管理世界》2000年第5期。

15. 贾玉凤:《我国政府采购市场对外开放的挑战》,载《人文杂志》2003年第5期。

16. 张缨:《运用政府采购工具,推动重大战略性技术发展》,载《财政研究》2001 年第 11 期。

17. 裴育:《我国政府采购制度研究》,载《财政研究》1999 年第 2 期。

18. 裴育:《政府采购中的委托代理关系》,载《经济学消息报》2001 年 9 月 28 日第三版。

19. 张奕、郑秋汉、高仕理:《透析政府采购市场中的地方保护》,载《铁道物资科学管理》2004 年第 5 期。

20. 沈木珠、徐升权:《GPA 与我国政府采购法律制度的完善探讨》,载《南京财经大学学报》2006 年第 1 期。

21. 白志远:《当前政府采购中的问题及原因探讨》,载《财政与发展》2007 年第 2 期。

22. 陈红:《谈政府采购绩效考评指标体系》,载《中国财经报》2006 年 3 月 17 日第六版。

23. 刘斌:《共同努力继续推进政府绿色采购工作——专访国家环境保护总局相关负责人》,载《中国政府采购》2006 年第 6 期。

24. 范红忠:《有效需求规模假说、研发投入与国家自主创新能力》,载《经济研究》2007 年第 3 期。

25. 胡卫:《作为创新政策工具的公共技术采购》,载《科学学研究》2004 年第 1 期。

26. 王丛虎:《论我国政府采购促进自主创新》,载《科学学研究》2006 年第 6 期。

27. 倪瑛:《西方区域经济理论发展问题研究》,载《贵州财经学院学报》2006 年第 1 期。

28. 胡俊文:《国际产业转移的理论依据及变化趋势——对国际产业转移过程中比较优势动态变化规律的探讨》,载《国际经贸探索》2004 年第 3 期。

29. 胡志坚、冯楚健:《国外促进科技进步与创新的有关政策》,载《科技法制与政策研究》2006 年第 1 期。

30. 杨小强:《美国政府采购对小企业优先政策的演变》,载《中国政府采购》2003 年第 9 期。

31. El-Namaki, M. S. S., *The Challenges of Corporate Restructuring in the*

1990's: *Issues and Experiences in Restructuring*, Masstricht Scholl of Management, 1996.

32. Maryke Dessing, *Support for Microenterprises: Lesson for Sub-Saharan Africa*, The World Bank, Washington. D. C. , 1990.

33. Baldwin Robert, *Nontariff Distortions of International Trade*, Washington D. C. Brookings Institution, 1970.

34. Baldwin Robert, "Trade Policies in Developed Countries", in Ronald W. Jones and Peter B. Kenen(Ed.) , *Handbook of International Economics*, North-Holland, 1984.

35. Sandra M. Anglund, "Policy Feedback: The Comparison Effect and Small Business Procurement Policy", *Policy Studies Journal*, No. 1, 1999.

36. Anonymous, "Small Business Gets Stiffed", *Government Executive*, No. 6, 1999.

37. Christian E. Weber, "Government Purchases, Government Transfers, and the Post-1970 Slowdown in U. S. Economic Growth", *Contemporary Economic Policy*, No. 1, 2000.

38. Mrco Celentani, "Corruption and Competition in Procurement", *European Economic Review*, No. 46, 2002.

39. Herbert G. Thompson, "Cost Effiency in Power Procurement and Delivery Service in the Electric Utility Industry", *Land Economics*, No. 8, 1997.

40. Mary G. Finn, "Cyclical Effects of Government's Employment and Goods Purchaces", *International Economic Review*, No. 3, 1998.

41. Florence Naegelen, "Discriminatory Public Procurement Policy and Cost Reduction Incentives", *Journal of Public Economics*, No. 67, 1998.

42. R. Larry Reynolds and L. Dwayne Barney, "Economics of Organ Procurement and Allocation", *Journal of Economic Issues*, No. 1, 1998.

43. Jean-Pierre Florens, "Game Theory Econometric Models: Application to Procurements in the Space Industry", *European Economic Review*, No. 44, 1997.

44. R. Proston McAfee, "Government Procurement and International Trade", *Journal of International Economics*, No. 26, 1989.

45. Travis K. Taylor, "Modeling Offset Policy in Government Procurement", *Journal of Policy Modeling*, No. 25, 2003.

46. Sandra M. Anglund, "Policy Feedback: the Comparison Effect and Small Business Procurement Policy", *Policy Studies Jouenal*, No. 1, 1999.

47. Sue Arrowsmith, "Public Private Partnerships and the European Procurement Rules: EU Policies in Conflict?", *Common Market Law Review*, No. 37, 2000.

48. Jerrell D. , "Coggburn and Dianne Ranm, Environmentally Preferable Purchasing: Who is Doing What in the United States?", *Journal of Public Procurement*, No. 5, 2005.

49. Andrew King, "Improved Manufacturing Resulting from Learning from Waste: Causes, Importance, and Enabling Conditions", *Working Paper, Stern School of Business, New York University*, 1994.

50. Thomas C. Lowinger, "Discrimination in Government Procurement of Foreign Goods in the U. S. and Western Europe", *Southern Economic Journal*, No. 1, 1976.

51. Federico Trionfett, Discriminatory Public Procurement and International Trade, *The World Economy* , No. 1, 2000.

52. Miyagiwa K. , "Oligopoly and Discriminatory Government Procurement Policy", *American Economic Review*, No. 81, 1991.

53. Michele santoni, "Discriminatory Procurement Policy with Cash Limits", *Open Economies Review*, No. 13, 2002.

54. Federico Trionfetti, "Public Expenditure and Economic Geography", *Annales d'Economie et de Statistique*, No. 47, 1997.

55. Federico Trionfett, "Using Home-biased Demand to Test Trade Theories", *Weltwirtschaftliches Archiv*, No. 1, 2001.

56. Federico Trionfetti, "Public Procurement, Market Integration, and Income Inequalities", *Review of International Economics*, No. 9, 2001.

57. Marius Brulhart and Federico Trionfetti, "Public Expenditure, International Specialization and Agglomeration", *European Economic Review*, No. 48, 2004.

58. McAfee, R. P. and J. McMillan, "Government Procurement and Interna-

tional Trade", *Journal of International Economics*, No. 26, 1989.

59. Naegelen, F. and M. Mougeot, "Discriminatory Procurement Policy and Cost Reduction Incentives", *Journal of Public Economics*, No. 67, 1998.

60. Edwin Mansfield, "How Economists Eee R&D", *Harvard Business Review*, No. 11, 1981.

61. Donald B. Marron, "Buying Green: Government Procurement as an Instrument of Environmental Policy", *Public Finance Review*, No. 3, 1997.

62. Naegelen, F. and M. Mougeot, "Discriminatory Procurement Policy and Cost Reduction Incentives", *Journal of Public Economics*, No. 67, 1998.

63. Vagstad, "Promoting Fair Competition in Public Procurement", *Journal of Public Economic*, No. 58, 1995.

后　记

自 2003 年以来我开始构思并着手撰写一部专题研究中国政府采购政策方面的著作,时经整五年。当在书稿上画上最后一个句号的时候,我感慨万千,其间所经历的艰辛与困难一下子全部完整地浮现在我的眼前,但是我终于挺过来了,换得的是此书的出版,这是给予我的最好回报。

1999 年财政部颁布了《政府采购管理暂行办法》,标志着我国政府采购工作的全面推行,同年在《中国工业经济》杂志发表了我的第一篇有关政府采购的论文,自此以后一发不可收。2001 年出版了我的专著《经济全球化的政府采购》,2006 年完成了教育部立项课题《以政治经济深化改革为主旨的政府采购政策研究》,2007 年完成了财政部委托课题《完善中国政府采购范围制度进一步发挥政府采购政策功能》,另外还在国内有关刊物公开发表了近三十篇相关学术论文。所以,十年来我对政府采购问题的持续研究,不仅培养了对该问题的浓厚兴趣,而且不断促进我去深入思考。我国的政府采购已有十多年实践,2002 年出台了《中华人民共和国政府采购法》,2008 年开始启动了与WTO 签署政府采购协议的谈判,可见我国政府采购不仅具备了坚实的发展基础,而且已经形成了不可逆转的发展趋势。但是政府采购政策在立法层面的缺失,严重影响到我国政府采购的国内外有效运作,我深切感到建立既适应我国实践又符合国际惯例的政府采购政策体系,是促进我国政府采购事业持续发展、维护我国核心利益的重大问题。于是从 2003 年开始将我的研究重点自"制度"方面转移到"政策"领域,期望通过我的研究,对国家财政政策以及政府采购政策的制定与实施发挥一点微薄之力。

该书是我和唐东会博士合作的结晶,我是唐东会的博士生导师,在他读博其间,我安排他阅读了大量有关政府采购的国内外文献,有意识地引导他逐步进入政府采购的研究领域,所以他选择了以"政府采购政策功能"为其博士论文的主题。唐东会博士除了为本著作的顺利完成做出了很大的贡献,更值得我欣慰的是,他毕业后仍然对此问题孜孜以求,陆续发表了一系列有关学术论文,尤其是在"绿色政府采购"政策研究方面,提出了许多独到见解。

回顾我的学术研究生涯,我要感谢南京大学党委书记洪银兴教授,是他对我在南京大学从教十五年间的不断鼓励与支持,树立了持之以恒的研究态度与信心,奠定了我在财政学研究领域的扎实基础。我于2004年调入上海财经大学后,很幸运又得到了丛树海、蒋洪等国内财政学知名教授的支持,为我创造了良好的研究条件和机会,使得我不敢有任何松懈,继续在本专业领域深入研究。我尤其还要感谢我的妻子张蕊青,长期以来,她不仅给予我精神上的鼓励,而且承担了大量的家务和孩子的教育,为我腾出了足够的研究时间。值此书出版之际,我想对他们说:没有你们的关爱,我的学术研究道路不可能如此顺利,我对政府采购政策研究也不可能有今天的成果。

我有幸得到人民出版社张小平副总编对此研究成果的厚爱,在他的大力支持下该书得以顺利出版,并在最短的时间内呈现给广大读者。人民出版社吴焖东编辑不仅对我的书稿进行了认真的审阅,而且给我提出了一些很好的建议,他的辛勤工作为我的著作增色不少。

有关政府采购政策问题的系统研究,目前国内尚鲜见有同类专著,因此难免在体系设计方面有所遗缺,敬请学界专家和读者们谅解。如果本著作中存在观点偏颇甚至存在错误之处,均由本人负责。

刘　小　川

2009年3月1日于上海财经大学凤凰楼